大学赤本シリーズ

548

立命館大学
英　語

〈全学統一方式〉

3 日

教学社

は　　し　　が　　き

　おかげさまで，大学入試の「赤本」は，今年で創刊 70 周年を迎えました。
　これまで，入試問題や資料をご提供いただいた大学関係者各位，掲載許可をいただいた著作権者の皆様，各科目の解答や対策の執筆にあたられた先生方，そして，赤本を使用してくださったすべての読者の皆様に，厚く御礼を申し上げます。
　以下に，創刊初期の「赤本」のはしがきを引用します。これからも引き続き，受験生の目標の達成や，夢の実現を応援してまいります。
　本書を活用して，入試本番では持てる力を存分に発揮されることを心より願っています。

編者しるす

＊　　　　＊　　　　＊

　学問の塔にあこがれのまなざしをもって，それぞれの志望する大学の門をたたかんとしている受験生諸君！　人間として生まれてきた私たちは，自己の欲するままに，美しく，強く，そして何よりも人間らしく生きることをねがっている。しかし，一朝一夕にして，この純粋なのぞみが達せられることはない。私たちの行く手には，絶えずさまざまな試練がまちかまえている。この試練を克服していくところに，私たちのねがう真に人間的な世界がはじめて開かれてくるのである。
　人生最初の最大の試練として，諸君の眼前に大学入試がある。この大学入試は，精神的にも身体的にも，大きな苦痛を感ぜしめるであろう。あるスポーツに熟達するには，たゆみなき，はげしい練習を積み重ねることが必要であるように，私たちは，計画的・持続的な努力を払うことによって，この試練を克服し，次の一歩を踏みだすことができる。厳しい試練を経たのちに，はじめて満足すべき成果を獲得できるのである。
　本書は最近の入学試験の問題に，それぞれ解答を付し，さらに問題をふかく分析することによって，その大学独特の傾向や対策をさぐろうとした。本書を一般の参考書とあわせて使用し，まとはずれのない，効果的な受験勉強をされるよう期待したい。

（昭和 35 年版「赤本」はしがきより）

目　次

解答用紙は，赤本オンラインに掲載しています。
https://akahon.net/kkm/rit/index.html

※掲載内容は，予告なしに変更・中止する場合があります。

掲載内容についてのお断り

- 本書には，一般選抜全学統一方式 2 月 1 日，2 月 3 日，2 月 4 日実施分の「英語」を掲載しています。
- 立命館大学の赤本には，ほかに下記があります。

『立命館大学（文系－全学統一方式・学部個別配点方式)／立命館アジア太平洋大学（前期方式・英語重視方式)』

『立命館大学（理系－全学統一方式・学部個別配点方式・理系型 3 教科方式・薬学方式)』

『立命館大学（国語〈全学統一方式 3 日程×3 カ年〉)』

『立命館大学（文系選択科目〈全学統一方式 2 日程×3 カ年〉)』

『立命館大学（IR 方式〈英語資格試験利用型〉・共通テスト併用方式)／立命館アジア太平洋大学（共通テスト併用方式)』

『立命館大学（後期分割方式・「経営学部で学ぶ感性＋共通テスト」方式)／立命館アジア太平洋大学（後期方式)』

『立命館大の英語』（難関校過去問シリーズ）

TREND & STEPS

傾 向 と 対 策

　問題の「傾向」を分析し，具体的にどのような「対策」をすればよいか紹介しています。まずは出題内容をまとめた分析表を見て，試験の概要を把握しましょう。

━━━━━━━━━ 注　意 ━━━━━━━━━

　「傾向と対策」で示している，出題科目・出題範囲・試験時間等については，2024 年度までに実施された入試の内容に基づいています。2025 年度入試の選抜方法については，各大学が発表する学生募集要項を必ずご確認ください。

立命館大学の全学統一方式は
試験日が異なっても出題傾向に大きな差はないから
過去問をたくさん解いて傾向を知ることが合格への近道

　立命館大学の入試問題は，「同じ入試方式であれば，学部を問わず統一の出題形式・問題傾向（英語は全日程・全学部問題傾向が同じ）で，学部ごとの対策は不要」であると公式にアナウンスされています。また，同じ入試方式内であれば試験日が異なっても出題形式・問題傾向に大きな差はみられません。

　受験する日程にかかわらず多くの過去問にあたり，苦手科目を克服し，得意科目を大きく伸ばすことが，立命館大学の合格への近道と言えます。

── 立命館大学「全学統一方式」の赤本ラインナップ ─

総合版　まずはこれで全体を把握！

✓ 『立命館大学（文系－全学統一方式・学部個別配点方式）／立命館アジア太平洋大学（前期方式・英語重視方式）』

✓ 『立命館大学（理系－全学統一方式・学部個別配点方式・理系型3教科方式・薬学方式）』

科目別版　苦手科目を集中的に対策！（総合版との重複なし）

✓ 『立命館大学（英語〈全学統一方式3日程×3カ年〉）』

✓ 『立命館大学（国語〈全学統一方式3日程×3カ年〉）』

✓ 『立命館大学（文系選択科目〈全学統一方式2日程×3カ年〉）』

難関校過去問シリーズ

最重要科目「英語」を出題形式別にとことん対策！

✓ 『立命館大の英語〔第10版〕』

英　語

年　度	番号	項　目	内　容
2024 ●	2月1日	〔1〕 読　解	内容説明, 内容真偽, 主題
		〔2〕 読　解	空所補充, 内容説明
		〔3〕 会 話 文	空所補充
		〔4〕 文法・語彙	空所補充
		〔5〕 文法・語彙	空所補充, 同意表現
	2月3日	〔1〕 読　解	内容説明, 内容真偽, 主題
		〔2〕 読　解	空所補充, 内容説明
		〔3〕 会 話 文	空所補充
		〔4〕 文法・語彙	空所補充
		〔5〕 文法・語彙	空所補充, 同意表現
	2月4日	〔1〕 読　解	内容説明, 内容真偽, 主題
		〔2〕 読　解	空所補充, 内容説明
		〔3〕 会 話 文	空所補充
		〔4〕 文法・語彙	空所補充
		〔5〕 文法・語彙	空所補充, 同意表現
2023 ●	2月1日	〔1〕 読　解	内容説明, 内容真偽, 主題
		〔2〕 読　解	空所補充, 内容説明
		〔3〕 会 話 文	空所補充
		〔4〕 文法・語彙	空所補充
		〔5〕 文法・語彙	空所補充, 同意表現
	2月3日	〔1〕 読　解	内容説明, 内容真偽, 主題
		〔2〕 読　解	空所補充, 内容説明
		〔3〕 会 話 文	空所補充
		〔4〕 文法・語彙	空所補充
		〔5〕 文法・語彙	空所補充, 同意表現
	2月4日	〔1〕 読　解	内容説明, 内容真偽, 主題
		〔2〕 読　解	空所補充, 内容説明
		〔3〕 会 話 文	空所補充
		〔4〕 文法・語彙	空所補充
		〔5〕 文法・語彙	空所補充, 同意表現

2022 ●	2月1日	〔1〕	読　　解	内容説明，内容真偽，主題
		〔2〕	読　　解	空所補充，内容説明
		〔3〕	会　話　文	空所補充
		〔4〕	文法・語彙	空所補充
		〔5〕	文法・語彙	空所補充，同意表現
	2月3日	〔1〕	読　　解	内容説明，内容真偽，主題
		〔2〕	読　　解	空所補充，内容説明
		〔3〕	会　話　文	空所補充
		〔4〕	文法・語彙	空所補充
		〔5〕	文法・語彙	空所補充，同意表現
	2月4日	〔1〕	読　　解	内容説明，内容真偽，主題
		〔2〕	読　　解	空所補充，内容説明
		〔3〕	会　話　文	空所補充
		〔4〕	文法・語彙	空所補充
		〔5〕	文法・語彙	空所補充，同意表現

（注）　●印は全問，◐印は一部マークセンス法採用であることを表す。

読解英文の主題

年　度	番号		主　題
2024	2月1日	〔1〕	一個人の情熱がいかにして一国の文化の貴重な一部を保存するのに役立ってきたか
		〔2〕	ペットボトルゴミの解決に保証金を
	2月3日	〔1〕	人気ゲームで成功する新手段の発見
		〔2〕	文化伝達によって動物は脆弱に
	2月4日	〔1〕	消費者需要を満たすためのサトウカエデの利用法の競合
		〔2〕	メキシコの土壌再生農法による増産
2023	2月1日	〔1〕	子どもと行う哲学的な会話の意義
		〔2〕	ポッカリ米栽培を促進する重要性
	2月3日	〔1〕	非主要言語で科学する上での困難
		〔2〕	ゲームは脳の機能を高めるか？
	2月4日	〔1〕	失われた水路を復元する試み
		〔2〕	逸脱に焦点を当てる新しい研究法
2022	2月1日	〔1〕	ハワイ語の復興
		〔2〕	カモノハシの個体数の推移とその未来
	2月3日	〔1〕	オーストラリアにおける都市の再野生化
		〔2〕	学習様式に関する考察
	2月4日	〔1〕	AI による文章創作の可能性
		〔2〕	得点記録をやめて，もっと幸福になろう

長文読解中心の本格派
読解力と語彙力がキーポイント！

01　出題形式は？

　全問マークセンス法である。大問数は5題，解答個数は49個。読解問題2題を中心に，会話文問題，文法・語彙問題が出題されている。試験時間は80分。

02　出題内容はどうか？

　2題の読解問題は，論説文が中心。具体的で身近な親しみやすい話題が取り上げられ，環境・人類史といった分野が中心。英米の新聞・雑誌から出題されることが多い。分量も，入試の読解問題として標準的であると言える。設問は，〔1〕は内容理解中心であるが，内容真偽問題には通常とは異なり，「どちらとも判断しかねるもの」という選択肢があることに注意。〔2〕は空所補充と指示語の内容を問う出題で，空所補充は単なる語彙問題ではなく，論旨の把握にかかわる問題も多い。指示語問題も単なる対応箇所発見でなく，本文の言い換えや選択肢の読み取りを問われることが増えている。

　会話文問題は，場面指定のある長い対話文2種である。一定の状況下で，対話の流れに沿って適切な発言をあてはめていく空所補充問題となっている。使われない選択肢が多数あることが大きな特徴である。

　文法・語彙問題では，文法的な知識を中心とする大問と語彙力を中心とする大問に分かれる。〔4〕は文法問題で，すべて選択肢4つの空所補充形式。〔5〕は語彙問題で2部に分かれ，前半は空所補充，後半は同意語句選択となっている。どちらの問題も，それぞれの単語の意味そのものを知らないと正解できない。単語の知識自体が問われることを銘記すること。

03　難易度は？

　読解素材の英文はほぼ標準的なレベルであり，語句注も多く，難解な構文などは含まれない。設問も内容真偽問題を含めてごく標準的な難易度である。ただし，選択肢はすべて英語なので，かなりてきぱきと解いていかないと時間の点で苦しくなることには要注意。会話文問題は標準～やや難レベル，文法問題は標準レベルである。語彙問題は標準レベルだが，選択肢に上級レベル語が混じる。

　全体としては，読解問題の量や設問数を考えると，80分という試験時間では標準～やや難レベルと考えてよい。まずは会話文問題や文法・語彙問題をなるべく手早く解き，読解問題にできるだけ時間を割けるように時間配分を考えておこう。

対 策

01 長文問題対策

　読解問題で着実に得点できる英語力を養うのが肝心である。内容理解中心の設問であり、〔1〕の内容説明をはじめとして、選択肢がすべて英語なので、読みこなさなければならない英文量はかなり多い。十分な基礎力がついたら、標準レベルの問題集（問題文が800語程度のものが望ましい）を使って「内容理解力」を鍛えよう。答え合わせだけで終わらずに、「構文・文法」的な理解を深め、「単語・熟語」までしっかり習得するように学習を進めるのがポイント。また、指示語の内容は読解の鍵と言ってよい。指示対象の把握が曖昧だと、文全体の理解があやふやになるため、「論旨」が把握できているか（本文が何を言おうとしているのか）を常に意識して、それがぼんやりしてきたらそこでじっくり考えるという学習を、英文構造や内容についての解説が充実している『大学入試 ぐんぐん読める英語長文』（教学社）などの教材を使って進めよう。内容真偽問題は立命館大学独特の形式なので、過去問になるべくたくさんあたろう。『立命館大の英語』（教学社）を使って十分な準備をしておくことをおすすめする。

02 会話文対策

　会話文問題に関しては、まず教科書レベルの定型表現をしっかり身につけよう。口語の定型表現が問われることも増えている。基礎固めをしっかりしておきたい。対話が長くなると省略や代用表現も出てくるので、そのルールを意識的に学ぶことが大切。会話の流れをつかむ問題は、話題の中心を考えて展開にきちんとついていく練習をしよう。対話文が苦手という人には、少し易しめの物語文を読むことをすすめたい。その中に出てくる対話によって、自然にそうした形式に慣れることができるだろう。

03　文法力の養成

　基礎的文法力は読解力の基礎をなすので，十分な時間をかけて習得すること。構文の基礎となる重要文法項目，とりわけ準動詞・関係詞・比較などは，特に力を入れて学習しておこう。文法項目を体系的に学べる参考書を必ず1冊は仕上げておきたい。文法知識を暗記して詰め込む必要はなく，英語の文法の法則が理解できればよい。ただし，じっくり考えればできるが，うっかりミスが多いというレベルでは不十分である。読解問題にたっぷり時間がかけられるように，文法問題は「反射的に」解答できるくらいにしておきたい。そのためには，文法の問題集（文法項目別になっているものを選ぼう）を使って，しっかりと反復練習することが大切。「毎週20題」など目標を設定して取り組もう。

04　語彙力の養成

　必要な語彙レベルに達しているかどうかを見分けるには，設問・選択肢の語彙を確認してみればよい。設問・選択肢に文脈はなく，知らなければ類推はきかないので，使われている単語に知らないものがないというのが最終的な目標レベルと言える。そこをめざして，自分に合う単語集・熟語集なども使いながら効率よく学習を進めよう。まずは標準レベルを確実にクリアしたうえで，さらに意欲的に少しでも上級レベルへと挑んでみてほしい。そうすることで，読解力にもよい影響が及ぶだろう。地道な努力を重ねていこう。

―――　立命館大「英語」におすすめの参考書　―――

✓ 『大学入試　ぐんぐん読める英語長文』（教学社）
✓ 『立命館大の英語』（教学社）

2024
年度

問題と解答

２月１日実施分　　問　題

（80 分）

Ⅰ　次の文を読んで，問いに答えなさい。

Mark Gergis has had what he calls an "obsessive" love of music since he was a child. Born to an Iraqi father and American mother, Gergis grew up in Oakland, California, listening to Iraqi music at home or at family weddings. Eventually, he took a broader interest in Arabic music, but there wasn't much of the genre[1] in the American market in the 1990s. He had just one option to feed his growing obsession[2]: He had to travel.

Gergis had been researching Syrian music, so that's where he settled on for his first trip in 1997. It was a step that opened up an entire world to him, one that began from personal research and curiosity, but would result in the creation of a public archive[3] to preserve a special part of Syrian cultural history.

"In my travels, I bring a radio and a cassette deck[4]," Gergis says. While in Syria, he bought as many cassette tapes as he could, and eventually fell in love with the country. "There was music everywhere," he explains. "On the streets, in cassette kiosks[5], and shops." He continued to travel to Syria and by the end of the decade had put together a large and diverse collection of recordings of live concerts, studio albums, and classical and children's music. He also had a specific focus on regional *shaabi* and *dabke* folk music, performed by Syrian artists such as Sulaiman Al-Shaar and Nermin Ibrahim.

Gergis' last trip to Syria was in 2010, just before the outbreak of the civil war[6]. He watched from the United States as the lives of friends he

2
0
2
4
年
度

2
月
1
日

問
題
編

made in Syria were turned completely upside-down. "As an outsider who loved the country and loved the music, it was really heartbreaking for me to watch," he says. Gergis wanted to give something back to the country that had given him so much.

By 2010, Gergis had collected 500 to 600 cassettes of music from Syria and around the region. As the primary recording format for at least four decades, the cassettes represented a huge part of contemporary and classical Syrian musical history. In 2017, while based in London, Gergis began digitizing[7] his collection, and by the next year his passion turned into what is today the Syrian Cassette Archives, an initiative to preserve and share the sounds and stories of Syria's vibrant[8] cassette era, from the 1970s to the 2000s. With his co-founder, Yamen Mekdad, a Syrian producer and DJ also based in London, Gergis created a website that currently displays 103 fully digitized cassettes, with many more to come. The archive includes interviews with musicians and producers from the era, many of whom have never spoken about their work before. It is not only about the music, but also about the stories and culture it created.

According to the archive's website, cassette tapes transformed the country's musical landscape when they were introduced in the 1970s by providing an accessible means for musicians to record and distribute their works in ways they couldn't before. Mekdad says the cassette democratized music production and distribution, not just in the Middle East, but across the Global South[9]. "Prior to the cassette, people had to make it to a certain level in their careers as serious artists in order to go to recording studios," he says. Now, musicians who mainly performed at weddings or village festivals could simply press a record button during their performances. The recordings helped boost their visibility[10] and expand their reach into neighboring areas and even other countries. With time, Mekdad says, "people gained the skill sets and experiences, and a lot of the cassette shops that opened in those villages started to become places where musicians would record and sell their tapes." Syria eventually became a center for the entire regional market.

When the civil war began in 2011, these musical networks were disrupted. According to the United Nations Refugee Agency, nearly seven million Syrians have been forced to flee their country since the start of the war. Many music creators and producers in Syria fled. Mekdad, who was born and raised in Damascus, left for London at the end of that same year. According to him, production of cassette tapes in Syria isn't happening much anymore, though the tradition continues through people's personal archives and collections.

As Ammar Azzouz, a lecturer at Essex University in the UK, puts it, the cultural heritage of a place tends to be forgotten in times of war, and initiatives such as the Syrian Cassette Archives allow for a different narrative of Syria to be told: a story of dance, music, hope, and love. "When you listen to these songs," he says, "they tell you different stories and have a way of taking you back in time." According to Azzouz, "little has been done by news media, academics, and journalists to describe Syria as a welcoming and hospitable land where different communities once found refuge." The Syrian Cassette Archives reflects the diverse communities that once formed the culture. The tapes have become an alternative way of remembering what Syria was and could be again.

(Adapted from a work by Line Sidonie Talla Mafotsing)

(注)

1. genre　　　　　　　種類，ジャンル

2. obsession　　　　　病みつきになること

3. archive　　　　　　アーカイブ，文書などを納めておく所

4. cassette deck　　　カセットテープを再生および録音する機械

5. kiosk　　　　　　　売店

6. civil war　　　　　内戦

7．digitize　　　　　　　　（音楽などを）デジタル化する

8．vibrant　　　　　　　　活気にあふれた

9．Global South　　　　　主に南半球に偏在している発展途上の国々の総称

10．boost one's visibility　知名度を上げる

〔1〕本文の意味，内容にかかわる問い(A)〜(D)それぞれの答えとして，本文にし
　　たがってもっとも適当なものを(1)〜(4)から一つ選び，その番号を解答欄に
　　マークしなさい。

(A)　What was the reason for Mark Gergis's first visit to Syria?

　　(1)　He was conducting research into his family heritage.

　　(2)　He was looking for an opportunity to establish a public music
　　　　archive.

　　(3)　He was pursuing an interest in something that was not easily
　　　　found at home.

　　(4)　He was developing a plan to preserve part of the country's
　　　　cultural history.

(B)　What are we told about the Syrian Cassette Archives website?

　　(1)　It provides new insights from the music's creators.

　　(2)　All the work of setting up the site was done by Gergis himself.

　　(3)　The site includes music recorded over a period of more than half
　　　　a century.

　　(4)　Most of the cassettes in Gergis' collection have been shared
　　　　through the site.

(C)　According to Yamen Mekdad, what effect did the introduction of
　　cassette tapes have?

　　(1)　It made it possible for musicians to earn substantial incomes.

　　(2)　It enabled all kinds of Syrian musicians to reach wider audiences.

(3) It encouraged musicians across the Global South to work together.

(4) It simplified the process of performing live at weddings and festivals.

(D) Based on what Ammar Azzouz says, which of the following statements would he probably NOT agree with?

(1) People can find inspiration for the future in the Syrian Cassette Archives.

(2) News reporters tend to focus on negative aspects of the situation in Syria.

(3) Music shared by Gergis allows people to experience part of Syria's cultural history.

(4) Scholars have done a lot to promote the idea that Syrian culture welcomes diversity.

〔2〕 次の(1)～(5)の文の中で，本文の内容と一致するものには1の番号を，一致しないものには2の番号を，また本文の内容からだけではどちらとも判断しかねるものには3の番号を解答欄にマークしなさい。

(1) While traveling in Syria, Gergis encountered music in many public spaces.

(2) Gergis sometimes felt frustrated about the time it took to digitize his music.

(3) Yamen Mekdad spent most of his childhood in London.

(4) Mekdad says the civil war has brought an end to the Syrian cassette tape culture.

(5) Ammar Azzouz has carried out academic research in Syria.

〔3〕 本文の内容をもっともよく表しているものを(1)～(5)から一つ選び，その番号を解答欄にマークしなさい。

(1) How public music archives are created

(2) How the history of a country is reflected in its folk music

(3) How technological innovation has influenced cultural change across the Middle East

(4) How one person's passion has helped to preserve a valuable part of a nation's culture

(5) How Syrian musicians struggled to make a living before the introduction of cassette tapes

Ⅱ　次の文を読んで，問いに答えなさい。

　Whenever I walk along Wollaston Beach in Quincy, Massachusetts, I pick up the plastic bottles I see — at least, until my arms are full or I get too depressed about it. I try to clean up other plastic debris too, thinking I'm the last line of defense against these dirty remains of our consumption. It's easy to assume such trash is the result of a careless fool, and it often is. ⎡ (A) ⎤ was disposed of as carefully as one could hope — placed in a trash bin or blue recycling bin — before a strong wind knocked over the bin and sent its contents tumbling toward the beach. A well-meaning[1] recycler who tossed a bottle in a blue bin may see that same bottle ⎡ (B) ⎤ a week later and blame it on some phantom litterbug[2].

　This is why, as much as big beverage[3] companies would like us to believe that such litter[4] is a matter of personal responsibility, it is actually a total failure of their own making — and one we should demand they take more responsibility for solving. In the United States, less than a third of the plastic bottles sold each year are ever recycled — meaning most end up dumped in landfills, burned in incinerators[5], or littering our roadways and oceans.

　One of the world's largest beverage companies has made a respectable promise to recover as many bottles and cans globally as it sells by 2030. For now, though, it still imposes much of the expense and bother of recycling its bottles on consumers and local governments, who rely on inefficient and expensive curbside collection[6]. [(C)] , there's a simpler, proven, and far more effective way to recover bottles and cut the climate-harming production of new plastics: a deposit return system. Less than a century ago, Americans paid a 2-cent deposit on each 5-cent glass soda bottle, a retail ransom[7] that ensured each bottle's return and reuse — some two dozen times on average. Today, deposit systems are [(D)] recovering cans, bottles, and other containers. Plastic bottles with a deposit are recycled at over three times the rate of nonrefundable[8] ones, according to the Container Recycling Institute (CRI).

A 2020 study found that states with deposit laws had about half as many bottles and cans littering the ground as those without them. But bottle deposit laws generally cost beverage companies a few cents per drink in handling fees. That might be why the same report [(E)] such laws in suggesting solutions to litter. Instead, it passes on that burden to individuals and cities, recommending anti-litter education, more curbside recycling, and added trash cans in public spaces. All worthy ideas, but none likely to cut litter by half.

"That's been happening for decades now," says Kirstie Pecci, a lawyer with the Conservation Law Foundation (CLF). "They want you and me to do better to solve this problem, when in fact we already have a great system for solving the problem that would cost them money, and they just don't want to do it."

An updated bottle deposit bill will soon become law in Massachusetts. The expansion would add other drinks to the current system — especially bottled water and sports drinks — as well as increase the deposit to 10 cents, twice the refund in place since 1982. Both steps are urgently needed. Bottled water overtook soda in 2016 as the best-selling beverage

2
0
2
4
年
度

2
月
1
日

問
題
編

in the United States. And a 5-cent deposit just isn't 　(F)　 now for the consumer as it was 40 years ago, when five cents was worth 15 cents in today's money. Back then, no one expected the market popularity of ③ bottled water to grow so much, says one of the bill's supporters, Cynthia Creem. "So only 42 percent of the beverages sold in Massachusetts are even included in the current bottle bill," she says. And when Oregon upped its deposit to 10 cents in 2017, Creem notes, "Redemption rates^9 climbed sharply, from 64 percent to 90 percent."

The updated bill would help reclaim 3.1 billion more containers each year in Massachusetts, the CRI estimates. Because recycling is far less carbon-intensive than manufacturing with new materials, that would be ㋐ like taking over 40,000 cars off the road, according to CRI president Susan V. Collins.

Massachusetts should also pass a similar law known as the extended producer responsibility (EPR) law that would require big manufacturers to bear some financial responsibility for recycling their products and packaging. 　(G)　 relieving some of the heavy burden that waste and recycling management places on towns and tax-paying citizens, EPR laws encourage companies to invest in smarter, more sustainable packaging.

　(H)　 , recycling alone isn't going to save us from climate change. We need a complete move away from fossil fuels throughout our entire economy — starting yesterday. But updating our bottle bill is the very least we can do — an easy win based on proven successes — and an extended producer responsibility law is a good next step.

Companies used to proudly mark their logos on reusable glass bottles, partly because they wanted those vessels back. It's time companies producing the plastic litter on our beaches and roads show that kind of ㋑ ownership over their products once again.

(Adapted from a work by Jon Gorey)

(注)

1. well-meaning 　　　　善意の
2. litterbug 　　　　　　所かまわずごみを捨てる人
3. beverage 　　　　　　飲料
4. litter 　　　　　　　　ごみ（を散らかす）
5. incinerator 　　　　　焼却炉
6. curbside collection 　道路脇でのごみ収集
7. retail ransom 　　　　（売る際に金額を上乗せした）売り掛け保証金，払い戻
　　　　　　　　　　　　し金
8. nonrefundable 　　　　払い戻しのない
9. redemption rate 　　　回収率

〔1〕 本文の　(A)　～　(H)　それぞれに入れるのにもっとも適当なものを(1)～
(4)から一つ選び，その番号を解答欄にマークしなさい。

(A)　(1)　And none of it 　　　　(2)　But some of it
　　　(3)　So most of it 　　　　　(4)　Yet all of it

(B)　(1)　being used 　　　　　　(2)　in the same bin
　　　(3)　on the shore 　　　　　(4)　recycled

(C)　(1)　For a start 　　　　　　(2)　However
　　　(3)　In other words 　　　　(4)　Unfortunately

(D)　(1)　a substitute for 　　　　(2)　no longer useful for
　　　(3)　overwhelmed when 　　(4)　still very efficient at

(E)　(1)　begins with 　　　　　　(2)　concentrates on
　　　(3)　explains 　　　　　　　(4)　makes no mention of

(F) (1) as much of a motivation　(2) as much of a tradition
　　(3) as necessary　　　　　　 (4) as well known

(G) (1) Despite　　　　　　　　(2) Far from
　　(3) In addition to　　　　　 (4) Without

(H) (1) As a result　　　　　　　(2) Of course
　　(3) On the contrary　　　　　(4) Secondly

〔2〕下線部 ⑧ ～ ㊙ それぞれの意味または内容として，もっとも適当なものを
(1)～(4)から一つ選び，その番号を解答欄にマークしなさい。

⑧ it
　(1) the blue bin system
　(2) the trash on beaches and streets
　(3) the difficulty of identifying people who litter
　(4) the lack of awareness regarding the problem of pollution

ⓘ They
　(1) Beverage companies
　(2) Members of the CLF
　(3) States with deposit laws
　(4) Residents of Massachusetts

③ Back then
　(1) In 2016
　(2) In the 1980s
　(3) When the updated bottle bill became law
　(4) When bottled water and sports drinks were covered by the deposit
　　　laws

ⓔ　that

  (1)　making the bottles

  (2)　setting the deposit at 5 cents

  (3)　reclaiming the drink containers

  (4)　cutting pollution by reducing traffic

ⓞ　show that kind of ownership over their products

  (1)　admit their mistakes

  (2)　mark their names on their beverage containers

  (3)　take responsibility for the return of their containers

  (4)　require consumers to pay for the use of their containers

Ⅲ

〔1〕次の会話の ⓐ ～ ⓔ それぞれの空所に入れるのにもっとも適当な表現を (1)～
(10) から一つ選び，その番号を解答欄にマークしなさい。

Walking in nature

A：Hey, what's that moving in the bushes?

B：Where? (　ⓐ　) Oh, yes, something's by that big pine tree. It's a snake!

A：Wow, do you think it's dangerous?

B：I'm not sure, but probably not. The ones to avoid usually have brighter colors.

A：I love snakes! I almost feel like picking it up. Don't you think it's pretty?

B：(　ⓘ　) After all, the thing about color was just a guess, so you should keep your distance.

A：That's too bad, but I suppose you're right. Maybe I'll just take a photo of it.

B : That's a better idea. It certainly is an attractive creature. (　う　)

A : You really think it's that dangerous?

B : We just don't know. But more than that, we shouldn't disturb wild animals. How would you feel if someone was staring over your shoulder while you were minding your own business?

A : Hmm...I never looked at it that way. (　え　) I'd better just take a photo from here.

B : Now you're thinking.

(1)　I don't see anything.

(2)　But don't get too close.

(3)　That's actually a good point.

(4)　Oh, now I can see the snake.

(5)　Like you, I'm a big lover of snakes.

(6)　I certainly do, but that's a bad idea.

(7)　I don't really have an opinion about that.

(8)　Not at all...and you should stay away from it.

(9)　You can't compare animals and people like that.

(10)　You can get a perfect shot if you move a bit closer.

〔2〕次の会話の か ～ け それぞれの空所に入れるのにもっとも適当な表現を (1)～(10)から一つ選び，その番号を解答欄にマークしなさい。

At a restaurant

A : May I take your order?

B. Sure. (　か　)

A : We have roast beef and mashed potatoes with garlic bread. Also, there's a house chili with sour cream and cheese.

B： That all sounds nice. I think I'll have the chili. Does that come with a salad?

A： It sure does! You can choose between the Caesar salad, or our classic Nicoise salad.

B： Nicoise? I've never heard of that before. (　㋑　)

A： Oh, it's delicious! It's a French-style salad from Nice. It has some hard-boiled eggs, olives, tuna, and all sorts of vegetables. Everyone loves it.

B： (　㋕　) I don't eat fish. I'd better stick with the Caesar salad.

A： Very good. So, it's the chili with a Caesar salad.

B： That's it, thanks. Oh, one more thing. Can I pay by credit card? Or is it cash only?

A： (　㋖　) So that's no problem.

(1)　What's in it?

(2)　Both are fine.

(3)　Will it take long?

(4)　Do you have any?

(5)　Did you say tuna?

(6)　That's my favorite.

(7)　Cash only, I'm afraid.

(8)　What are today's specials?

(9)　Don't you have anything else?

(10)　Can I have a few more minutes?

IV 次の (A) ～ (H) それぞれの文を完成させるのに，下線部の語法としてもっとも適当なものを (1) ～ (4) から一つ選び，その番号を解答欄にマークしなさい。

(A)　How long ＿＿＿＿ since our trip to Alaska?

　　(1)　are we

　　(2)　has it been

　　(3)　have you been

　　(4)　were we

(B)　Would you mind ＿＿＿＿ care of the plants while I'm away?

　　(1)　take

　　(2)　taken

　　(3)　taking

　　(4)　took

(C)　You should rewrite a sentence if ＿＿＿＿ two ways.

　　(1)　it reads

　　(2)　it understands

　　(3)　your reading

　　(4)　your understanding

(D)　He ＿＿＿＿ the file on the table.

　　(1)　laid

　　(2)　lay

　　(3)　laying

　　(4)　lied

(E)　＿＿＿＿ I was watching TV, the phone rang.

　　(1)　During

　　(2)　Meanwhile

　　(3)　Throughout

　　(4)　While

(F)　Few critics expected ＿＿＿＿ become so popular.

　　(1)　of that song

　　(2)　that song

　　(3)　that that song would

　　(4)　will that song

(G)　If you ＿＿＿＿ with us, you would have seen the most spectacular waterfall.

　　(1)　came

　　(2)　come

(3) had come　　　　　　　　　(4) went

(H) Moriyama is one of those places ＿＿＿ many families have wanted to live.

(1) at which　　　　　　　　　(2) in that

(3) where　　　　　　　　　　(4) which

V

〔1〕次の(A)〜(E)それぞれの文を完成させるのに，下線部に入れる語としてもっとも適当なものを(1)〜(4)から一つ選び，その番号を解答欄にマークしなさい。

(A) They wrapped the ＿＿＿ in colored paper.

(1) acquaintance　　　　　　　(2) definition

(3) parcel　　　　　　　　　　(4) theft

(B) They kept ＿＿＿ of their travel experiences.

(1) a dishwasher　　　　　　　(2) a journal

(3) a mailbox　　　　　　　　(4) an astronomer

(C) Heavy rain and high winds delayed our ＿＿＿.

(1) departure　　　　　　　　(2) moisture

(3) permit　　　　　　　　　(4) terminal

(D) You can ＿＿＿ other writers to support ideas in your essays.

(1) accumulate　　　　　　　(2) duplicate

(3) pedal　　　　　　　　　　(4) quote

(E) They examined the sample under a ＿＿＿ for the presence of bacteria.

(1)　massage　　　　　　　　(2)　microscope

(3)　tack　　　　　　　　　　(4)　tackle

〔2〕次の(A)～(E)の文において，下線部の語にもっとも近い意味になる語を(1)～
(4)から一つ選び，その番号を解答欄にマークしなさい。

(A)　We have identified the primary cause of the problem.

(1)　actual　　　　　　　　　(2)　main

(3)　official　　　　　　　　(4)　proper

(B)　I've just heard that the company is assigning someone else.

(1)　appointing　　　　　　　(2)　dedicating

(3)　monitoring　　　　　　　(4)　plugging

(C)　Romeo declared his love for Juliet.

(1)　acknowledged　　　　　　(2)　announced

(3)　denied　　　　　　　　　(4)　mistook

(D)　The team moved forward in a purposeful manner.

(1)　a determined　　　　　　(2)　a modest

(3)　a terrifying　　　　　　(4)　an arrogant

(E)　With this technology, it is possible to transmit an image faster than
ever.

(1)　transfer　　　　　　　　(2)　transform

(3)　translate　　　　　　　(4)　transplant

解　答

Ⅰ 解答 〔1〕 (A)—(3) (B)—(1) (C)—(2) (D)—(4)
〔2〕 (1)—1 (2)—3 (3)—2 (4)—2 (5)—3
〔3〕—(4)

‥‥‥‥‥‥‥‥‥‥‥‥‥‥‥‥ 全訳 ‥‥‥‥‥‥‥‥‥‥‥‥‥‥‥‥

《一個人の情熱がいかにして一国の文化の貴重な一部を保存するのに役立ってきたか》

① マーク゠ガージス氏が，氏の言う「病みつきの」音楽愛にとりつかれたのは，子どもの頃だった。ガージス氏はイラク人の父とアメリカ人の母の間に生まれ，カリフォルニア州オークランドで育ち，家庭や家族の結婚式でイラク音楽を聞いていた。結局氏は，アラブ音楽に広い関心を抱くようになったが，1990年代の米国市場にはそのジャンルの音楽はあまりなかった。自らの膨らむ病みつきのこだわりを満たす選択肢は，氏にはたった一つだけだった。旅をするしかなかったのである。

② ガージス氏はシリア音楽を研究してきたので，そこを氏は1997年の最初の旅行先に選んだ。それは，氏に全世界を開く一歩であり，私的な研究と好奇心から始まったけれど，公的なアーカイブの創設を生み，シリア文化の歴史の格別な一部分を保存することになる一歩でもあった。

③ 「旅行に，ラジオとカセットデッキを持参するのです」と，ガージス氏は語る。シリアにいる間，氏はできる限り多くのカセットを購入し，ついにその国と恋に落ちたのだった。「至るところに音楽があったのです」と氏は詳述する。「街角にも，カセットの売店にも，お店にも，ね」。氏はシリアを訪れ続け，10年がすぎる頃に，ライブコンサート，スタジオアルバム，クラシック音楽，児童音楽の録音の集大成をまとめたのだった。氏は，地域的な「シャービ」や「ダブケ」といった民族音楽にも個別に焦点を当てていた。それは，スライマン゠アルシャールやネルミン゠イブラヒムといったシリア人アーティストによる演奏であった。

④ ガージス氏の直近のシリア旅行は2010年，内戦勃発の直前であった。氏が米国から見守るうち，シリアで仲良くなった友人たちの人生は根底か

ら覆されたのだった。「その国と音楽とを愛する外国人として，目を凝らすのは本当に胸が痛かったのです」と，氏は語る。自分にそれほど多くを与えてくれた国に，ガージス氏は何か恩返しをしたかった。

⑤　2010年頃には，ガージス氏はシリアとその周辺地域から500～600の音楽カセットを収集した。少なくとも40年間の基本的録音形態として，そのカセットはシリアの現代的，古典的音楽史の大部分を代表するものだった。2017年に，ロンドンに拠点を置きながら，ガージス氏はそのコレクションをデジタル化するのに着手し，その翌年には氏の情熱は，今日の「シリア・カセットアーカイブ」に結実した。それは，1970年代から2000年代にかけてのシリアの活気に溢れたカセット時代の音声と語りを保存し共有するという取り組みだ。ガージス氏は，同じくロンドンに拠点を置くシリア人プロデューサー・DJである共同創設者ヤーメン＝メクダド氏とともにウェブサイトを立ち上げ，完全デジタル化した103のカセットを展示した。このサイトには，さらに多くの音源が加わることになっている。アーカイブにはその時代の音楽家とプロデューサーのインタヴューが含まれ，彼らの多くは以前には自らの作品について口を開いたことは一度もなかったのだった。音楽だけではない。音楽が作り出した物語や文化についても語られているのである。

⑥　そのアーカイブのウェブサイトによれば，カセットテープは，1970年代にそれが導入されたときに，従来はあり得なかった手法で，音楽家に自分の作品を録音し流通させる手近な手段を提供することによって，その国の音楽シーンを変えてしまったのだそうだ。メクダド氏の言うには，カセットは音楽の生産と流通を，中東のみならず，南半球の途上国全体で民主化したということだ。「カセット以前には，人々はプロの音楽家として一定の職業的成功を収めなければ，録音スタジオに出向くことはできなかったのです」と，氏は語る。今や，結婚式や村のお祭りで主に演奏していた音楽家たちは，ただ演奏中に録音ボタンを押せばよくなった。録音は，彼らの知名度を上げ，隣接地域やさらには外国へと浸透が拡大する一助となったのだった。時間とともに，「人々は技能一式と経験を手に入れ，そうした村落で開店したたくさんのカセットショップが，音楽家が自分のテープを録音・販売する場所となっていったのです」と，氏は語る。シリアは，ついに地域全体の市場の中心地となった。

⑦　内戦が2011年に始まったとき，これらの音楽ネットワークは崩壊した。国連難民機関によれば，戦争の開始以来，700万人近くのシリア人が祖国からの避難を余儀なくされた。シリアの多くの音楽クリエイターやプロデューサーが避難した。メクダド氏は，生まれも育ちもダマスカスであるが，同年末にロンドンへ去った。氏によれば，シリアのカセットテープ生産はもうそれほどではなくなっているが，とはいえ，人々の私的なアーカイブや収集によって，伝統は続いているそうだ。

⑧　アマール＝アゾーズ氏は，英国にあるエセックス大学の講師であるが，氏の語るとおり，ある土地の文化遺産は戦争時には忘れられがちであり，シリア・カセットアーカイブのような先駆的取り組みによって，踊り，音楽，希望，そして愛といった様々なシリアの物語が語られるようになった。「あなたがこれらの歌を聴くとき，それらは様々な物語を語り，あなたを過去へ連れて行ってくれるでしょう」と彼は言う。アゾーズ氏によれば，「報道機関や研究者，新聞記者は，シリアがかつては様々な地域社会が避難所を見出した，他者を温かく歓迎する土地であることを明らかにするのにほとんど役立たなかったのです」。シリア・カセットアーカイブは，かつて文化を形成していた様々な地域社会を反映している。テープはかつてのシリアの姿，そしてまた再現しうる姿を記憶しておくもう一つの手段となったのである。

出典追記：The Quest to Preserve Syria's Cassette Tape Era, Atlas Obscura on November 29, 2022 by Line Sidonie Talla Mafotsing

━━━━━━━━━━━━━ 解説 ━━━━━━━━━━━━━

〔1〕(A)　「マーク＝ガージス氏が初めてシリアを訪問した理由は何か？」

　「シリア訪問」に関しては第1段最終文（He had just …）に「自らの膨らむ病みつきのこだわりを満たす選択肢は…旅だった」とある。選択肢の意味はそれぞれ次の通り。

(1)「氏は自分の家族の遺産を研究していた」

(2)「氏は公的音楽アーカイブを確立する機会を探していた」

(3)「氏は母国ではすぐには見つからないものへの興味を突き詰めていた」

(4)「氏はその国の文化史の一部を保存する計画を練っていた」

　よって，正解は(3)であるとわかる。pursue an interest の意味がわかるかどうかが問われている。

(B) 「シリア・カセットアーカイブのウェブサイトに関して，示されていることは何か？」

「シリア・カセットアーカイブ」に関しては第5段最終2文（The archive includes … culture it created.）に「当時の音楽家とプロデューサーのインタヴューで，音楽が作り出した物語や文化についても語られている」という主旨の記述がある。選択肢の意味はそれぞれ次の通り。

(1)「音楽の作り手による新たな見解を提供してくれる」

(2)「サイトを立ち上げるすべての作業はガージス氏自身によってなされた」

(3)「そのサイトには，半世紀以上の期間にわたって記録された音楽が含まれる」

(4)「ガージス氏の収集品のカセットの大半は，サイトを通じて共有されてきた」

よって，正解は(1)に決まる。

(C) 「ヤーメン=メクダド氏によれば，カセットテープの導入はどんな影響を与えたか？」

「カセットの導入」に関しては第6段第1文（According to the archive's …）に「従来はあり得なかった手法で，音楽家に自分の作品を録音・配布する手近な手段を提供することによって，その国の音楽シーンを変えてしまった」とある。その具体的な過程については同段第2～最終文（Mekdad says … regional market.）で説明されている。カセットが，録音を容易にし，またその流通のしやすさによってこれまで表に出られなかった音楽家たちの存在を明るみにすることでシリアが地域の市場の中心となったことが記されている。それはつまり，「たくさんの聴衆を得る方法だった」ということ。選択肢の意味はそれぞれ次の通り。

(1)「音楽家が相当の収入を稼げるようにしてくれた」

(2)「ありとあらゆるシリアの音楽家がより多くの聴衆を得られるようにしてくれた」

(3)「南半球の途上国全体の音楽家が共同作業するよう奨励してくれた」

(4)「結婚式やお祭りでライブ演奏する過程を単純化してくれた」

よって，正解は(2)だとわかる。

(D) 「アマール=アゾーズ氏の語るところによれば，次の文のうち氏と意見

が合致しないのはどれか？」

　選択肢の意味はそれぞれ次の通り。

⑴「人々はシリア・カセットアーカイブに未来へのひらめきを見出すことができる」

⑵「新聞記者はシリアの状況の負の側面に焦点を絞りがちである」

⑶「ガージス氏によって授けられた音楽のおかげで，人々はシリアの文化史の一部を体験できる」

⑷「学者はシリアの文化が多様性を歓迎するという発想を広めるのに多大な貢献をした」

　「学者の貢献」に関しては最終段第3文（According to Azzouz, …）に「研究者…は，シリアがかつては様々な地域社会が避難所を見出した，他者を温かく歓迎する土地であることを明らかにするのにほとんど役立たなかった」とある。よって，正解は⑷だとわかる。

〔2〕⑴　「シリアを旅しながら，ガージス氏は多くの公共の場で音楽に出会った」

　第3段第3文（"There was music everywhere," …）に「至るところに音楽があった」とあるので，一致。

⑵　「ガージス氏は音楽をデジタル化するのにかかる時間のことで不満を感じることがあった」

　「デジタル化」については，第5段に記述があるが，「かかった時間に不満だったか」については記述がない。

⑶　「ヤーメン゠メクダド氏は，幼年期の大半をロンドンで過ごした」

　第7段第4文（Mekdad, who was …）に「生まれも育ちもダマスカス（シリアの首都）」とあり，不一致。

⑷　「メクダド氏は，内戦がシリアのカセットテープ文化に終止符を打ったと語る」

　第7段最終文（According to him, …）に「とはいえ，人々の私的なアーカイブや収集によって，伝統は続いている」とあるので，不一致。

⑸　「アマール゠アゾーズ氏はシリアで学術研究を行ってきた」

　最終段第1文（As Ammar Azzouz, …）に「アマール゠アゾーズ氏は，英国エセックス大学の講師である」とあるだけで，研究の場所がシリアかどうかは記述がない。

〔**3**〕　選択肢の意味はそれぞれ次の通り。

(1)「公共音楽アーカイブは，いかにして創造されるか」

(2)「一国の歴史はその民族音楽にいかにして反映されるか」

(3)「技術革新が中東全体で文化の変化に，いかにして影響を与えてきたか」

(4)「一人の人間の情熱がいかにして一国の文化の貴重な一部を保存するのに役立ってきたか」

(5)「カセットテープ導入以前に，シリアの音楽家が生計を立てるのにいかに苦しんできたか」

　この文の主旨は「ガージス氏のカセット収集のシリア文化保存への貢献」だから，正解は(4)に決まる。

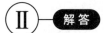 **解答**

〔**1**〕　**(A)**—(2)　**(B)**—(3)　**(C)**—(2)　**(D)**—(4)　**(E)**—(4)
　　　(F)—(1)　**(G)**—(3)　**(H)**—(2)

〔**2**〕　**あ**—(2)　**い**—(1)　**う**—(2)　**え**—(3)　**お**—(3)

・・・・・・・・・・・・・・・・・・・・・・・・・・・・・・　**全 訳**　・・・・・・・・・・・・・・・・・・・・・・・・・・・・・・

《ペットボトルゴミの解決に保証金を》

[1]　マサチューセッツ州クインシー市のウォラストンビーチを歩いているときはいつでも，私は目についたペットボトルを拾う。少なくとも，抱えきれなくなるか，そのことであまりに気が滅入ってしまうまでは。他のプラスチック製のゴミも片付けようとする。こうした自分たちの汚い使い残しに対する最終防御線が私なのかなと思っている。そうしたゴミが不注意な馬鹿者のせいだと考えるのはたやすいし，その通りであることはよくある。だが，その一部は，望みうる限り慎重に処分されたものなのだ。ゴミ箱，あるいは青いリサイクル容器の中に入れてあったのだ。その後，強風で容器がひっくり返り，中身が海岸に転がり出てしまった。ボトルを青い容器に放り込んだ善意のリサイクル人間が，その同じボトルが1週間後に波打ち際にあるのを目にして，それを誰か幻のポイ捨て屋のせいにするかもしれない。

[2]　それゆえに，大飲料会社は私たちにそうしたゴミは個人的な責任の問題なのだと思ってほしがっているのだろうが，それは実は連中自身が生み出した問題であり，その解決にもっと連中が責任を負うよう要求すべき失態

なのだ。合衆国では，毎年販売されるペットボトルがリサイクルされるの
は，3分の1に満たない。ということは，大半が最終的には埋め立て地に
捨てられるか，焼却炉で灰になるか，道路や海洋にまかれるかするわけで
ある。

③　世界最大の飲料会社の一つは，2030年頃には販売数と同じだけボトル
と缶を世界中で回収するという，立派な約束をした。けれども，今のとこ
ろその会社は依然，そのボトルをリサイクルする費用と手間の多くを消費
者と地方自治体に押しつけており，そちらが頼りにするのは，非効率で費
用のかさむ路上収集なのである。しかし，ボトルを回収し，気候に害のあ
る新たなプラスチック生産を削減する，より簡明で確認済みの，はるかに
効果的な方法がある。保証金返還制度である。100年足らず前には，米国
人は1本5セントの炭酸飲料のガラスビンに2セントの保証金を支払って
いた。それぞれのビンの回収と再利用を確保する売り掛け保証金であった。
再利用は，平均で24回くらいだった。今日でも，保証金制度はなお，缶
やビン，その他の容器を回収するのに信じがたいほどに効率がいいのであ
る。保証金つきペットボトルは，払い戻しなしのボトルに比べて3倍以上
リサイクルされると，コンテナー・リサイクリング・インスティテュート
（CRI）は伝えている。

④　2020年の研究では，保証金法制度のある州は，地面に散らかるボトル
と缶が，制度がない州の半分程度であることがわかった。しかし，ボトル
保証金法制度は概ね，飲料会社が飲料ごとに数セントの処理費用を負担す
る。それゆえにその同じ報告書がゴミの解決策を提示するのに，そうした
法制度に全く言及していないのかもしれない。それどころか，その負担を，
その報告書は個人と都市に転嫁し，ゴミを捨てない教育，路上収集の増加，
公共スペースでのゴミ箱増設を推奨している。どれもすべて，価値ある発
想だけれど，どれ一つとしてゴミを半分にしてくれそうもない。

⑤　「そんなことが今まで何十年も起きてきたのです」とカースティ＝ペッシ
氏は語る。氏はコンサベーション・ロー・ファンデーション（CLF）所属
の弁護士である。「連中は私たちがもっとお行儀をよくして問題を解決す
るのを願っているわけです。実は問題を解決するための素晴らしい仕組み
がすでにあるのにですよ。でもそれだと連中はお金がかかるのです。だか
ら，そうしたがらないってだけです」。

⑥　最新版のボトル保証金法案はまもなく，マサチューセッツ州で法律化されるであろう。拡大によって，他の飲料が現行制度に加わることだろう。とりわけペットボトル詰めの水とスポーツ飲料である。それに，保証金は10セントに値上がりする。1982年以来実施された払い戻し額の2倍である。両手段とも，差し迫った必要がある。ペットボトル詰めの水は2016年に炭酸飲料を追い抜いて，合衆国のベスト・セラー飲料となった。また，5セントの保証金は，消費者にとって40年前ほどの魅力は全くない。その頃5セントは今日の金額で15セントの価値があったのだ。当時は誰もペットボトル詰めの水の市場での人気がここまで高まるとは予想していなかったと，法案支持者の一人，シンシア=クリーム氏は言う。「だから，現行のボトル法案でさえ，マサチューセッツ州で販売される飲料のたった42％しか含まれないのです」と，氏は語る。また，オレゴン州が保証金を2017年に10セントに上げたとき，「回収率はぐっと上昇して，64％から90％になったのです」と，氏は指摘する。

⑦　最新版の法案は，マサチューセッツ州でリサイクルされる容器が毎年31億本増えるのに役立つだろうと，CRIは推定している。リサイクルは，新素材を使って製造するのより，炭素集約度がはるかに低いので，4万台の車両を路上から除去するようなものだと述べるのは，CRI会長のスーザン=V.コリンズ氏である。

⑧　マサチューセッツ州は，拡大生産者責任（EPR）として知られる類似の法律も成立させなくてはならない。それによって，大手製造者がその生産物と包装のリサイクルに一定の財政的責任を負うよう求められるようになるのである。廃棄物やリサイクルの管理によって，都市や税金を払う市民が背負う重い負担を一部軽減することに加えて，EPR法は一層工夫を凝らした，持続可能性の高い包装に投資するよう企業に促すことにもなる。

⑨　もちろん，再利用だけでは，気候変動を免れることにはならない。私たちは化石燃料から，経済全体の隅々まで完全に抜け出す必要がある。といっても始まったのは昨日だ。とはいえ，私たちにできるのは，せめてボトル法案を最新にすることくらいであって，成功は保証されているから楽勝である。また，拡大生産者責任法は優れた次の一歩でもある。

⑩　企業は再利用可能なガラスビンに自分たちのロゴを誇らしげに記してきた。一つにはそうした容器を返却してほしかったからである。海辺や道ば

たに散らかるペットボトルゴミを生産している企業が，もう一度自分の製品にその類いの所有権を示すときである。

===== 解 説 =====

〔1〕(A) 空所を含む部分は「（　　），望みうる限り慎重に処分されたものなのだ」の意。「ゴミを見れば，普通は不届き者がゴミを捨てたと考えるが，実は違う」とすれば，文意が通る。選択肢はそれぞれ，(1)「そして，そのうちの何も…ない」，(2)「だが，その一部は」，(3)「だから，その大半は」，(4)「しかし，そのすべては」の意であるから，正解は(2)だと判断できる。

(B) 空所を含む部分は「ボトルを青い容器に放り込んだ善意のリサイクル人間が，その同じボトルが一週間後に（　　）にあるのを目にして，それを誰か幻のポイ捨て屋のせいにするかもしれない」の意。blame するからには，「悪い事態」を目にしたのでなければならない。選択肢はそれぞれ，(1)「使われている」，(2)「同じ容器の中に」，(3)「波打ち際に」，(4)「リサイクルされている」の意であるから，「非難」に値するのは(3)だとわかる。

(C) 空所を含む部分は「（　　），ボトルを回収し，気候に害のある新たなプラスチック生産を削減する，より簡明で確認済みの，はるかに効果的な方法がある」の意。先行する部分には，「消費者，自治体は非効率で費用のかさむ路上収集をしている」とある。よって，「だけれども，ところが」といった意味の語を入れれば文意が通るとわかる。選択肢はそれぞれ，(1)「まず第一に」，(2)「しかし」，(3)「別言すれば」，(4)「不運にも」の意であるから，正解は(2)に決まる。

(D) 空所を含む部分は「今日，保証金制度は，缶やビン，その他の容器を回収する（　　）のである」の意。次文に「保証金つきペットボトルは，払い戻しなしのボトルに比べて3倍以上リサイクルされる」とある。選択肢はそれぞれ，(1)「～ことの代用」，(2)「～ことにはもう役立たない」，(3)「～ときには圧倒される」，(4)「～のに，なお信じがたいほどに効率がいい」の意であるから，正解は(4)だとわかる。

(E) 空所を含む部分は「それゆえにその同じ報告書がゴミの解決策を提示するのに，そうした法制度（　　）のかもしれない」の意。次文に「それどころか，その負担を，その報告書は個人と都市に転嫁し…」とあるので，「法制度には触れていない」とわかる。選択肢はそれぞれ，(1)「～から始

める」，(2)「〜に集中する」，(3)「〜を説明する」，(4)「〜に全く言及していない」の意であるから，正解は(4)である。

(F)　空所を含む部分は「5セントの保証金は，消費者にとって40年前（　　　）は全くない」の意。この部分に続くwhen以下に「当時の5セントは今日の金額では15セントの価値があった」とあるから，「今は払戻金をもらいたいという気にならない」という意味になるとわかる。選択肢はそれぞれ，(1)「〜ほどの動機づけ」，(2)「〜ほどの伝統」，(3)「〜ほど必要な」，(4)「〜ほど有名な」の意であるから，そうなるのは(1)である。

(G)　空所を含む部分は「廃棄物やリサイクルの管理によって，都市や税金を払う市民が背負う重い負担を一部軽減すること（　　　）」の意。後続の文に述べられているのは，EPR法のもたらす利益であるから，空所には「追加」の意味を表す語句が入るとわかる。選択肢はそれぞれ，(1)「〜にもかかわらず」，(2)「〜どころか」，(3)「〜に加えて」，(4)「〜なしに」の意であるから，正解は(3)に決まる。

(H)　空所を含む部分は「（　　　），再利用だけでは，気候変動を免れることにはならない」の意であるが，2文後（But updating …）に注目すれば，これがOf course, A but B.「もちろんAであるが，とはいえB」という「譲歩」を表す相関構文であることが読み取れる。よって，正解は(2)。残りの選択肢はそれぞれ，(1)「その結果」，(3)「それどころでなく」，(4)「第2に」の意。

〔2〕あ　該当部分は「それは実は連中自身が生み出した失敗（＝自業自得，身から出たさび）である」という意味。itは先行文のsuch litter「そうしたゴミ」のこと。「そうしたゴミ」とは，「外にあふれ出たボトルや缶」のこと。選択肢はそれぞれ次の通り。

(1)「青容器制度」

(2)「海岸や街角にあるゴミ」

(3)「ゴミを散らす人々が誰なのかを知ることの困難さ」

(4)「汚染問題に関する意識の欠如」

　　よって，これらの中で最もふさわしいものは(2)である。

い　該当部分は「連中は私たちがもっとお行儀をよくして問題を解決するのを願っている」という意味だから，下線部いの指示対象は「…を願っているものたち」であるとわかる。選択肢の意味はそれぞれ次の通り。

(1)「飲料会社」

(2)「CLF の会員」

(3)「保証金法制度のある州」

(4)「マサチューセッツ州の住民」

　この文の後半に「それだと連中はお金がかかる」とあることから，「連中」とは，「飲料会社」だとわかる。よって，正解は(1)に決まる。

ⓖ　該当部分は「（元に遡って）当時は」という意味。「当時」とは，その直前に 40 years ago「40 年前」とある。よって，下線部ⓖの指示対象は，2024−40＝1984 となる。選択肢の意味はそれぞれ次の通り。

(1)「2016 年に」

(2)「1980 年代に」

(3)「最新版のボトル法案が成立したとき」

(4)「ペットボトル詰めの水とスポーツ飲料が保証金法制度の対象となったとき」

　よって，これらの中で最もふさわしいのは(2)だとわかる。

ⓔ　該当部分は「そうなれば，4 万台の車両を路上から除去するようなものだ」という意味。よって，下線部ⓔの指示対象はその直前にある recycling「（ボトル・缶を）リサイクルすること」であるとわかる。選択肢の意味はそれぞれ次の通り。

(1)「ボトルを製造すること」

(2)「保証金を 5 セントとすること」

(3)「飲料容器を再利用すること」

(4)「交通量を削減することで公害を減らすこと」

　よって，上記の検討から(3)が正解だとわかる。

ⓞ　該当部分は「海辺や道ばたに散らかるペットボトルゴミを生産している企業が，もう一度自分の製品にその類いの所有権を示す」という意味。「容器を返してほしいからロゴを入れた」ように，「所有権に基づいて自分の製品を引き取る」のがよいという主旨。選択肢の意味はそれぞれ次の通り。

(1)「自分の誤りを認める」

(2)「その飲料容器に自分の名前を記す」

(3)「その容器の返却の責任を負う」

(4)「消費者に容器の利用に支払いをするよう要求する」

　　よって，そのような意味になるのは(3)だとわかる。

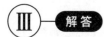 **解　答**　　〔1〕　あ—(1)　い—(6)　う—(2)　え—(3)

　　　　　　　　　　　〔2〕　か—(8)　き—(1)　く—(5)　け—(2)

·· 全　訳 ··

〔1〕《自然の中を歩く》

A：あれ，なにが藪の中で動いているんだろう？

B：どこ？　（　あ　）　あ，ほんと，何かいる，あの大きな松の木のそば。
　　ヘビだ！

A：うわ，危ないかな？

B：わかんないけど，だいじょうぶじゃないかな。危ないやつはたいてい，
　　色がきれいだから。

A：ヘビ，大好き！　手に取ってみたいくらい。かわいいと思わない？

B：（　い　）　だって，色がどうだとかなんて，ただの推測にすぎないん
　　だから。離れていたほうがいいよ。

A：残念だけど，言う通りかもね。写真を撮るだけにしておこうかな。

B：そのほうがいいよ。確かにステキな生き物だけどね。（　う　）

A：ほんとにそんなに危ないと思う？

B：わからないじゃない。でもそれだけじゃないよ，野生動物にちょっか
　　い出しちゃいけないよ。自分のことで一生懸命になってるときに，誰
　　かに肩越しに見つめられたらどう思う？

A：うーん，そんな見方をしたことなかった。（　え　）　ここから，写真
　　撮るだけにしとくね。

B：ほー，頭使ってるじゃないの。

〔2〕《レストランで》

A：ご注文はいかがいたしましょうか？

B：はい。（　か　）

A：ローストビーフ，ガーリックパンを添えたマッシュポテトです。それ
　　に，自家製チリ，サワークリームとチーズ添えもあります。

B：どれもおいしそうですね。チリをいただこうかな。サラダはついてい
　　ますか？

A：はい，ついています！　シーザーサラダとクラシックなニコワーズサ
　　ラダからお選びいただけます。

B：ニコワーズ？　聞いたことがないけれど。（　き　）

A：そうですか，おいしいですよ！　フランス風のサラダです。ニースが
　　もとですね。固ゆで卵，オリーブ，ツナ，野菜盛り合わせになります。
　　皆さんお好きですよ。

B：（　く　）　魚が食べられないんです。シーザーサラダのほうにします。

A：承知いたしました。では，チリ，シーザーサラダ添えですね。

B：以上で。どうもありがとう。ああ，もう一つ。クレジットカードは使
　　えますか？　それとも，現金だけ？

A：（　け　）　ですので問題ございません。

================ 解　説 ================

〔1〕㋐　「あ，ほんと，何かいる」に先行するのだから，(1)「何も見えな
いけど」がふさわしい。

㋑　「かわいいと思わない？」への返答だから，(6)「確かに私もそう思う
けれど，それはやめといたほうがいいよ」とすれば，次の「色は地味でも
危ないかも」という主旨の発言にも合う。

㋒　certainly「確かに」には，but… が続いて，「確かに～だけど…」と
いう意味になる。(2)「でも近づきすぎちゃだめ」が正解だとわかる。

㋓　「そんな見方をしたことなかった」に続く発言としては，(3)「それほ
んと，いいとこ突いてるね」がふさわしい。

　残りの選択肢は，(4)「はい，今ヘビ，見えてます」，(5)「同じく，私も
ヘビ大好き」，(7)「それについて本当に意見はないです」，(8)「全然…離れ
ていたほうがいいよ」，(9)「動物と人間をそんなふうには比べられない」，
(10)「もうちょっと近づいたらバッチリの写真が撮れるよ」の意。

〔2〕㋕　「ご注文はいかがいたしましょうか？」と聞かれれば，(8)「本日
のおすすめは何ですか？」がふさわしい。次にAが具体的な料理を挙げて
いるのもヒントになる。

㋖　「聞いたことがないけれど」に続くのだから，どんな料理か知りたい
と思っているはず。(1)「何が入っているんですか？」と尋ねるのが自然。

㋗　「魚が食べられないんです」に先行する発言としては，(5)「ツナが入
ってるんですか？」がふさわしい。

㈲　「支払い方法」を尋ねられているから，(2)「どちらでも結構です」，または(7)「現金のみとなります」が考えられるが，直後に「問題はない」と答えているので(2)が適当な返事となる。

　残りの選択肢は，(3)「長くかかりますか？」，(4)「何かありますか？」，(6)「私の大好物です」，(9)「何か他にありませんか？」，(10)「もう数分いただけませんか？」の意。

 解　答　　(A)—(2)　(B)—(3)　(C)—(1)　(D)—(1)　(E)—(4)
　　　　　　　　　(F)—(3)　(G)—(3)　(H)—(3)

===== 解　説 =====

(A)　「アラスカ旅行はどれくらい前のことだったかな？」

since には完了形がふさわしい。our trip とあるので主語は you にはならない。よって，正解は(2)である。

(B)　mind「気にかける」の目的語は，動名詞。よって，正解は(3)である。

(C)　「二通りに読める」という意味になるのは，(1)である。

(D)　「書類を置いた」なので，他動詞 lay の過去形である(1)が正しい。

(E)　接続詞を入れなければならない。よって，正解は(4)である。

(F)　expect O to *do* か，expect that S V となる。よって，正解は(3)である。

(G)　仮定法過去完了の文であるから，正解は(3)である。

(H)　live at a place とは言わない。また，関係詞 that に前置詞を先行させることはできない。in that は「～の点で，～だから」の意。which を使うなら in which でなければならない。よって，正解は(3)である。

 解　答　　〔1〕　(A)—(3)　(B)—(2)　(C)—(1)　(D)—(4)　(E)—(2)
　　　　　　　　　〔2〕　(A)—(2)　(B)—(1)　(C)—(2)　(D)—(1)　(E)—(1)

===== 解　説 =====

〔1〕(A)　「色紙で（　　）を包んだ」

　選択肢はそれぞれ，(1)「知人」，(2)「定義」，(3)「小包」，(4)「窃盗」という意味。よって，正解は(3)である。

(B)　「旅の経験の（　　）をつけた」

　選択肢はそれぞれ，(1)「皿洗い」，(2)「日誌」，(3)「郵便受け」，(4)「天

文学者」という意味。よって，正解は(2)である。

(C) 「暴風雨がわたしたちの（　　　）を遅延させた」

選択肢はそれぞれ，(1)「出発」，(2)「水分」，(3)「許可」，(4)「終点」という意味。これらの中で文意が通るのは(1)だけである。

(D) 「考えを裏づけるために他の筆者を（　　　）できる」

選択肢はそれぞれ，(1)「蓄積する」，(2)「複製する」，(3)「ペダルを踏む」，(4)「引用する」という意味。これらの中で文意が通るのは(4)のみである。

(E) 「細菌の存在を（　　　）下で検査した」

選択肢はそれぞれ，(1)「マッサージ」，(2)「顕微鏡」，(3)「留め金」，(4)「タックル」という意味。これらの中で文意が通るものは(2)しかない。

〔2〕(A) 「問題の主因を突き止めた」

選択肢はそれぞれ，(1)「実際の」，(2)「主要な」，(3)「公式の」，(4)「適切な」という意味。これらの中で primary「主要な」に近いのは(2)である。

(B) 「その会社は誰か別人を任命していると聞いた」

選択肢はそれぞれ，(1)「指名している」，(2)「献身している」，(3)「監視している」，(4)「栓をする」という意味。これらの中で assign「任命する」のに近いのは(1)である。

(C) 「ロメオはジュリエットへの愛を公言した」

選択肢はそれぞれ，(1)「認めた」，(2)「公表した」，(3)「否定した」，(4)「誤解した」という意味。これらの中で declare「公言する」のに近いのは(2)である。

(D) 「チームは断固として前進した」

選択肢はそれぞれ，(1)「断固たる」，(2)「謙虚な」，(3)「恐ろしい」，(4)「傲慢な」という意味。これらの中で purposeful「断固として」に近いのは(1)である。

(E) 「映像をこれまで以上に早く送信できる」

選択肢はそれぞれ，(1)「転送する」，(2)「変身させる」，(3)「翻訳する」，(4)「移植する」という意味。これらの中で transmit「伝送する」に近いのは(1)である。

2月3日実施分　　問　題

(80 分)

I　次の文を読んで，問いに答えなさい。

When she was 15 years old, Alexandra Botez won a national chess tournament that could have changed her life. She'd dominated all three days of a competition famous for its valuable first-place prize: a four-year chess scholarship to the University of Texas (UT) at Dallas. By the final day, Botez was so far ahead of the other 235 players that she didn't even need to win her last game. She played to a comfortable draw and finished undefeated, winning the scholarship.

But while her parents celebrated this opportunity for a free college education, Botez imagined an unwanted life unfurling[1] in front of her. She realized she didn't want to play chess professionally. She'd loved the game since her father began teaching her when she was 6 years old — a tradition passed down through generations of their Romanian family. But historically, only the top 20 or so chess players in the world could make a living at it. Botez sensed that she would never be a world champion. Instead of UT Dallas, she applied to Stanford University, on a single-minded quest[2] to be the best at something. Little did she know that a decade later, chess would, in a way, be that thing.

Although today Botez is a women's chess master with a very high skill level, she is nowhere near the top of the sport. On the new frontier of chess, however, where grandmasters[3] have social media accounts, Botez is a pioneer. She is a chess streamer — a content creator who broadcasts live videos of herself playing. With more than one million followers, her

2
0
2
4
年
度

2
月
3
日

問
題
編

channel has broken streaming viewership[4] records for the game and gained profitable brand partnerships. For Botez, it was giving up a career as a professional that gave her the time and experience to become a top streamer. With an income that matches those of many top-ranked players, her decision to turn down the chess scholarship has more than paid off.

Botez began streaming chess games during her senior year, even as she was balancing a full class load and starting a new AI-related business. "Chess can offer a relaxing escape that I really missed, so I wanted to start playing chess again," she says. She was the president of the university chess club but found only one or two worthy opponents. As a result, she began playing against strangers online. But those one-off[5] games didn't give her a sense of community, so she joined a platform many video gamers use to livestream themselves while viewers chat in real time with the streamer and one another.

Botez would begin a live game online, point a camera at herself, and broadcast both her computer screen and her camera on her streaming channel so that anyone watching could then see her and her online chess board. As she played, Botez would respond to messages that appeared in the chat box. With humility[6] and humor rarely seen in high-level competitors, she attracted a small audience of beginning players, who quickly became loyal fans.

Three years after Botez graduated, she decided to devote herself to livestreaming chess full time. "Running a channel is like running a business," she says. "It's just that you're the product as well." To increase her viewership, she streamed every night from 5 p.m. to 3 a.m., when there was less competition and therefore a greater chance of gaining viewers. The schedule was lonely and exhausting, but she was determined to do whatever it took to become a top streamer. "I wasn't the best chess player. I wasn't the best content creator. But I was the best at making content about chess, or one of the best," she says.

By the summer of 2020, Botez was on camera, live, for about 250 hours per month — an average of 8 hours per day, 7 days per week. To keep her one million followers engaged, she constantly experimented with new content, whether it was hustling chess hustlers[7] in New York City's Union Square Park, traveling around the world to report on the game's biggest tournaments, or adding her younger sister, Andrea, as a streaming co-host. In December 2021, she and her sister were among the first female chess streamers signed to an e-sports team.

Sometimes, while thousands of followers watch, Botez makes a bad move and loses a queen[8]. It's almost always a game-ending error. Her fans began calling lost queens the Botez Gambit[9], a name that has caught on in the wider chess community. But she takes the joke calmly. When she started her channel, Botez wasn't trying to show off her skill or the competitive aspects of the game; she was trying to create a community. And she feels that mistakes help bring that about. "It can be a very tense and scary game, but here's a situation where it's actually fun," she says. "There's people hanging out, we're laughing, we're playing chess, we're learning. It's what I like most about this game, so I wanted to share it with my audience."

So in a way, even when she loses, she wins.

(Adapted from a work by Kali Shiloh)

（注）

1. unfurl　　　　　　　　　　展開する
2. quest　　　　　　　　　　　探究
3. grandmaster　　　　　　　　チェスの名人
4. viewership　　　　　　　　視聴者数
5. one-off　　　　　　　　　　１回限りの
6. humility　　　　　　　　　謙虚さ
7. hustle chess hustlers　賭けチェスで勝負師に勝つ

出典追記：The Botez Gambit, Stanford Magazine December 2022 by Kali Shiloh

8. queen　　　　　　　　クイーン（チェスのもっとも強い駒）

9. gambit　　　　　　　わざと大切な駒を捨てる戦術の一つ

〔1〕本文の意味，内容にかかわる問い(A)～(D)それぞれの答えとして，本文にしたがってもっとも適当なものを(1)～(4)から一つ選び，その番号を解答欄にマークしなさい。

(A) Why did Alexandra Botez decide not to attend UT Dallas?

  (1) Playing chess had become boring for her.

  (2) Her family could not afford to send her there.

  (3) She did not want to try to earn a living as a chess player.

  (4) She thought Stanford would be the better school to prepare for a career in chess.

(B) Which of the following does NOT describe Botez's involvement with chess?

  (1) She has a huge following on the Internet.

  (2) She works with companies that sponsor her.

  (3) She earns a significant amount of money from it.

  (4) She is considered one of the ten best players in the world.

(C) Why did Botez return to playing chess during her senior year at Stanford?

  (1) She had a lot of free time that she wanted to fill.

  (2) She needed a break from her many responsibilities.

  (3) She decided to start competing in professional tournaments.

  (4) Many chess club members were excellent players who could test her skill.

(D) How does Botez feel when she makes mistakes such as losing a queen?

(1) Impressed by the incredible ability of her opponent

(2) Happy that she can share an enjoyable moment with her fans

(3) Upset that she did not demonstrate her true skill at the game

(4) Glad that her error will show viewers the competitive nature of chess

〔2〕 次の(1)～(5)の文の中で，本文の内容と一致するものには1の番号を，一致しないものには2の番号を，また本文の内容からだけではどちらとも判断しかねるものには3の番号を解答欄にマークしなさい。

(1) Alexandra Botez's father was the first family member to take up chess.

(2) Botez was motivated to start streaming chess games because her first online matches had already given her a rewarding social network.

(3) Botez lost some online games because she was too focused on chatting with fans.

(4) Botez streamed during the night as a strategy to gain more followers.

(5) Throughout 2020 and 2021, Botez was forced to stream alone from her home studio.

〔3〕 本文の内容をもっともよく表しているものを(1)～(5)から一つ選び，その番号を解答欄にマークしなさい。

(1) Finding a new way to succeed at a popular game

(2) The financial benefits of a career in livestreaming

(3) How the choice of university can transform one's life

(4) The amazing chess careers of Andrea and Alexandra Botez

(5) The stressful conflict between following one's dream and facing reality

Ⅱ　次の文を読んで，問いに答えなさい。

Just a few decades ago, most biologists would have agreed that culture is a quintessentially[1] human feature. Sure, they already knew there were dialects[2] in birdsong, and there was evidence that many birds learned these by copying other birds. Scientists had also reported that the practice of washing sweet potatoes in seawater had spread among certain macaque monkeys in Japan. But such behavioral differences seemed limited in scope compared with human culture, which creates variation in nearly everything we do.

In recent decades, (A) , scientists have learned that culture plays a wider role in the lives of non-human animals than anyone had imagined. Andrew Whiten of the University of St. Andrews was one of the pioneers in animal culture research. In 1999, he led an analysis of findings from nearly four decades of research into wild chimpanzees. "We could show chimpanzees have multiple traditions affecting all different aspects of their lives," he says. But Whiten felt he needed to do more to demonstrate that these traditions truly came about by learning from others, so he decided to introduce a new tradition (B) . Working with two captive[3] groups of chimpanzees, he taught a single chimp in each group how to get a treat from a box. Crucially, they were each taught a different method. The ability to open the box spread within each group, but though both methods were equally effective, chimpanzees almost exclusively picked up the method used by the first trained animal in their group.

Whiten and colleagues wanted to witness the same thing in the wild
(あ)
— a difficult proposal because wild chimpanzees are wary of[4] people. So the team turned to vervet monkeys, teaching different wild groups to avoid grains of corn of a certain artificial color by giving the grains a bitter taste, until group members had learned to avoid them. Then the bitter flavor was removed. (C) , they were able to show that animals were

learning from one another. When individual monkeys moved into another group, they would change their preference to avoid the grains the locals were avoiding and prefer the ones they had previously avoided themselves. Evidently, they trusted the locals to do the right thing, even though all grains were now perfectly edible[5].

When animals acquire behaviors by watching others instead of through their own exploration or from genetic code inherited[6] from their parents, that can have   (D) . For one thing, it is often faster. Genetic evolution only works when successful individuals survive and reproduce, thus passing on the gene coding for their behavioral tendencies to the next generation. If useful new behaviors can simply be copied from others, that can speed things up. This may not be so important if a creature lives in a place that remains the same from generation to generation, but when conditions change rapidly — as they are doing today due to climate change and other human influences on nature — genetic inheritance can be slow. A species that can learn from others,   (E) , does not need multiple generations to adapt. Individuals can learn from those they have seen to be successful, modify that behavior on their own, then pass on the new and improved version to their young.

The great tit, a common songbird throughout Europe, is an excellent example of the possibilities that emerge when you can learn from animals that aren't your parents, says behavioral ecologist Lucy Aplin. After leaving the nest, baby birds spend just 10 to 30 days with their parents, and during this time, "they learn how to find insects like caterpillars, their favorite summer food," she says. "But by the time winter comes along, their only option is to learn from others." In winter, the birds gather in flocks, providing a chance to learn how to get food from tricky places. In a series of experiments, Aplin and her colleagues showed that great tits will learn from other birds that already know how to open a box rather than figure out   (F)   by themselves.

Does the cultural learning scientists are discovering in other animals make it easier for them to adapt to dramatic change? Or does it make them more vulnerable[7], since culture may more rapidly be lost from declining populations? 　(G)　 , says Aplin. Species, such as great tits, that are quick to pick up what others have learned are likely to do well. But species that depend on knowledge passed down over generations may be at risk when populations decline. Think of elephant matriarchs[8] who may be the only ones to remember where to find water during unusual droughts[9], or birds and whales that perform long-distance migrations[10]. Some of these species have been hunted to near extinction, causing severe losses of diversity, cultural as well as genetic.

Yet, given the space and the time, cultural animals often do have the 　(H)　 . A 2018 study showed how once-endangered bighorn sheep populations were relearning migration routes. Conservation workers have helped whooping cranes raised in captivity to learn their species' migration routes by having small planes show them the way. Clearly, conservation needs cultural awareness as well.

(Adapted from a work by Tim Vernimmen)

(注)

1．quintessentially　典型的に

2．dialect　　　　　方言

3．captive　　　　　飼育された

4．be wary of ~　　　~に対して用心深い

5．edible　　　　　　食用に適する

6．inherited　　　　受け継いだ

7．vulnerable　　　（環境変化などに）弱い

8．matriarch　　　　メスのリーダー

9．drought　　　　　日照り，干ばつ

10．migration　　　　渡り，移動

出典追記：Cultural transmission makes animals flexible, but vulnerable, Knowable Magazine on July 29, 2022 by Tim Vernimmen

〔１〕本文の ▭(A)▭ 〜 ▭(H)▭ それぞれに入れるのにもっとも適当なものを(1)〜(4)から一つ選び，その番号を解答欄にマークしなさい。

(A)　(1)　however　　　　　　　(2)　indeed

　　　(3)　moreover　　　　　　(4)　therefore

(B)　(1)　himself　　　　　　　(2)　in the wild

　　　(3)　instead　　　　　　　(4)　of exchanging treats

(C)　(1)　At the same time　　(2)　By chance

　　　(3)　Nevertheless　　　　(4)　Once again

(D)　(1)　clear benefits　　　　(2)　unexpected risks

　　　(3)　unknown effects　　(4)　various causes

(E)　(1)　because of this　　　(2)　for example

　　　(3)　furthermore　　　　(4)　on the other hand

(F)　(1)　equally effective methods　　(2)　how their parents did it

　　　(3)　its location and type　　　　(4)　what has been happening

(G)　(1)　It depends　　　　　(2)　It makes no difference

　　　(3)　That's probably true　(4)　The former

(H)　(1)　ability to recover　　(2)　desire to live

　　　(3)　tendency to reproduce　(4)　wish to move

〔２〕下線部 ⓐ 〜 ⓙ それぞれの意味または内容として，もっとも適当なものを(1)〜(4)から一つ選び，その番号を解答欄にマークしなさい。

Ⓐ　the same thing

　　(1)　monkeys being trained by researchers

　　(2)　animals teaching things to one another

　　(3)　groups of creatures cooperating on tasks

　　(4)　chimpanzees trying to get treats from boxes

Ⓑ　do the right thing

　　(1)　find enough to eat

　　(2)　share food with them

　　(3)　welcome them to the group

　　(4)　remember which grains tasted bitter

Ⓒ　This

　　(1)　A species adopting new habits

　　(2)　A species surviving and reproducing

　　(3)　A species benefiting from inherited genes

　　(4)　A species being affected by climate change

Ⓓ　their only option

　　(1)　their best hope of survival

　　(2)　their only way to open boxes

　　(3)　their one chance of finding caterpillars

　　(4)　their last opportunity to observe other birds

Ⓔ　these species

　　(1)　species that practice migration

　　(2)　species that rely on memory to find food and water

　　(3)　species whose populations are being monitored by scientists

　　(4)　species whose cultural learning was acquired over multiple
　　　　lifetimes

Ⅲ

〔1〕次の会話の ⓐ 〜 ⓔ それぞれの空所に入れるのにもっとも適当な表現を (1) 〜
(10) から一つ選び，その番号を解答欄にマークしなさい。

Walking around Kyoto

A: I'm getting hungry. Do you want to have lunch soon?

B: (ⓐ) I had such a big breakfast, too. But no worries — we'll stop
at a café and you can grab something quick.

A: Okay, that sounds good. Then we can go see another temple and eat
lunch afterwards.

B: Great — sounds like a plan! My phone will tell us if there's anything
good nearby.... Okay, how about this place? Have a look at the menu.

A: Ooh, that looks perfect. Let's go there. (ⓑ)

B: And I wouldn't mind another cup of coffee myself, to be honest. Let's
see... it should be just around the corner.

A: There it is... but it's closed! (ⓒ)

B: Oh, don't make such a fuss. This town is full of great cafés. We can
find another one easily.

A: But I had my heart set on that apple pie. And I'm too hungry to wait
any longer. Let's go to the closest place.

B: As you like. Look — there's an ABC coffee shop across the street. Shall
we go there?

A: I really don't care for those national chains. (ⓓ)

B: Fair enough — ABC it is. Then on to the temple.

(1) Yes, let's do that.

(2) It's too early, isn't it?

(3) This is a total tragedy!

(4) Let's search for another one.

(5)　Each one is exactly the same.

(6)　Let's go to a local place instead.

(7)　That coffee cake looks just heavenly!

(8)　But I'm too desperate to worry about that now.

(9)　That apple pie is just the thing to keep me going.

(10)　I'll get the apple pie while you have something to drink.

〔2〕次の会話の ㋕ ～ ㋙ それぞれの空所に入れるのにもっとも適当な表現を (1) ～
(10) から一つ選び，その番号を解答欄にマークしなさい。

At a museum

A : Excuse me. Before you go, I wonder if you'd mind taking part in our
visitor satisfaction survey.

B : I'm sorry, it's getting late. （　㋕　）

A : Really, it won't take long — just a few questions about your visit
today. We'd value your opinion.

B : Oh, alright then. What do you want to know?

A : Thank you. So, was this your first visit to the museum?

B : Not at all. （　㋖　）

A : That's good to hear. And what was the main purpose of your visit
today?

B : We came for the opening of the *Space Travel* exhibition. And, of
course, we can never come here without seeing the dinosaurs.

A : （　㋗　） And the *Space Travel* exhibition, how would you rate your
experience there today, on a scale of one to five?

B : Hmmm...perhaps a four. The rocket engines were fascinating, and the
kids enjoyed trying on the space helmets. （　㋘　） That made it
difficult to see some of the displays.

A : Sorry about that. It *is* busy today. I'm glad to hear you enjoyed the exhibition though.

B : We'll probably come again when it's quieter.

A : Good idea! OK, thanks for your help.

(1) Always popular!

(2) Perhaps another time.

(3) It was just so crowded.

(4) I recommend the dinosaurs.

(5) We've always wanted to come.

(6) I bring my kids here all the time.

(7) That was a new experience for them.

(8) That's a new attraction, as you know.

(9) But it was too dark in the main room.

(10) We don't want to miss the *Space Travel* exhibition.

Ⅳ　次の(A)~(H)それぞれの文を完成させるのに，下線部の語法としてもっとも適当なものを(1)~(4)から一つ選び，その番号を解答欄にマークしなさい。

(A)　We were looking forward to ＿＿＿＿＿ home.

   (1)　go   (2)　going

   (3)　gone   (4)　went

(B)　I know this town so well that there's ＿＿＿＿＿ I haven't visited.

   (1)　anything   (2)　anywhere

   (3)　everything   (4)　nowhere

(C)　Jazz music is regularly ＿＿＿＿＿ on Saturday nights at *Soul to Soul* Jazz Club.

   (1)　perform   (2)　performed

(3) performing　　　　　　　　(4) performs

(D) This new rocket will be almost twice ＿＿＿＿ the old one.

(1) as powerful as　　　　　　(2) more powerful of

(3) most powerful in　　　　　(4) powerful than

(E) Our presentation went well, ＿＿＿＿ us to earn a good grade.

(1) helped　　　　　　　　　　(2) helping

(3) to be helped　　　　　　　(4) to have helped

(F) ＿＿＿＿ I see them, they have their cellphones in hand.

(1) Whatever　　　　　　　　(2) Whenever

(3) Whichever　　　　　　　　(4) Whoever

(G) ＿＿＿＿ I in your position, I would refuse the request.

(1) Could　　　　　　　　　　(2) Did

(3) Had　　　　　　　　　　　(4) Were

(H) Our team scored the first goal about 6 minutes ＿＿＿＿ the game.

(1) during　　　　　　　　　　(2) into

(3) of　　　　　　　　　　　　(4) on

V

〔1〕 次の (A) ～ (E) それぞれの文を完成させるのに，下線部に入れる語としてもっとも適当なものを (1) ～ (4) から一つ選び，その番号を解答欄にマークしなさい。

(A) You can use logic to ＿＿＿＿ the correct answer.
- (1) deposit
- (2) derive
- (3) march
- (4) parachute

(B) The children used to get into ＿＿＿＿ frequently, but they've settled down now.
- (1) mischief
- (2) moisture
- (3) movement
- (4) myth

(C) Too many ＿＿＿＿ words can make a sentence difficult to understand.
- (1) abstract
- (2) definite
- (3) downward
- (4) penniless

(D) This factory ＿＿＿＿ automobile parts.
- (1) arouses
- (2) dashes
- (3) manufactures
- (4) personifies

(E) If the pain becomes ＿＿＿＿, you should see a doctor.
- (1) acute
- (2) domestic
- (3) mortal
- (4) tolerant

〔2〕 次の (A) ～ (E) の文において，下線部の語にもっとも近い意味になる語を (1) ～ (4) から一つ選び，その番号を解答欄にマークしなさい。

(A) The furniture will be transported there.
- (1) abandoned
- (2) destroyed

(3) moved   (4) placed

(B) It was a joint decision to continue.

(1) a delicate   (2) a mutual

(3) a terrific   (4) an awkward

(C) The army's first priority was to defend the river.

(1) avoid   (2) map

(3) patrol   (4) protect

(D) They had done a magnificent job.

(1) a mediocre   (2) a memorable

(3) a terrific   (4) an awful

(E) The tour buses jammed the local streets.

(1) accessed   (2) disturbed

(3) packed   (4) traversed

解 答

Ⅰ 解答 〔1〕 (A)—(3) (B)—(4) (C)—(2) (D)—(2)
〔2〕 (1)—2 (2)—2 (3)—3 (4)—1 (5)—2
〔3〕—(1)

.... 全 訳 ....

《人気ゲームで成功する新手段の発見》

1 15歳の頃に，アレクサンドラ＝ボテスさんは全国チェストーナメントで優勝したことで，人生が変わったかもしれない。彼女は，3日間の競技会すべてで優位に立った。その大会は，高価な優勝賞品で有名であった。ユニバーシティーオブテキサス（UT）ダラス校への4年分の奨学金である。最終日の頃には，ボテスさんは残りの235名の選手のはるか先にいたので，最終試合に勝つ必要がなかったほどだった。それを楽々引き分けとして，最後まで不敗のまま，奨学金を得た。

2 しかし，両親はこの無料の大学教育の機会を祝福してくれたけれど，ボテスさんは不本意な人生が目の前で展開していくのを思い描いていた。自分はチェスのプロにはなりたくないのがわかった。対局はずっと大好きだった。6歳のときに父親から手ほどきを受けて以来である。それが，彼らルーマニア人家庭の習わしだった。だが，歴史的には，世界最上位の20人ほどのチェス選手だけしか，それで生計を立てることはできなかった。ボテスさんは世界チャンピオンには絶対なれないと感じていた。UTダラス校ではなく，スタンフォードユニバーシティーをボテスさんは志望し，何かの一番手になろうとひたむきな探究を続けた。10年後，チェスがある意味で，その何かになろうとは，夢にも思わなかった。

3 今日ボテスさんは女流チェスの名手であり極めて高い技能水準にあるとはいえ，チェスの最上位からはほど遠い。しかし，チェスの名人がソーシャルメディア・アカウントをもつという新たな領域では，ボテスさんは先駆者である。彼女はチェス動画配信者，すなわち自分がチェスをしている生動画を放送するコンテンツ制作者なのである。100万を超えるフォロワーを擁し，そのチャンネルは競技の配信視聴者数記録を破り，ブランドと

提携して利益が得られた。ボテスさんにとって，配信者の頂点に立つ時間と経験とが得られたのは，プロとしての履歴を手放したからだった。多くのトップランクの選手に匹敵する収入を得たのだから，チェスの奨学金を受け取らないという決断は，大正解だった。

④ ボテスさんは4年生のうちにチェスの試合の配信を始めたが，同時に全授業負担と新たなAI関連の事業の開始との均衡を保ちさえしていた。「チェスが提供してくれる心安らぐ逃避を，私は本当に必要としていたのです。だから，またチェスを始めたくなって」と，本人は語る。大学のチェスクラブの会長ではあったけれど，ふさわしい対戦相手はほんの一人か二人しかいなかった。その結果，ネット上で見知らぬ人と対戦を始めた。けれど，1回限りのそうした対局では，仲間意識は得られなかった。そこでボテスさんは多数のゲーマーが使っているプラットフォームに加わった。そこでは彼らが自分のライブ配信をしていて，その間，視聴者がリアルタイムで配信者と，あるいは視聴者同士でおしゃべりしているのだった。

⑤ ボテスさんは生の対局をネット上で始め，カメラを自分自身に向け，自分のコンピューター画面とカメラの両方を配信チャンネルで放送し，視聴する人が誰でも，ボテスさんとネットのチェスの盤面をみられるようにした。対局中，ボテスさんはチャットボックスに現れたメッセージに返信するようにした。上級対局者にはめったにみられない謙虚さとユーモアとで，数は少ないながら，初級の視聴者は魅力の虜になり，すぐに忠実なファンとなった。

⑥ 卒業3年後，ボテスさんはフルタイムでチェスのライブ配信をすることに専念すると決心した。「チャンネルの運営は経営みたいなものです」と語る。「自分も製品だというだけのことですね」。視聴者数を増やすため，放送は毎晩午後5時から午前3時に及んだ。その時間帯はあまり競争はなかったし，それゆえに視聴者を得る機会は大きかったのだ。日程的にひとりぼっちで疲れがたまったが，断固として，配信者トップを取るのに必要なことは何でもした。「私は最高のチェス競技者ではありません。最高のコンテンツ制作者でもありません。ですが，チェスのコンテンツを作るのなら一番か，一番手の一人です」と語る。

⑦ 2020年の夏頃，ボテスさんは配信に生で，月間約250時間，1日平均8時間，週7日出演した。自らの100万人のフォロワーを保持するため，

新コンテンツを常に試験した。それが，ニューヨークのユニオン・スクウェア・パークで賭けチェスの勝負師に勝ったり，世界中を旅して回りチェス界最大のトーナメントを報道したり，妹のアンドレアさんを配信パートナーに加えたりすることであっても。2021 年の 12 月に 2 人の姉妹は，eスポーツチームと契約した最初の女性チェス配信者に仲間入りした。

⑧　ときには，数千人のフォロワーが見守る間に，ボテスさんは悪手を指しクイーンを取られることがある。ほぼ間違いなく試合終了の失策である。ファンはクイーン喪失を，ボテスの仕掛け，と呼び始めた。それは，より大きなチェスの世界で流行った名前である。だが，ボテスさんは冗談を受け流す。チャンネルを開設したときも，自らの技量や対局の勝負の一面を見せびらかそうとはしなかった。仲間を作ろうとしていたのだ。また，失着はそれを生み出す助けになると感じている。「対局はとても緊張する怖いものになりかねませんが，本当に楽しい場面も出てきますからね」と語る。「人間がぶらぶら集まって，笑ったり，チェスをしたり，学習したりします。このゲームで私が一番気に入っているのはそこですから，視聴者とそれを分かち合いたかったのです」

⑨　だからある意味，負けても，ボテスさんの勝ちなのである。

========================== 解　説 ==========================

〔1〕(A)　「なぜアレクサンドラ＝ボテスさんは UT ダラス校に通わないことに決めたのか？」

「奨学金拒否」に関しては第 2 段第 2 文（She realized she …）に「自分はチェスのプロにはなりたくないのがわかった」とある。選択肢の意味はそれぞれ次の通り。

(1)「チェスの対戦は本人にはつまらなくなった」

(2)「家族がそこへ本人を送る余裕がなかった」

(3)「チェスの選手として生計を立てようとは望まなかった」

(4)「スタンフォード大学のほうが，チェスの仕事の準備を整えるにはよい学校だろうと考えた」

　　よって，正解は(3)だとわかる。

(B)　「ボテスさんのチェスへの関わりを表していないのは，次のうちどれか？」

「チェスへの関与」に関しては第 3 段に記述されている。選択肢の意味

はそれぞれ次の通り。

(1)「ネットで大量の支持者がいる」

(2)「スポンサーとして支援してくれる企業と共同している」

(3)「それで相当額を稼いでいる」

(4)「チェス選手世界十傑の一人だと考えられている」

　同段落のどこにも「世界十傑」といった記述はないので，正解は(4)だとわかる。同段第1文の she is nowhere the top of the sport という記述もヒントになる。

(C)　「なぜボテスさんは，スタンフォード4年生のうちにチェスの対局に復帰したのか？」

　「対局復帰」に関しては第4段第2文（"Chess can offer …）に「チェスが提供してくれる心安らぐ逃避を，私は本当に必要としていた」とある。選択肢の意味はそれぞれ次の通り。

(1)「埋めたい空き時間がたくさんあった」

(2)「果たさなければならない多くのことから解放される時間が必要だった」

(3)「プロのトーナメントで競技を始めようと決心した」

(4)「チェスクラブの多くの会員が，自分の技量の物差しとなる優秀な選手だった」

　よって，正解は(2)に決まる。

(D)　「クイーンを取られるような失着を犯すとき，ボテスさんはどう思うのか？」

　「失着」に関しては第8段第6文（And she feels …）に「失着は仲間作りをする助けになると感じている」とある。選択肢の意味はそれぞれ次の通り。

(1)「相手の信じがたい能力に感銘を受ける」

(2)「ファンと楽しい時間を分かち合えるので満足である」

(3)「対局で自分の本当の技量を示せないのでうろたえる」

(4)「自分の失策が視聴者にチェスの競争性を示すことになるので嬉しい」

　よって，正解は(2)だとわかる。

〔2〕(1)　「アレクサンドラ＝ボテスさんの父は，その家系で最初にチェスを始めた人だった」

第2段第3文 (She'd loved the …) に「彼らルーマニア人家庭の習わし」とあり,父より前の世代から受け継がれてきた慣習だとわかるので,不一致。

(2)「ボテスさんがチェスの対局の配信を始める気になったのは,最初のネット対局ですでに見返りの得られるソーシャルネットワークができていたからである」

第4段第5文 (But those one-off …) に「1回限りのネット対局では,仲間意識は得られなかった」とあるので,不一致。

(3)「ボテスさんはファンとチャットするのに熱中しすぎて試合に負けることがあった」

第5段第2文 (As she played, …) に「チャット」に関する記述があるが,「熱中しすぎて負ける」ことがあったかどうかは記述がない。

(4)「ボテスさんが夜中に配信したのは,より多くのフォロワーを獲得する戦略の一環だった」

第6段第4文 (To increase her …) に「視聴者数を増やすため,放送は毎晩午後5時から午前3時に及んだ」とあるので,一致。

(5)「2020年と2021年の間はずっと,ボテスさんは本拠のスタジオから一人で配信せざるを得なかった」

第7段第2文 (To keep her …) に「妹のアンドレアさんを配信パートナーに加えた」とあるので,一人で配信していたのではないとわかる。

〔3〕 本文は,ボテスさんのチェス配信の成功物語。選択肢の意味はそれぞれ次の通り。

(1)「人気ゲームで成功する新手段の発見」

(2)「生配信の仕事の財政的な利益」

(3)「大学の選択で人生はどう変わるか」

(4)「アンドレアとアレクサンドラ=ボテスの驚くべきチェス履歴」

(5)「自分の夢を追うことと現実に直面することの間のストレスの多い葛藤」

よって,「チェス配信」という新手段に言及している(1)が正解だと判断できる。

Ⅱ　解答

〔1〕 (A)—(1)　(B)—(1)　(C)—(4)　(D)—(1)　(E)—(4)
(F)—(1)　(G)—(1)　(H)—(1)

〔2〕 あ—(2)　い—(4)　う—(1)　え—(1)　お—(4)

・・・・・・・・・・・・・・・・・・・・・・・・・・ 全 訳 ・・・・・・・・・・・・・・・・・・・・・・・・・・

《文化伝達によって動物は脆弱に》

1　ほんの数十年前であれば，大半の生物学者は，文化が人間の典型的な特徴であることでは，意見が一致していただろう。確かに，鳥のさえずりに地域差があることを彼らはすでに知っていたし，多くの鳥類がさえずりを他の鳥をまねすることによって学習するという証拠があった。科学者はサツマイモを海水で洗う習慣が，日本の一定のマカクザル間に広まったことも報告した。しかし，そうした行動の差異は，人間の文化に比して，範囲が狭いように思われる。というのも人間の文化は，私たちのほとんどあらゆる行動に変化をもたらすからである。

2　しかし，この数十年間に，科学者は文化がヒト以外の生物の暮らしに誰も考えてもみなかったほどの広範な役割を果たしていることを学んだ。セント・アンドルーズ大学のアンドルー＝ワイタンは動物文化の研究の仕掛け人の一人である。1999 年に彼は，野生のチンパンジーに対する 40 年近い研究の成果の分析の先頭に立った。「チンパンジーが，その生活の様々な面すべてに影響する多様な伝統をもつことを私たちは示すことができました」と彼は語る。しかしワイタンは，こうした伝統が真に他の個体から学習することで生じていることを証明するには，なすべきことがまだあると感じた。そこで彼は自ら新たな伝統を導入しようと決心した。飼育下の 2 グループのチンパンジーを用いて研究していたので，彼はそれぞれの集団の一頭のチンパンジーに，箱から菓子を手にする方法を教えた。極めて重要なことだが，2 頭はそれぞれ違う手法を教わったのである。箱を開ける能力はそれぞれの集団内に広まった。しかし，どちらの手法も同程度に効率的だったが，チンパンジーはほぼ，その集団内で最初に訓練を受けた個体によって使われた手法だけを覚えたのだった。

3　ワイタンとその仲間は，同じことを野生で観察したかった。それは困難なもくろみだった。野生のチンパンジーは人間を警戒していたからである。それで研究チームはベルベットモンキーに切り替えて，異なる野生集団に一定の人工着色された穀物粒を，それに苦味をつけることによって，避け

るように教え，その結果集団内の個体はそれを避けるようになった。後で，苦味は除去された。もう一度，彼らは動物がお互いから学習することを示すことができた。個々のサルが別の集団へと移動しても，その個体は自分の嗜好を変えて，地域集団が回避していた穀類を回避するようになり，自分自身が以前は回避していたものを好むようになったのである。明らかに，移動個体は地域集団が正しいことをすると信頼していた。今やすべての穀類は何の問題もなく食用になったにもかかわらず，である。

④ 動物が，自分自身の探究や，両親から受け継いだ遺伝コードからではなく，他個体を観察することで行動を獲得するなら，それには明確な利益がある。一つには，しばしばその方が速い。遺伝的な進化は，成功する個体が生き延びて繁殖し，よって自分の行動能力を表す遺伝コードを次世代に手渡して初めて作用する。もしも有用な新行動が単に他個体から複写できるなら，その方がことが早い。このことは生物が，何世代にもわたって同一のままの場所に暮らしているのなら，それほど重要ではないかもしれない。けれども，条件が急速に変化するなら，今日気候変動その他の自然に対する人類の影響によって，そうなっているわけであるが，そのようなときは，遺伝による継承では遅きに失することになりかねない。他方，他個体から学習できる生物は，複数世代を経なくても適応できる。個々の生物は，自分が成功するのを目にした他個体から学習し，自分自身でその行動を修正し，次に改良された新方式を自分の子に手渡すことができる。

⑤ シジュウカラは，欧州全土で広く見られる鳴禽であるが，この鳥は，自分の親ではない動物から学習が可能である場合に生じる可能性を示す好例だと語るのは，生態学者のルーシー=アプリンである。巣立った後，ひな鳥が親とともに過ごすのは，ほんの10日から30日であり，この間に，「鳥たちはイモムシといった昆虫を見つける方法を学習するのですが，イモムシは夏期の好物ですね」と彼女は語る。「でも，冬がやってくる頃には，シジュウカラの選択肢は，他個体から学習することだけしかないのです」。冬には，シジュウカラは群れを作って集まり，やっかいな場所から餌をとる方法を学習する機会を提供する。一連の実験でアプリンとその仲間が示したのは，シジュウカラは，箱を開ける方法をすでに知っている他の鳥から学習するのであって，同じだけ効果的な手法を自分で見つけ出したりはしないということだった。

⑥　科学者が他の動物で発見している文化学習によって，そうした動物は劇的な変化に適応しやすくなるのだろうか？　それとも，ひ弱になってしまうのだろうか？　というのも，文化は個体数の減少によって，急速に失われかねないからである。場合によってちがうと，アプリンは語る。シジュウカラといった，他個体の学習したことをすぐに習い覚える生物は，うまくやっていけそうである。しかし，何世代にもわたって受け継がれてきた知識に依存する生物は，個体数が減少すると危機に瀕するかもしれない。ゾウのリーダーメスを考えてみよう。リーダーだけが，異常な干ばつの際にどこに行けば水が見つかるかを記憶しているということにもなりかねない。あるいは長距離を移動する鳥類やクジラ類でもいい。こうした生物の一部は，狩猟によって絶滅に近いほど減少し，そのため多様性が，遺伝面だけでなく文化面でも著しく失われることになった。

⑦　しかし，空間と時間があれば，文化をもつ動物には，回復能力のあることがよくある。2018年の研究によって示されたのは，かつて絶滅を危惧されたオオツノヒツジの個体群が移動経路を再学習していたことだった。保護活動家は，飼育下で育てられたアメリカシロヅルが固有の渡り経路を学習するのを，小型の飛行機を使用して道案内することによって支援したのだった。明らかに，保護は文化を意識することをも要するのである。

=== 解説 ===

〔1〕(A)　空所に続く部分は「この数十年間に，科学者は文化がヒト以外の生物の暮らしに誰も考えてもみなかったほどの広範な役割を果たしていることを学んだ」の意。直前には「動物の行動の差異は，人間の文化に比して，範囲が狭いように思われる」とあるから，相容れない記述だとわかる。選択肢はそれぞれ，(1)「しかし」，(2)「実は」，(3)「そのうえ」，(4)「それゆえに」の意。よって，正解は(1)に決まる。

(B)　空所を含む部分は「そこで彼は（　　）新たな伝統を導入しようと決心した」の意。選択肢はそれぞれ，(1)「自ら」，(2)「野生で」，(3)「その代わり」，(4)「お菓子を交換する」の意。直前に「自分がなすべきことがまだあると感じた」とある。よって，(1)を入れ「自分で…導入しようと…」とすれば文意が通るとわかる。

(C)　空所を含む部分は「（　　），彼らは動物がお互いから学習することを示すことができた」の意。「チンパンジーで起きたことが，ベルベットモ

ンキーでも起きた」ことは，次文以降に明示されている。選択肢はそれぞ
れ，(1)「同時に」，(2)「偶然」，(3)「にもかかわらず」，(4)「もう一度」の
意であるから，正解は(4)である。

(D)　空所を含む部分は「動物が，自分自身の探究や，両親から受け継いだ
遺伝コードからではなく，他個体を観察することで行動を獲得するなら，
それには（　　）がある」の意。この後同段第2～5文（For one thing,
… can be slow.）に示されるように「速さ」は，明らかに個体にとって
「有利」な事態である。遺伝的進化は世代を経る必要があり，環境の急速
な変化には，他者の有益な行動を真似ることのほうが利がある，という主
旨。選択肢はそれぞれ，(1)「明確な利益」，(2)「思いがけない危険」，(3)
「未知の効果」，(4)「様々な原因」の意であるから，正解は(1)に決まる。

(E)　空所を含む部分は「（　　），他個体から学習できる生物は，複数世代
を経なくても適応できる」の意。先行部分の記述は，「遺伝による進化は
時を要する」という主旨。選択肢はそれぞれ，(1)「それゆえに」，(2)「た
とえば」，(3)「そのうえ」，(4)「他方」の意であるから，「対照」を示す(4)
が正解だとわかる。

(F)　空所を含む部分は「シジュウカラは，箱を開ける方法をすでに知って
いる他の鳥から学習するのであって，（　　）を自分で見つけ出したりは
しない」の意。よって，空所は「箱を開ける方法」の意味になる語句が入
るとわかる。選択肢はそれぞれ，(1)「同じだけ効果的な手法」，(2)「自分
の親がどうしていたか」，(3)「場所と種類」，(4)「何が起きたのか」の意で
あるから，正解は(1)に決まる。

(G)　空所部分は「科学者が他の動物で発見している文化学習によって，そ
うした動物は劇的な変化に適応しやすくなるのだろうか」に対する返答で
ある。その後に記述されている内容は，「動物によって異なる」という主
旨である。選択肢はそれぞれ，(1)「場合によって異なる」，(2)「重要でな
い」，(3)「おそらく当たっている」，(4)「前者である」の意。よって，正解
は(1)である。It depends.「場合による」は，必修表現。

(H)　空所を含む部分は「空間と時間があれば，文化をもつ動物には，（
　）があることがよくある」の意。直後には，「文化の回復」の例が記述
されている。選択肢はそれぞれ，(1)「回復能力」，(2)「生存願望」，(3)「繁
殖性向」，(4)「移動願望」の意であるから，正解は(1)である。

解答編

〔2〕⑧　該当部分は「ワイタンとその仲間は，同じことを野生で観察したかった」という意味。同段第2文（So the team …）以下では，ベルベットモンキーに着色された苦い穀物を避ける方法を教え，いくつかのグループ間でどのようにその行動が伝播するかを観察する実験の旨が述べられている。したがって，「同じこと」とは，前段落に記述された「他個体からの学習」である。選択肢の意味はそれぞれ次の通り。

(1)「サルが研究者によって訓練されること」

(2)「動物が互いに教え合うこと」

(3)「生物の集団が課題をするのに協力すること」

(4)「チンパンジーが箱の中からお菓子を取り出そうとすること」

　　よって，正解は(2)だとわかる。

⑪　該当部分は「正しいことをする」という意味。直前の同段第5文（When individual monkeys …）で述べられているのは，サルが別の集団に移った際，元々の集団で行われていた食べられる穀物の選別方法をやめて現在の帰属集団の選別方法を学ぶようになる，という実験結果である。つまり，「正しいこと」とは，「可食物と不可食物を識別すること」である。選択肢の意味はそれぞれ次の通り。

(1)「十分な食物を発見する」

(2)「彼らと食物を分かち合う」

(3)「集団に彼らを迎え入れる」

(4)「どの穀物の味が苦いかを覚えておく」

　　よって，正解は(4)に決まる。

⑤　当該箇所を含む節全体の意味は「このことは生物が，何世代にもわたって同一のままの場所に暮らしているのなら，それほど重要ではないかもしれない」。but以下の節では，環境の変化が急速な場合は遺伝による継承では遅い，とある。したがって，下線部⑤の指示対象は直前の内容，すなわち「有用な新行動が他個体から複写できる」こととわかる。選択肢の意味はそれぞれ次の通り。

(1)「生物が新たな習慣を取り入れること」

(2)「生物が生き延びて繁殖すること」

(3)「生物が受け継がれた遺伝子から利益を得ること」

(4)「生物が気候変動によって影響されること」

よって，これらの中で上記の内容に最も近いのは(1)だと読み取れる。

㋓　該当部分は「当年生まれの鳥のもつ唯一の選択肢」という意味。SVC の C にあたる to learn from others の具体的な内容を考えればよい。次文では，冬に群れで他の鳥から虫の取り方を学ぶという旨が述べられている。それは「生き延びるための唯一の手段」ということ。選択肢の意味はそれぞれ次の通り。

(1)「当年生まれの鳥の最も高い生存の希望」

(2)「当年生まれの鳥の箱を開ける唯一の手段」

(3)「当年生まれの鳥の，イモムシを発見するただ一つの可能性」

(4)「当年生まれの鳥の，他の鳥を観察する最後の機会」

よって，上記の意味になるのは(1)だと判断できる。

㋔　該当部分を含む文は「こうした生物の一部は，狩猟によって絶滅に近いほど減少し，そのため多様性が，遺伝面だけでなく文化面でも著しく失われることになった」という意味。直前の文（Think of elephant …）では，知識を世代を経て伝達する動物（species that depend on knowledge passed down over generations）の具体例としてゾウや長距離を移動する鳥やクジラが挙げられていることを押さえる。選択肢の意味はそれぞれ次の通り。

(1)「移動を行う種」

(2)「餌や水を探すのに記憶を頼りにする種」

(3)「科学者が個体数を監視している種」

(4)「文化学習が複数の生涯にわたって獲得された種」

よって，(4)が正解。

Ⅲ　解答

〔1〕　㋐―(2)　㋑―(9)　㋒―(3)　㋓―(8)

〔2〕　㋕―(2)　㋖―(6)　㋗―(1)　㋘―(3)

全訳

〔1〕《京都を歩く》

A：お腹減ってきた。すぐにお昼にしよっか？

B：(　㋐　)　それに朝も，たっぷり食べたから。でも心配ご無用。カフェにでも入って，何かすぐに食べたらいいんだよ。

A：そうだね，それがよさそう。それから別のお寺を見に行って，お昼は

後で食べよう。

B：いいね。そうしよう！　スマホがどこか近くでいいところを見つけて
　くれるよ。…ほら，ここ，どう？　メニュー見てよ。

A：わー，見た目，かんぺき。そこ行こうよ。（　⓪　）

B：それで正直，私のほうはコーヒーもう一杯でも全然かまわないし。ち
　ょっと待って…角を曲がってすぐのところだ。

A：あった…。けど，閉まってる！　（　⓪　）

B：まあ，そんなに大騒ぎしないで。この町にはいいカフェがいっぱいあ
　るんだから。すぐ別のが見つかるよ。

A：でも，私，そのアップルパイに決めちゃったのに。それに，お腹が空
　きすぎてもう待ちきれないし。一番近いところに入ろうよ。

B：お好きに。ほら，ABC コーヒーが通りの向かいにあるよ。そこ行こ
　うよ。

A：そういう全国チェーンの店，実は好みじゃない。（　⓪　）

B：なるほどね。じゃ，ABC で。その次は，お寺ね。

〔2〕《博物館で》

A：すみません。お帰りになる前に，来館者満足度調査にご協力をお願い
　できませんか。

B：すみません，もう遅いですから。（　⓪　）

A：いえ，お時間はかかりませんので。ほんのいくつかの質問です。今日
　ご覧になったもののことです。ご意見は拝聴いたしますので。

B：ああ，じゃあわかりました。何が知りたいのですか？

A：ありがとうございます。では，今回が初めてのご来館でしょうか？

B：いえいえ。（　⓪　）

A：それはよかったです。今日の来館の主な目的は何でしたか？

B：宇宙旅行展の開幕だからですね。それに，もちろん，ここに来たら必
　ず恐竜を見ますよ。

A：（　⓪　）それに，宇宙旅行展ですね。そこでの今日の体験は，点数
　をつけると何点でしょう？　1点から5点でお願いします。

B：うーん…4点でしょうか。ロケットエンジンは面白かったし，子ども
　たちは宇宙ヘルメットをかぶってみるのを楽しんでいました。（　⓪　）
　だから展示の一部が見にくくて。

A：申し訳ありません。今日は混雑しておりまして。でも，お楽しみいた
　　だけたようで，嬉しく存じます。

B：おそらくまた来ます。今度はもっと静かなときに。

A：よろしくお願いいたします！　では，ご協力ありがとうございました。

===== 解 説 =====

〔1〕ⓐ　「朝も，たっぷり食べた」と続くのだから，Bは空腹でないこと
がわかる。(2)「早すぎるんじゃない？」がふさわしい。

ⓘ　「私のほうはコーヒーもう一杯…」と続くのだから，Aは自分のこと，
つまりAが食べたいものに言及したとわかる。それにふさわしいのは，(9)
「そのアップルパイ，私の元気のもと，そのもの」である。このAの発言
時点でBがコーヒーを飲むという情報は未出なので，(10)「私はアップルパ
イにするけど，あなたは何か飲むものね」は不適。

ⓤ　「そんなに大騒ぎしないで」という返答にふさわしいのは，(3)「もう，
全部最悪！」である。行きたいと思っていた店が閉まっていたリアクショ
ンとしても適当。

ⓔ　「じゃ，ABCで」と返すからには，「ABC コーヒーでいい」という趣
旨の発言があったとわかる。そうなっているのは(8)「だけど，もうぜった
い無理。そんなことかまっていられない」である。

　残りの選択肢は，(1)「はい，そうしよう」，(4)「別の店を探そう」，(5)
「それぞれが全く同じ」，(6)「代わりに，地元の場所に行こう」，(7)「その
コーヒーケーキは，実に見事に見える！」の意。

〔2〕ⓚ　「もう遅い」に続くのだから，今回は断っているとわかる。(2)
「また今度，ね」が適当。

ⓚ　「初めてなんかじゃない」ということだから，(6)「いつも来ています
よ，子ども連れで」がふさわしい。

ⓚ　「恐竜の展示は必ず見る」というコメントに対しての返答だから，(1)
「いつだって大人気です！」が最適。

ⓚ　「混雑している」と続くのだから，(3)「とても混んでいて」が，見に
くい原因にふさわしいとわかる。

　残りの選択肢は，(4)「恐竜がおすすめです」，(5)「いつも来たいと思っ
ていた」，(7)「それは彼らにとって新たな経験だった」，(8)「それは知って
の通り，新たなアトラクションです」，(9)「でも主展示室が暗すぎた」，(10)

「宇宙旅行展は見逃してほしくありません」の意。

(A)—(2)　(B)—(4)　(C)—(2)　(D)—(1)　(E)—(2)
(F)—(2)　(G)—(4)　(H)—(2)

=== 解説 ===

(A)　「帰宅するのを楽しみに待っていた」

　look forward to ～「～を楽しみに待つ」に続くのは動名詞。よって，(2)が正解。

(B)　「この町をよく知っているので，行ったことがないところはない」

　　二重否定にしないと文意が通らないので，正解は(4)である。

(C)　「ジャズが演奏されるのは毎土曜の夜だ」

　　受け身になっている(2)が正解である。

(D)　「新ロケットには旧ロケットのほぼ2倍のパワーがある」

　　「2倍」は twice as ～ as … という。よって，正解は(1)である。

(E)　「プレゼンはうまくいったので，いい成績がもらえるのに役立った」

　　分詞構文にすればいいから helping となっている(2)が正解である。

(F)　「目に入ったときはいつでも，携帯を手にしている」とすれば文意が通るから，正解は(2)である。

(G)　「そちらの立場なら，要請は蹴るだろう」

　　仮定法過去の基本表現である，If I were in your position→Were I in your position が問われている。よって，正解は(4)である。

(H)　「～が始まってからX分後くらいに」は，about X minutes into ～ となる。よって，正解は(2)である。

Ⅴ　解答　〔1〕(A)—(2)　(B)—(1)　(C)—(1)　(D)—(3)　(E)—(1)
　　　　　〔2〕(A)—(3)　(B)—(2)　(C)—(4)　(D)—(3)　(E)—(3)

=== 解説 ===

〔1〕(A)　「論理を用いれば正解を（　　）できる」

　　選択肢はそれぞれ，(1)「置く」，(2)「引き出す」，(3)「行進させる」，(4)「パラシュートで投下する」という意味。よって，正解は(2)だとわかる。

(B)　「昔は（　　）していたが，今は落ち着いた」

　　選択肢はそれぞれ，(1)「いたずら」，(2)「水分」，(3)「動作」，(4)「神話」

という意味。they've settled down「落ち着いた」に対する表現が入ると考え，⑴を選ぶ。get into mischief「いたずらをする」

(C)　「あまりに多くの（　　）語があると，理解しづらい文になりかねない」

　選択肢はそれぞれ，⑴「抽象的な」，⑵「明確な」，⑶「落ち目の」，⑷「一文無しの」という意味。これらの中で「理解しづらくする」のにふさわしいのは⑴である。

(D)　「この工場は自動車部品を（　　）」

　選択肢はそれぞれ，⑴「喚起する」，⑵「打ち砕く」，⑶「製造する」，⑷「擬人化する」という意味。よって，正解は⑶だとわかる。

(E)　「痛みが（　　）になれば，医者に行きなさい」

　選択肢はそれぞれ，⑴「激しい」，⑵「国内の」，⑶「死すべき」，⑷「寛容な」という意味。よって，正解は⑴に決まる。

〔2〕(A)　「家具はそちらに移されるだろう」

　選択肢はそれぞれ，⑴「放棄される」，⑵「破壊される」，⑶「動かされる」，⑷「置かれる」という意味。よって，正解は⑶に決まる。

(B)　「継続するというのは，共同の決断だった」

　選択肢はそれぞれ，⑴「微妙な」，⑵「相互の」，⑶「素晴らしい」，⑷「ぎこちない」という意味。「共同の」に近いのは⑵である。

(C)　「軍の最優先事項は川を防衛することだった」

　選択肢はそれぞれ，⑴「回避する」，⑵「地図に記す」，⑶「パトロールする」，⑷「保護する」という意味。よって，正解は⑷である。

(D)　「だいそれたことをやってのけた」

　選択肢はそれぞれ，⑴「凡庸な」，⑵「記憶に残る」，⑶「素晴らしい」，⑷「ひどい」という意味。よって，正解は⑶である。

(E)　「ツアーバスが地元の街路を渋滞させた」

　選択肢はそれぞれ，⑴「接続した」，⑵「混乱させた」，⑶「詰め込んだ」，⑷「横断した」という意味。jam はもともと「ぎっしり詰め込んで塞ぐ」という意味であるから，これらの中でそれに近いのは⑶である。

2月4日実施分　　問　題

（80分）

Ⅰ　次の文を読んで，問いに答えなさい。

Each winter, Nicolas Martin and his father, Marco, walk through the snow to a publicly owned forest near the Restigouche River, in northern New Brunswick, an eastern province[1] of Canada. They stop at each mature sugar maple tree to drill holes in order to tap[2] them — some 30,000 in all. The sticky liquid in the trees, called sap, then flows through connecting tubes into a room where most of the water is boiled away, leaving a thick maple syrup. However, one tree can only produce enough sap to make about one litre of syrup. So, in January, a group of syrup producers, including the Martins, marched through Saint-Quentin, the heart of New Brunswick syrup country, calling on their government to lease[3] them more of the sugar bush[4].

Sawmills[5] that process logs have long been the foundation of New Brunswick's economy, but the province's northeast, where the Martins live, is increasingly known these days for maple syrup. "We want access to more public land so we can expand our industry," Marco says. As consumer demand for syrup rises, syrup producers in New Brunswick and Quebec are demanding that their governments reduce logging and save more maple trees. One syrup producer in New Brunswick, Denis Côté, told a newspaper, "They're cutting down all the trees in the forest."

The world has a sweet tooth for maple syrup. Some 80 percent of the world's syrup comes from Canada, mainly the province of Quebec, and exports grew 21 per cent in 2021. Syrup makers want to produce more but they say the logging industry threatens their livelihood[6]. Maple trees are needed to make maple syrup but the wood of maple trees has many other uses: floors, furniture, paper, and even skateboards and pianos. As both industries demand more access to maple forests on public lands, governments have to decide if they should allow more maple trees to be cut down for wood or let them grow for syrup harvesting.

So far, Quebec has been able to meet demand for maple syrup with existing private forests and public forest leases. However, Jean-François Samray, chief executive of Quebec's forest industry lobby[7], says mills need those maple trees. "We are working to find solutions. We don't see why people have to choose between eating syrup on their pancakes or eating pancakes while sitting at a table made of maple. We think there is room for both." Michel Ferron runs a sawmill north of Montreal that buys maple logs. The mill wants to protect its wood supply. "We know that everyone loves maple syrup, but setting aside more public land for maple syrup production is going to lower our production," Ferron says.

In Quebec, syrup producers have accused the province of cutting sugar bushes for fast cash. They point out that a healthy maple tree will produce $30 of syrup every year for a century. Serge Beaulieu, head of the producers' group says, "Behind my sugar cabin, the forest has been tapped for 200 years. We need to maintain space for maple syrup." But Beaulieu needs sawmills, too; he cuts down some of the trees in his sugar bush and sends the wood to mills. "We don't want the mills to go away," he says. "We need to find a balance between the two."

Christian Messier, a forest researcher at the University of Quebec, says that leasing more public forests to syrup producers could create another problem on top of a lumber[8] shortage. Syrup makers cut other tree species in order to favour maples: "We end up with a single crop of only maple trees that will be bad for resilience[9] and biodiversity[10]," he says. Logging operations, on the other hand, let in sunlight, which helps other species of trees to grow. The Quebec government says it has heard the syrup makers' concerns and plans to meet with syrup producers and mill owners to seek a compromise. However, the province strongly supports logging of maple trees as a source of wood, as American home builders want more maple lumber from Quebec.

　New Brunswick, where the Martins tap their trees, is a relative newcomer to the syrup industry. Quebec and U.S. syrup producers suffered a poor syrup season in 2021 compared to the abundant crop harvested in New Brunswick. Jean-François Laplante sold all his 2021 syrup to buyers in Quebec. Laplante, who heads the New Brunswick Maple Syrup Association, says, "Nobody in New Brunswick has any syrup left on their shelves for sale." That's why New Brunswick syrup producers want more trees, and they've asked their government to approximately double the forest available for maple syrup.

　Maple sap flows best after a cold winter. As the climate changes, it might make sense to protect the sugar bush in northern New Brunswick, where syrup season currently arrives a month later than in southern Quebec — particularly to help young syrup makers do their job. "I like to be in nature," says Nicolas Martin. "It's calm and silent. People call it meditation." Hopefully, both governments will be able to manage both industries and protect the old forests so that future generations of people can enjoy not only maple syrup, but also the forests.

(Adapted from a work by Peter Kuitenbrouwer)

（注）

1．province　　州
2．tap　　　　（木から樹液を）取り出す
3．lease　　　　賃貸し（する）
4．sugar bush　メープルシロップ作りに利用するサトウカエデの原生林
5．sawmill　　　製材所
6．livelihood　　暮らし

7．lobby　　　　圧力をかけたり，陳情を行う団体

8．lumber　　　木材

9．resilience　　回復力

10．biodiversity　生物多様性

〔1〕本文の意味，内容にかかわる問い(A)〜(D)それぞれの答えとして，本文にし
　　たがってもっとも適当なものを(1)〜(4)から一つ選び，その番号を解答欄に
　　マークしなさい。

(A)　What do Denis Côté and Christian Messier disagree about?

　(1)　Whether there is a shortage of maple trees

　(2)　Whether leasing the sugar bush is profitable

　(3)　Whether lobbying the government is effective

　(4)　Whether maple trees require increased protection

(B)　What is the main challenge that Jean-François Samray is trying to
　　address?

　(1)　The lack of available public land

　(2)　Enabling both industries to succeed

　(3)　How to increase the production of maple syrup

　(4)　The decreasing consumer demand for maple products

(C)　What is the difference between the two provinces mentioned in the
　　text?

　(1)　New Brunswick syrup farmers can only use private lands.

　(2)　New Brunswick is a fairly new source of maple syrup production.

　(3)　Quebec emphasizes logging more than tapping maple trees for
　　　syrup.

　(4)　Quebec mills have access to more public lands than New
　　　Brunswick mills do.

(D) What did the syrup producers in New Brunswick demand their government do?

(1) Export more maple syrup to the US

(2) Hold a meeting with people from both industries

(3) Shift the main economy from logging to syrup production

(4) Give them access to almost twice as much of the sugar bush

〔2〕 次の(1)～(5)の文の中で，本文の内容と一致するものには1の番号を，一致しないものには2の番号を，また本文の内容からだけではどちらとも判断しかねるものには3の番号を解答欄にマークしなさい。

(1) The Martins own their sugar bush.

(2) Quebec stopped being the main producer of maple syrup worldwide in 2021.

(3) The consumer demand for syrup is higher than the demand for maple wood.

(4) Serge Beaulieu understands both sides of the debate.

(5) Climate change affects the timing of the maple syrup season.

〔3〕 本文の内容をもっともよく表しているものを(1)～(5)から一つ選び，その番号を解答欄にマークしなさい。

(1) The value Quebec puts on its lumber industry

(2) The fight to save New Brunswick's syrup industry

(3) The importance of tapping the sugar bush in Canada

(4) Competing uses of maple trees to satisfy consumer desires

(5) Comparing the syrup industry in New Brunswick and Quebec

Ⅱ　次の文を読んで，問いに答えなさい。

　　Standing in her cornfield, surrounded by mountains and dry tropical forests, Maria Luisa Gordillo Mendoza looks concerned. She says other farmers had negative reactions to her fields covered with sticks and old corn plants, and tall, skinny trees scattered here and there. Yet Mendoza's unusual farming method in Chiapas, Mexico, is gaining recognition for restoring soil health, as well as making more money for farmers, freeing up land for conservation, and storing carbon in the ground.

　　In modern corn farming, farmers in the region clear their fields in preparation for planting. They do this by burning the remains of last year's crops, which are left on the ground, and spraying herbicides[1] to kill the weeds[2] and fertilizers[3] to boost the crops. "My dad taught me the same thing," says Mendoza. "But my field became quite poor, so poor that it turned sandy and hard. So the corn yields[4] weren't very much." Mendoza says that until recently, in a year with good rains, her family would harvest around 2.5 tons of corn per hectare — a 100m² piece of land. But sometimes a severe lack of rain would result in a drought, killing the entire crop and forcing them to survive on wild bananas and other fruit. ⬚(A)⬚ , thanks to technical assistance and farming methods that boost soil health, her corn yields have grown to 8.5 tons per hectare.

　　Walter Lopez Baez, Chiapas coordinator with the Mexican government's National Institute of Forestry, Agriculture and Livestock[5] Research (INIFAP), says crop productivity initially increased in the 1940s after the start of the Green Revolution, a farming model that promoted high-yield crop varieties and the use of chemical fertilizers and pesticides[6]. Unexpectedly, yields began dropping about 20 years ago, ⬚(B)⬚ continued intensive use of chemicals. In 2010, INIFAP worked with The Nature Conservancy (TNC) to analyze 300 fields in Chiapas, and found soils had high levels of acid and metals such as aluminium, were lacking nutrients,

and were damaged from using tractors. This meant roots couldn't grow
ⓐ
deep, preventing the ground from absorbing water — a sign of bad land
management.

"Farmers were saying that the soil was [(C)]," Baez says. "It's
extractive agriculture[7] where you're not giving anything back to the soil,
unlike what happens in forests." Based on research in other Central
American countries, the two groups began to experiment with mixing corn
with species that can help soil recover, focusing on two kinds of beans:
Canavalia and *Inga edulis*, locally known as *guama*. This practice is part
ⓑ
of *agroforestry*, an agricultural system combining trees with growing crops
and raising livestock, which not only produces food, but supports
biodiversity[8], builds organic content in soils, increases the amount of water
available, and removes carbon from the atmosphere. Both the *guama* and
the *Canavalia* have roots that add nitrogen (N) to the soil. They also grow
quickly and provide a cover of organic matter on the ground, which
maintains soil moisture, breaks down nutrients for other plants, and
prevents the growth of weeds, thus [(D)].

INIFAP's experiment showed that applying agroforestry methods
resulted in an average output of 3.5 tons per hectare with an investment
of roughly $865 per hectare. Yet a further investment of between $312
and $480 per hectare could bring [(E)] up to twice that amount in the
years following. While this potential increase in income is important for
farmers, Baez says this application also has wider community benefits:
ⓒ
boosting water availability, reducing air pollution due to fires lit by
farmers to prepare land for planting, and capturing more carbon from the
atmosphere.

[(F)], INIFAP found that such regenerative[9] methods repair
damaged soil, allowing moisture to go deeper into the ground even during
droughts. "In a forest there is a lot of diversity and yet there is no
chemical fertilization, there is no control, there is no use of pesticides or

herbicides, and a forest is super productive and recovers quickly," says Alejandro Hernandez, TNC's Chiapas coordinator. "We are copying the forest model and applying it using agroforestry." Hernandez says inefficient crop production systems are pushing farmers and cattle owners to either abandon their fields or cut down more forests for more land. This doesn't solve the problem, as continuing these practices only increases the
ⓐ
competition for more land after just a few years, putting pressure on the remaining forests. The solution requires seeing farmers and cattle owners as allies │ (G) │ enemies. By working together, food and water availability issues can be addressed while agricultural expansion into forests can be stopped, and lost forests can be restored. "I think that generates more
ⓑ
empathy between both sides, because then we aren't fighting," Hernandez says.

In further support of agroforestry, a 2018 study in the US showed that regenerative corn fields generate nearly twice the profit of conventionally[10] managed ones, largely because bean-based cover crops │ (H) │ . "We have to unlearn many things," Baez says. "It was very hard for me to let go of many things that I learned in college, where they taught us a lot of chemistry, and for farmers, everything they learned from their fathers…. We are rethinking a lot of knowledge."

(Adapted from a work by Dimitri Selibas)

(注)

1．herbicide　　　　　　除草剤

2．weed　　　　　　　　雑草

3．fertilizer　　　　　　肥料

4．yield　　　　　　　　収穫量

5．livestock　　　　　　家畜

6．pesticide　　　　　　殺虫剤

7．extractive agriculture　土から資源を取り出す農法

出典追記：Regenerative agriculture in Mexico boosts yields while restoring nature, Mongabay on August 19. 2022 by Dimitri Selibas

8．biodiversity　　　　　生物多様性

9．regenerative　　　　　再生するための

10．conventionally　　　　従来のやり方で

〔1〕本文の　(A)　～　(H)　それぞれに入れるのにもっとも適当なものを(1)～
(4)から一つ選び，その番号を解答欄にマークしなさい。

(A)　(1)　Just like in the past　　(2)　Similarly
　　(3)　Therefore　　　　　　　(4)　Yet these days

(B)　(1)　confirming the farmers'
　　(2)　despite the
　　(3)　due to the
　　(4)　encouraging the

(C)　(1)　easy to work with　　(2)　exhausted
　　(3)　producing high yields　(4)　retaining water

(D)　(1)　decreasing profits
　　(2)　increasing the use of chemicals
　　(3)　preventing crops from growing
　　(4)　reducing the need for herbicides

(E)　(1)　carbon amounts　　(2)　expenses
　　(3)　weeds　　　　　　　(4)　yields

(F)　(1)　Additionally　　　　(2)　In contrast
　　(3)　On an unrelated note　(4)　Unexpectedly

(G)　(1)　in addition to being　(2)　not to mention

(3)　or　　　　　　　　　　　　(4)　rather than as

(H)　(1)　are very expensive to buy

　　(2)　can reduce fertilizer cost

　　(3)　need time to grow

　　(4)　require the use of chemicals

〔2〕下線部⑧～⑧それぞれの意味または内容として，もっとも適当なものを
(1)～(4)から一つ選び，その番号を解答欄にマークしなさい。

⑧　This

　　(1)　An increase in the amount of crop yield

　　(2)　The effects of destructive farming methods

　　(3)　Using unusual methods that store carbon in the ground

　　(4)　Increasing healthy soil with help from the Mexican government

⑩　This practice

　　(1)　Planting corn along with fertilizer

　　(2)　Planting trees to start new forests

　　(3)　Adding other plants to help restore the land

　　(4)　Farming using extractive agricultural methods

⑦　this application

　　(1)　investing money in chemicals and fertilizers

　　(2)　earning greater income thanks to the INIFAP

　　(3)　buying more land for farmers and cattle owners

　　(4)　raising animals and growing food in the same location

⑧　these practices

　　(1)　wasteful uses of agricultural land

(2) agroforestry techniques that improve crop yields

(3) ways of managing cattle raising more effectively

(4) unsuccessful efforts to return farmland back to nature

㋔ that

(1) expanding agriculture into forests

(2) helping farmers to earn more money

(3) increasing the amount of food available

(4) encouraging cooperation among agricultural producers

Ⅲ
〔1〕次の会話の ㋐ ～ ㋔ それぞれの空所に入れるのにもっとも適当な表現を(1)～
(10) から一つ選び，その番号を解答欄にマークしなさい。

At an art gallery

A : I love coming to art galleries with you. I can't wait to see you become
a famous animator.

B : I've never imagined myself anything but that. Though recently that
seems unlikely.

A : (㋐) Don't say that. You are so talented, and it's been your dream
to be an animator ever since I've known you.

B : (㋑) Everything is changing. For example, take a look at these
images. They were actually generated by artificial intelligence software.
You know, AI.

A : Wow, you're kidding! That is so cool. It kind of looks like the type of
art you've been making.

B : Exactly. Who can compete with an intelligent robot that can generate
original images like this?

A: Yeah, but pressing a button on a computer doesn't mean it's art. There's no creative process. But you are right — the technology is developing so fast! It's kind of scary.

B: (⑤) That's why I'm rethinking my future. I doubt I'd be able to make a living as an animator.

A: The whole situation's so crazy. Machines are being designed to take over so many jobs. But we still need to earn money. (②)

B: Not a chance. It's still my passion.

(1) It's not fast enough.

(2) You definitely should.

(3) Maybe I shouldn't use AI.

(4) Yeah, but that's all it was.

(5) What are you talking about?

(6) You know that can't be true.

(7) You don't have to convince me!

(8) Well, you've had your doubts in the past.

(9) Maybe you could get some part-time work.

(10) I hope you don't give up creating art completely.

〔2〕次の会話の ⑰ ～ ⑰ それぞれの空所に入れるのにもっとも適当な表現を (1) ～ (10) から一つ選び，その番号を解答欄にマークしなさい。

At the train station

A: Excuse me, I'm not sure if I have the right ticket. Can I use this one to get to the station near the art museum?

B: Yes, this kind can be used to go anywhere within the city — that's any station marked in yellow on this map.

A: That's good to know. But I'm planning to go to a lot of places.

(　㋕　) Do you know if there is a reduced price for students?

B： I'm afraid not. (　㋖　)

A： Great, I'll need plenty. I'll stay in the city for about a week, visiting places like the theater and the amusement park.

B： Oh, be careful! There's an additional fare to travel to the amusement park.

A： There is? Why?

B： Well, because it's actually located outside the city. (　㋗　)

A： I didn't notice that!

B： And going to the airport is the same. It can be a little confusing for tourists.

A： (　㋘　) It makes sense now though. Can you tell me how to pay the extra fare?

B： You should use the ticket machine located by the gate. Let me show you.

A： Thanks, I'd never have figured all this out by myself!

(1) It certainly is.

(2) I don't think so.

(3) So you can use the same ticket.

(4) It's going to be really expensive.

(5) That station is not yellow on the map.

(6) It costs more to buy tickets individually.

(7) I should have checked the timetable first.

(8) All of the seats for that train are reserved.

(9) And this time of year, it isn't very crowded.

(10) But you can get a discount if you buy a set of ten.

Ⅳ　次の (A) ～ (H) それぞれの文を完成させるのに，下線部の語法としてもっとも適当なものを (1) ～ (4) から一つ選び，その番号を解答欄にマークしなさい。

(A) Didn't you ＿＿＿＿＿ a gift for your parents?

　　(1) bought　　　　　　　　　　(2) buy

　　(3) buying　　　　　　　　　　(4) to buy

(B) The swimmer had to ＿＿＿＿＿ struggle to stay in first place.

　　(1) continual　　　　　　　　 (2) continually

　　(3) continue　　　　　　　　　(4) continuous

(C) ＿＿＿＿＿ earlier, you would have been in time to see her.

　　(1) Are you arriving　　　　　 (2) Did you arrive

　　(3) Had you arrived　　　　　 (4) Have you arrived

(D) Part of the lecture was devoted to ＿＿＿＿＿ questions from the audience.

　　(1) be taken　　　　　　　　　(2) be taking

　　(3) take　　　　　　　　　　　(4) taking

(E) The factory ＿＿＿＿＿ by the storm.

　　(1) damaging　　　　　　　　　(2) had damaged

　　(3) has damaged　　　　　　　 (4) was damaged

(F) Performing experiments ＿＿＿＿＿ is the best way for children to learn about science.

　　(1) their　　　　　　　　　　　(2) theirs

　　(3) them　　　　　　　　　　　(4) themselves

(G) We want to stay in a room in London ＿＿＿＿＿ that famous cathedral.

(1) being overlooked   (2) overlook

(3) overlooked   (4) overlooking

(H) This dance is _____ harder to learn than the other one.

(1) much   (2) so

(3) such   (4) very

V

〔1〕 次の(A)～(E)それぞれの文を完成させるのに，下線部に入れる語としてもっ
とも適当なものを(1)～(4)から一つ選び，その番号を解答欄にマークしなさい。

(A) Be careful when opening the _____.

(1) butcher   (2) hatch

(3) newborn   (4) volcano

(B) I am making this request on my parents' _____.

(1) behalf   (2) boredom

(3) bronze   (4) bull

(C) The thought of the upcoming vacation filled her with _____.

(1) biography   (2) ecstasy

(3) similarity   (4) vacancy

(D) The _____ rate is quite expensive for this service.

(1) haunting   (2) hilarious

(3) hourly   (4) worthless

(E) They were caught trying to _____ a neighboring house.

(1) burglarize   (2) hospitalize

(3) humanize   (4) socialize

〔2〕次の (A)～(E) の文において，下線部の語にもっとも近い意味になる語を (1)～
(4) から一つ選び，その番号を解答欄にマークしなさい。

(A) This book is <u>excellent</u>.

    (1) experimental   (2) extraordinary

    (3) historical   (4) humorous

(B) It certainly looks like <u>a hasty</u> departure.

    (1) a scary   (2) a sudden

    (3) a suitable   (4) an emotional

(C) The problem <u>emerged</u> recently.

    (1) broadened   (2) shifted

    (3) stuck   (4) surfaced

(D) That will definitely <u>shrink</u> our options.

    (1) ease   (2) exaggerate

    (3) narrow   (4) safeguard

(E) My feelings towards you are <u>sincere</u>.

    (1) earnest   (2) explosive

    (3) subtle   (4) worldly

解　答

Ⅰ　解答　　〔1〕　(A)—(4)　(B)—(2)　(C)—(2)　(D)—(4)
　　　　　　〔2〕　(1)—2　(2)—2　(3)—3　(4)—1　(5)—1
〔3〕—(4)

───────────── 全　訳 ─────────────

《消費者需要を満たすためのサトウカエデの利用法の競合》

① 　毎冬，ニコラス=マーティンとその父，マーコは，雪の中を歩いて，カナダ東部の州であるニューブランズウィック州北部，レスティゴーチェ川近くの公有林まで行く。二人はサトウカエデの成木ごとに立ち止まり，穴を開けて，樹液を取り出す。穴は全部で約3万。樹液と呼ばれる，樹木内の粘り気のある液体が流れ出て，連結チューブを通って部屋の中に集まり，そこで大半の水分が煮沸によって飛び，濃厚なメープルシロップが残る。しかし，1本の木からは，シロップ約1リットル分の樹液しかとれない。だから，1月にはシロップ生産者の一団が，マーティン親子を含め，ニューブランズウィック州の中心地，セント・クェンティンを行進して，政府にもっと多くのサトウカエデ原生林を貸与するよう要求する。

② 　木材を加工する製材所は，長らくニューブランズウィック州経済の土台であったが，州北東部，マーティン親子が暮らす地方は，この頃メープルシロップでますます名を上げている。「私たちはより多くの公有地を利用したいのです。この産業を拡大するためです」と，父のマーコさんは語る。シロップの消費者需要が高まるにつれて，ニューブランズウィック州とケベック州のシロップ生産者は，政府が伐採を削減し，保全するサトウカエデを増やすよう要求している。ニューブランズウィック州の一シロップ生産者，ドニ=コテさんは新聞に「連中は森の木を全部切り倒している」と語った。

③ 　世界はメープルシロップに目がない。世界のシロップの約80％がカナダ，主にケベック州産であり，輸出は2021年には21％成長した。シロップ生産者は生産を増やしたいのだが，彼らは木材産業が暮らしを脅かしていると言う。カエデはメープルシロップを作るのに必要であるが，カエデ

2
0
2
4
年
度

2
月
4
日

解答編

　の木材には多くの利用法がある。床材，家具，紙，スケートボードやピアノにさえなる。両産業が公有地のカエデの森林をもっと利用したいと要求するにつれて，政府は，木材用に伐採するカエデを増やすのを認めるか，シロップ収穫用に大きくなるのを認めるか，決断しなければならなくなる。

④　これまで，ケベック州は既存の私有林と公有林賃貸でメープルシロップの需要を満たすことができた。しかし，ケベック州林業圧力団体最高責任者のジャン=フランソワ=サムレー氏は，工場にはそうしたカエデの木がもっと必要だと語る。「私たちは頑張って解決を見出そうとしています。なぜパンケーキにシロップをかけて食べるのと，カエデ製のテーブルについてパンケーキを食べるのと，どちらか選ばなければならないのか，私たちには理解できません。両方を入れる余地があると思います」。マイケル=フェロンさんはモントリオールの北部でカエデの材木を買い付ける製材所を経営している。工場は木材供給を守りたい。「誰もがメープルシロップを大好きなのはわかっていますが，メープルシロップ生産のために公有地をもっと取っておかれたら，私たちの生産は低下してしまいます」と，フェロンさんは語る。

⑤　ケベック州では，シロップ生産者は州が手っ取り早く儲けるためにサトウカエデ原生林を伐採していると告発してきた。彼らは本の健全なサトウカエデは30ドル分のシロップを100年間生産することになると指摘する。生産団体会長，セルジュ=ボリュー氏曰く，「私のサトウカエデ小屋の奥で，森は200年間樹液を出してきました。メープルシロップの場所を維持しなくてはいけません」。しかし，ボリュー氏は工場も必要としている。氏は自らのカエデ原生林を一部伐採して，木材を工場に送っている。「工場がなくなってほしくありませんからね」と，語る。「両者の釣り合いがとれるところを見出さねばなりません」

⑥　ケベック大学の森林学者，クリスチャン=メシエ氏は，公有地をさらにシロップ生産者に貸し出すと，木材不足に加えてさらなる問題を生じかねない，と語る。シロップ生産者は他の樹種を伐採してカエデに有利になるようにする。「最終的にサトウカエデの単一栽培となって，回復力と生物多様性に有害となるでしょう」と彼は語る。他方，伐採作業で，太陽光が差し込むようになり，他の樹種は成長しやすくなる。ケベック州政府は，シロップ生産者の懸念をこれまで耳にしてきたので，シロップ生産者と工

場主に面会して妥協点を探ろうと計画している。しかし，州はサトウカエ
デの伐採を材木原料として強く支持している。米国の住宅建築業者がケベ
ック州からのカエデ材を増やしてほしがっているからである。

7　ニューブランズウィック州は，マーティン親子が樹液を取っている場所
であるが，シロップ産業にとっては比較的新しい産地である。2021 年，
ケベック州と合衆国のシロップ生産者は，ニューブランズウィック州で収
穫された豊富な収量に比べて，不作に見舞われた。ジャン=フランソワ=ラ
プラント氏は 2021 年分のシロップをすべてケベック州のバイヤーへ売っ
た。ラプラント氏はニューブランズウィック州メープルシロップ協会を率
いている人であるが，「ニューブランズウィック州では誰一人，売りもの
として棚にシロップを置いている人はいません」と語る。それゆえに，ニ
ューブランズウィック州のシロップ生産者はもっとカエデがほしいのであ
り，政府にメープルシロップ用に使える森林を約 2 倍にしてほしいと求め
てきた。

8　カエデの樹液は寒い冬を越すと一番よく流れる。気候が変動するにつれ，
ニューブランズウィック州北部のサトウカエデ原生林を保護するのは，理
にかなうのかもしれない。そこでは，ケベック州南部より，今では一月遅
れでシロップシーズンが到来している。それは特に，若いシロップ生産者
が仕事をするのに役立っている。「自然にいるのが好きなんですよ」と，
ニコラス=マーティンさんは語る。「穏やかで静かです。皆，瞑想だって言
いますね」。願わくは，両州の政府が両産業にうまく折り合いをつけ，昔
ながらの森林を守り，将来の世代の人々がメープルシロップばかりか，森
林も楽しめるとよいのだが。

出典追記：Inside the fight to save New Brunswick's maple syrup, Maclean's on March 16, 2022 by Peter Kuitenbrouwer

解説

〔1〕(A)「ドニ=コテさんとクリスチャン=メシエ氏の意見が一致しないの
は，どれに関してか？」

コテさんに関しては第 2 段最終文（One syrup producer …）で製材業
者がカエデを伐採することを非難しており，メシエ氏は第 6 段第 2 文
（Syrup makers cut …）でシロップ生産業者によるカエデ保護が招く問
題について言及している。よって，カエデの保護の是非について意見が対

立しているとわかる。選択肢の意味はそれぞれ次の通り。

(1)「カエデの木が不足しているかどうか」

(2)「サトウカエデの原生林を賃貸することが儲かるかどうか」

(3)「政府に対するロビー活動をすることが有効かどうか」

(4)「カエデの木がさらに保護を要するかどうか」

　　よって，正解は(4)だとわかる。

(B)　「ジャン＝フランソワ＝サムレー氏が取り組もうとしている主な難題は何か？」

　「サムレー氏の難題」に関しては，第4段第3文（"We are working …）に記述があり，氏はシロップ産業と木材産業の両立を計ろうとしていることがわかる。選択肢の意味はそれぞれ次の通り。

(1)「利用できる公有地が不足していること」

(2)「両産業が成功するのを可能にすること」

(3)「メープルシロップの生産を増加させる方法」

(4)「サトウカエデ製品に対する減少する消費者需要」

　　よって，正解は(2)に決まる。

(C)　「本文で言及されている2州の間の差異は何か？」

　「2州間の差異」に関しては第7段第1文（New Brunswick, where …）に「ニューブランズウィック州は，…シロップ産業にとっては，比較的新しい産地」とある。選択肢の意味はそれぞれ次の通り。

(1)「ニューブランズウィック州のシロップ農家は私有地だけしか使えない」

(2)「ニューブランズウィック州はメープルシロップ生産地としては，かなり新しい」

(3)「ケベック州はシロップを取るためにサトウカエデの木から樹液を取り出すのよりも伐採に力を入れている」

(4)「ケベック州の工場は，ニューブランズウィック州の工場よりも，公有地をより多く利用できる」

　　よって，正解は(2)だとわかる。

(D)　「ニューブランズウィック州のシロップ生産者は政府に何をするよう要求しているか？」

　「生産者の要求」に関しては第7段最終文（That's why New …）に

「ニューブランズウィック州のシロップ生産者は, …政府にメープルシロップの採取に使える森林を2倍くらいにしてほしいと求めてきた」とある。選択肢の意味はそれぞれ次の通り。

(1)「合衆国にもっとたくさんメープルシロップを輸出する」

(2)「双方の産業の人々と会合を開く」

(3)「製材業からシロップ生産へと主軸経済を移行する」

(4)「ほぼ2倍のサトウカエデ原生林を彼らに利用可能とする」

　よって, 正解は(4)に決まる。

〔2〕(1)「マーティン親子はサトウカエデ原生林を所有している」

　本文冒頭に「公有林まで歩く」とあるので, 自己所有ではないとわかる。

(2)「ケベック州は2021年に世界的なメープルシロップ生産者であるのをやめた」

　第3段第2文（Some 80 percent…）に「世界のシロップの約80％がカナダ, 主にケベック州産であり, 輸出は2021年には21％成長した」とあるので, 不一致。

(3)「シロップの消費者需要はカエデ材の需要よりも大きい」

　第3段（The world has…）に双方の需要の記述があるが, どちらの需要が大きいかには触れられていない。

(4)「セルジュ=ボリュー氏は議論の両面を理解している」

　第5段最終文（"We need to…）の「両者の均衡点を見出す必要がある」という記述は, 議論の両面を理解していなければ言えない。よって, 一致している。

(5)「気候変動はメープルシロップシーズンの時期に影響する」

　最終段第2文（As the climate changes, …）に「一月遅れでシロップシーズンが到来している」とあるので, 一致。

〔3〕選択肢の意味はそれぞれ次の通り。

(1)「ケベック州が製材業に置いている価値」

(2)「ニューブランズウィック州のシロップ製造業を保護する戦い」

(3)「カナダにおけるサトウカエデ原生林からシロップを取り出す重要性」

(4)「消費者の需要を満たすためのサトウカエデの木の利用の競合」

(5)「ニューブランズウィック州とケベック州におけるシロップ製造業の比較」

解答編

　　本文は，カナダにおけるサトウカエデという森林資源の利用をめぐり，シロップ製造業者と製材業者とが対立しており，その妥協点を探ろうとする試みについて言及するもの。本文のメインアイデアを端的に示すのは(4)である。

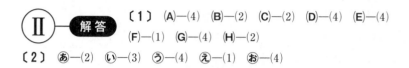

Ⅱ　解答
〔1〕　**(A)**—(4)　**(B)**—(2)　**(C)**—(2)　**(D)**—(4)　**(E)**—(4)　**(F)**—(1)　**(G)**—(4)　**(H)**—(2)
〔2〕　**あ**—(2)　**い**—(3)　**う**—(4)　**え**—(1)　**お**—(4)

·· 全訳 ··

《メキシコの土壌再生農法による増産》

1　自分のトウモロコシ畑に立ち，山々と乾燥熱帯雨林に囲まれ，マリア=ルイザ=ゴルディジョ=メンドーザさんは心配そうである。彼女が語るには，他の農家は，小枝やトウモロコシの残滓，あちこちに点在するひょろ長い木に覆われた彼女の畑に否定的な反応を示したという。だが，メキシコ，チアパス州でのメンドーザさんの珍しい農法は，農家の収入を増やし，土地を保全のために開放し，地中に炭素を貯蔵するだけでなく，土壌の健康を回復させることで，評価を高めている。

2　現代のトウモロコシ農法では，地域の農家は植え付けの準備に畑を整地する。それは，地面に放置された前年の作物の残滓を焼却し，雑草を枯らすのに除草剤をまき，収量を増やすように化学肥料をまくことでなされる。「うちの父は私に同じことをするよう教えました」と，メンドーザさんは語る。「しかし私の畑の土は，ひどく痩せてしまいました。あまりに痩せたので，砂地で固くなってしまったのです。それでトウモロコシの出来は，あまりよくありませんでした」。メンドーザさんの言うには，最近まで，雨の多い年は一家でヘクタール（＝100平方メートル）当たり約2.5トンのトウモロコシを収穫していた。しかし時にはひどい雨不足で干ばつが起き，全作物が枯れ，野生のバナナなどの果物類で生き延びるほかなかった。しかし，今日では土壌の健全性を高める技術支援と農法のおかげで，トウモロコシ生産高は，ヘクタール当たり8.5トンにまで増大したそうだ。

3　ウォルター=ロペス=バエス氏は，メキシコ政府のナショナル・インスティテュート・オブ・フォレストリー・アグリカルチャー・アンド・ライブストック・リサーチ（INIFAP）に属するチアパス州調整官であるが，氏

の話では，収穫の生産性が当初，上昇していたのは1940年代，緑の革命の開始後だったそうだ。緑の革命とは，多収量作物品種と化学肥料と殺虫剤の使用を促進する農耕モデルであった。予想外なことに，化学製品の集中的な使用を継続したにもかかわらず，20年ほど前から生産高が落ち始めた。2010年にはINIFAPはネイチャー・コンサーヴァンシー（TNC）と協働してチアパス州の300の農場を分析し，土壌が高水準の酸とアルミニウムといった金属を含み，養分に欠けており，トラクターの使用によって損なわれていることを見出した。それはつまり，根を深く張れず，大地が水分を吸収しにくくなったということである。土壌管理が悪いという徴候であった。

④　「農家は土地がくたくただと言っていました」と，バエス氏は語る。「それは採取農業であり，土壌には何も返されず，森林で起きていることとは似ても似つきません」。他の中央アメリカ諸国での調査に基づいて，2団体がトウモロコシと，土壌の回復に役立つ植物を混植する実験を始めた。2種類の豆が中心である。カナヴァリア種とインガ・エデュリス種，地元ではグアマとして知られている種である。このやり方は，併農林業の一環であり，樹木と作物栽培，家畜飼育とを結合する農業方式であり，食物を生産するだけでなく，生物多様性を支え，土壌中に有機物を醸成し，利用可能な水分量を増やし，大気中から炭素を除去する。グアマとカナヴァリアは両方とも，その根から土壌に窒素（N）を加える。それらはまた成長が早く，地面に有機物の被覆を提供し，それによって土壌水分を保持し，他の植物のために養分を分解し，雑草の生育を予防し，よって除草剤の必要量を削減するのである。

⑤　INIFAPの実験が示したのは，併農林業の手法を応用することで，大雑把にヘクタール当たり865ドルの投資で，ヘクタール当たり3.5トンの生産を生み出したということである。しかし，ヘクタール当たり312から480ドル，余分に投資するなら，翌年以降その量の最大2倍の産出量が得られるだろう。この潜在的な収入増は農家にとって重要である一方，この応用法はより広い社会にも有益であるとバエス氏は語る。水の利用可能性を強化したり，農家が耕作用地に火を放つことで起きる大気汚染を削減したり，大気中からより多くの炭素を取り入れたりするわけである。

⑥　加えて，INIFAPはそうした再生するための手法が，損なわれた土壌を

修復し，水分が干ばつの最中であってさえ大地深くまで浸透できるようにすることを見出した。「森の中は，多様性豊かですが，化学肥料もなく，管理もなく，殺虫剤や除草剤もありませんが，森は超生産的であり，急速に回復します」と語るのは，アレハンドロ=エルナンデス氏，TNCのチアパス州調整官である。「私たちは森林モデルを複製して，それを応用しているのです。併農林業を使ってね」。エルナンデス氏の言によれば，非効率な作物生産体系のために，農家と家畜所用者は畑を放棄するか土地を増やすために森林をさらに伐採するかに追いやられる。これでは問題の解決にならない。こうしたやり方を続けても，ほんの数年後に土地を拡大する競争が増加するだけにしかならず，残された森林を圧迫するからである。解決には，農家と家畜所有者を敵同士ではなく，味方だとみなす必要がある。協力し合うことによって，食物と水の利用問題に，森林への農地拡大に歯止めをかけながら取り組むことができ，また失った森林を回復することもできるのである。「私の考えでは，それにより両陣営にさらなる共感が生み出されるのです。だって，戦っていないんですからね」と，エルナンデス氏は語る。

⑦　併農林業のさらなる支援として，2018年の米国の研究によって示されたのは，再生可能なトウモロコシ畑は，従来のやり方で管理された畑のほぼ2倍の利益を生む，ということだった。大部分は，豆類中心の被覆植物は肥料費を軽減できるためである。「私たちは多くを捨て去らないといけません」と，バエス氏は語る。「大学で学んだことを忘れるのは私にはとても厳しいことでした。だってそこで，たくさんの化学を学んだのですから。また，農家にとって父親から学んだあらゆることを忘れるのは…。私たちは多くの知識を考え直しているわけです」

━━━━━━━━━━━━━━ 解説 ━━━━━━━━━━━━━━

〔1〕(A)　空所を含む部分は「（　　）土壌の健全性を高める技術支援と農法のおかげで，トウモロコシ生産高は，ヘクタール当たり8.5トンにまで増大した」の意。直前の記述では，極端に雨が少なく干ばつに見舞われた場合は野生のバナナなどの果物類で生活せざるを得ない，とあるので，空所を含む文ではそれと逆の事態が示されている。選択肢はそれぞれ，(1)「過去と全く同じように」，(2)「同様に」，(3)「それゆえに」，(4)「しかし，今日では」の意であるから，正解は(4)だとわかる。

(B)　空所を含む部分は「化学製品の集中的な使用を継続した（　　）」の意。それらを「使用」すれば，生産高が「増える」ことが想定されるのに，それに反する事態が記述されていることをつかむ。選択肢はそれぞれ，(1)「農家の〜を確認したので」，(2)「にもかかわらず」，(3)「おかげで」，(4)「〜を奨励したので」の意であるから，正解は(2)である。

(C)　空所を含む部分は「農家は，土地が（　　）と言っていました」の意。前段落末尾の「土壌管理の悪さ」を受けた記述であることをつかむ。選択肢はそれぞれ，(1)「使いやすい」，(2)「くたくただ」，(3)「高収量を生んでいる」，(4)「水分を保持している」の意であるから，「劣悪管理」にふさわしいのは(2)だとわかる。

(D)　空所を含む部分は「よって（　　）」の意。直前に prevents the growth of weeds「雑草の生育を妨げる」とある。選択肢はそれぞれ，(1)「利益を減らす」，(2)「化学製品の使用を増やす」，(3)「作物が生育するのを妨げる」，(4)「除草剤の必要量を削減する」の意であるから，正解は(4)だとわかる。

(E)　空所を含む部分は「ヘクタール当たり312から480ドル，余分に投資するなら，翌年以降その量の最大2倍の（　　）が得られるだろう」の意。「余分に投資」すれば，通常は「生産量増大」を予想できる。選択肢はそれぞれ，(1)「炭素量」，(2)「費用」，(3)「雑草」，(4)「産出量」の意であるから，上記の検討に合致するのは(4)である。

(F)　空所を含む部分は「（　　），INIFAP はそうした，再生するための手法が損なわれた土壌を修復し，水分が干ばつの最中であってさえ大地深くまで浸透できるようにすることを見出した」の意。前段落に記述された利点に続いて別の利点が示されているとわかる。選択肢はそれぞれ，(1)「加えて」，(2)「反対に」，(3)「全く別の話だが」，(4)「不意に」の意であるから，正解は(1)である。

(G)　空所を含む部分は「解決には，農家と家畜所有者を敵同士（　　），味方だとみなす必要がある」の意。「併農林業」では農家と酪農家双方にとって利点が見出せるため「仲間」である。選択肢はそれぞれ，(1)「〜であるのに加えて」，(2)「〜はいうまでもなく」，(3)「または」，(4)「〜ではなく」の意であるから，正解は(4)に決まる。

(H)　空所を含む that 節の部分は「豆類中心の被覆植物は（　　）なため，

再生可能なトウモロコシ畑は従来のやり方で管理された畑に比して約2倍
の利益を生み出す」の意。選択肢はそれぞれ，(1)「買うととても高くつ
く」，(2)「肥料費を軽減できる」，(3)「成長に時間を要する」，(4)「化学製
品の利用を求める」の意。「利益が倍」になるのにふさわしいのは(2)だと
わかる。

〔2〕⑧　該当部分は「それはつまり，根を深く張れず，大地が水分を吸
収しにくくなったということである」という意味だから，下線部⑧の指示
対象は直前に示された soils had … using tractors であるとわかる。選択
肢の意味はそれぞれ次の通り。

(1)「収穫高の増大」

(2)「破壊的な農法の結果」

(3)「炭素を土壌中に貯蔵する珍しい手法の使用」

(4)「メキシコ政府からの援助によって，健全な土壌を増やすこと」

　　よって，これらの中で上記の検討に合致するのは(2)だとわかる。

⓪　下線部⓪の指示対象は，is で等価に結ばれている part of
agroforestry「併農林業の一部」から，直前に記述された mixing corn
with species that can help soil recover であるとわかる。選択肢の意味
はそれぞれ次の通り。

(1)「肥料と一緒にトウモロコシを植えること」

(2)「樹木を植え，新たな森林を作り始めること」

(3)「他の植物を加えて土地の回復を助長すること」

(4)「採取農業的な手法を使って農耕すること」

　　よって，上記の内容に最もふさわしいのは(3)である。

③　下線部③の指示対象は当該段落冒頭に述べられた applying
agroforestry methods である。application という語から見当をつけられ
る。選択肢の意味はそれぞれ次の通り。

(1)「化学製品と肥料に資金を投資すること」

(2)「INIFAP のおかげで，より多くの収入を得ること」

(3)「農家と家畜所有者に土地をもっと多く購入してあげること」

(4)「同じ土地で動物を飼育して食物を栽培すること」

　　よって，これらの中で「併農林業」に最もふさわしいものは(4)である。

⑨　下線部⑨を含む文は，こうした方法を継続するとたった数年で土地を

めぐる競合が生じて残された森林に対する伐採の圧力がかかる，というもの。これは，直前に記述されている inefficient crop production systems がもたらす結果だと理解できる。選択肢の意味はそれぞれ次の通り。

(1)「農地の浪費的な使用」

(2)「作物の生産高を向上させる併農林業の技術」

(3)「家畜飼育をより効果的に管理する方法」

(4)「農地を自然に帰そうとする実を結ばない努力」

　　よって，正解は(1)だとわかる。

㊗　下線部㊗を含む文の主旨は，文脈から，それによって農家と家畜所有者とのあいだでより共感が生じる，というもの。したがって，指示対象は，直前に記述された「協働して問題に取り組むこと」であるとわかる。選択肢の意味はそれぞれ次の通り。

(1)「森林への農地拡大」

(2)「農家が稼ぎを増やすのに手を貸すこと」

(3)「利用可能な食物を増やすこと」

(4)「農業生産者同士の協力を奨励すること」

　　よって，これらの中で上記の検討に合致するのは(4)であるとわかる。

〔1〕　あー(5)　いー(4)　うー(7)　えー(10)

〔2〕　かー(4)　きー(10)　くー(5)　けー(1)

・・・・・・・・・・・・・・・・・・・・・・・・・・・・・・・・・・・・・・・ 全 訳 ・・・・・・・・・・・・・・・・・・・・・・・・・・・・・・・・・・・・・・

〔1〕《画廊で》

A：画廊に一緒に来られて嬉しいな。待ちきれないよ，アニメーターとして有名になってくれるのが。

B：他のことなんて，考えたこともないよ。でも最近，無理かなぁなんてね。

A：（　あ　）　そんなこと言わずに。すごく才能に恵まれてるんだから。それに，アニメーターになるの，夢だったじゃない，私たちが知り合って以来ずっと。

B：（　い　）　すべて，変わっていくんだよ。たとえば，この絵を見て。実は，AI ソフトが作ったんだよ。そう，AI。

A：わあ，本当なの！　すごいじゃない。ちょっと，これまでずっと描い

　　てきた絵みたいだね。

B：その通り。誰がこんなオリジナルな絵を生み出せる賢いロボットに対
　　抗できるんだろう？

A：だね，でもコンピューターのボタンを押したら，それが芸術ってわけ
　　じゃないよね。独創的な作業は何もないよ。でも，言うとおり，科学
　　技術の進歩って，すごく速い！　ちょっと怖いね。

B：（　う　）　だから，私，将来を考え直してるってわけ。アニメーター
　　で食べていけるなんて思えないからね。

A：何かぜんぶ，ばっかみたい。機械がたくさんの仕事を取り上げるため
　　のものになってるよ。でも，やっぱりお金を稼がなくちゃいけないわ
　　けでしょ。（　え　）

B：無理だね。でも，やっぱり大好きなんだけどね。

〔2〕《鉄道駅で》

A：すみません，切符がこれでいいかどうかわからなくて。これを使って
　　美術館最寄りの駅まで行けますか？

B：はい。この種の切符は，それを使って市内ならどこでも行けます。地
　　図で黄色くなっている駅ならどこでも，ですよ。

A：いいことを聞きました。でも，私，行くところがたくさんあって。
　　（　か　）　学割切符があるかどうかご存じですか？

B：ないんじゃないかな。（　き　）

A：よかった。私，たくさん要りますから。この町に一週間くらいいて，
　　劇場とか遊園地に行こうと思って。

B：じゃあ，気をつけないと！　遊園地に行くには割増料金がかかります
　　よ。

A：かかる？　どうして？

B：ええと，実はそこは市外なんですよ。（　く　）

A：気づきませんでした！

B：あと空港に行く場合も同じです。ちょっと観光客にはわかりづらいで
　　すかね。

A：（　け　）　でも，これでばっちりわかりました。割増料金はどうやっ
　　て払えばいいか，教えていただけますか。

B：出入り口のそばにある精算機を使えばいいでしょう。お見せしましょ

う。

A：ありがとうございました。こんなこと，絶対自分じゃわからなかった
　　です！

2024年度　2月4日　解答編

======= 解　説 =======

〔1〕ⓐ　直後の発言から，Bの「無理かなぁ」を否定する内容がふさわ
しいとわかる。(5)「何のこと言ってるの？」が適切。

ⓘ　後に続く発言では，AIが絵を生み出していることが話題に挙げられ
ており，ここには「夢が叶いそうにない」といった内容が入るとわかる。
よって，(4)「そうね，でも，ただそれだけのこと」がふさわしいとわかる。

ⓤ　直後の発言から，「夢を諦めるのもしかたがない」という内容になる
とわかる。直前のAの発言がBに夢を諦めないよう諭すような内容になっ
ていることも併せて検討すると，(7)「考え直せって言わなくていいよ」が
最適。

ⓔ　Aの直前の発言ではAIが多くの仕事を奪うがそれでもお金を稼がな
ければならないとあり，それを受けてのBの発言ではとんでもないと留保
しながらも「それはまだ私の情熱だ」と述べている。この流れから，空所
は「夢にこだわってほしい」という主旨の発言になるとわかる。それは，
(10)「絵を描くことをすっかり諦めてほしくないなぁ，私」である。

　残りの選択肢は，(1)「そんなに速くない」，(2)「絶対そうしなくちゃ」，
(3)「多分AIを使っちゃダメだね」，(6)「そんなことあり得ないでしょ」，
(8)「じゃあ，今まで疑ってきたわけね」，(9)「多分，パートタイムの仕事
につけるかもね」の意。

〔2〕ⓚ　「行くところがたくさんある」というのだから(4)「本当に高くつ
きそうなんです」がぴったり合う。

ⓚ　Bは「学割はない」と示唆しているが，続くAの発言では「よかっ
た」と応答されている。ここから，Bは代替案を提示したという流れにな
るとわかる。(10)「でも，10枚セットを買えば，割引になりますよ」がふ
さわしい。

ⓒ　直後の「気づかなかった」に先行するのにふさわしいのは，(5)「その
駅は地図で黄色になっていないでしょう」である。

ⓗ　直前のBの発言の「わかりづらいかも」を受け，さらに「しかし今は
理解した」という展開の間に入るものとして，(1)「本当にそうですね」と

答えれば，会話がつながる。

　残りの選択肢は，(2)「そうは思いません」，(3)「だから同じ切符を使えますよ」，(6)「切符をバラバラに買うと高くつきます」，(7)「最初に時刻表を調べておけばよかった」，(8)「その列車は全席指定です」，(9)「それにこの時期は，あまり混雑していません」の意。

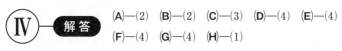

(A)—(2)　(B)—(2)　(C)—(3)　(D)—(4)　(E)—(4)
(F)—(4)　(G)—(4)　(H)—(1)

=== 解　説 ===

(A)　疑問文なので，動詞の原形になる。よって，正解は(2)である。

(B)　struggle は自動詞だから，それを修飾するのは副詞である。よって，正解は(2)に決まる。

(C)　仮定法過去完了の文である。If you had arrived＝Had you arrived という必修事項が問われている。以上から，正解は(3)である。

(D)　be devoted to *doing*「～に充てられる，～に専念する」も，必修事項の一つ。よって，正解は(4)である。

(E)　damage は他動詞であるから，受け身にしなければならない。よって，正解は(4)である。

(F)　再帰代名詞の強意用法以外に，文が成立しない。よって，正解は(4)である。

(G)　overlook はここでは，「～を見晴らす，見渡せる」の意味になる。よって，現在分詞にすれば文意が通るから，正解は(4)である。

(H)　比較級を修飾する副詞の知識が問われている。文が成立するのは(1)のみである。

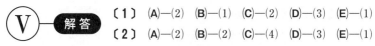

〔1〕　(A)—(2)　(B)—(1)　(C)—(2)　(D)—(3)　(E)—(1)
〔2〕　(A)—(2)　(B)—(2)　(C)—(4)　(D)—(3)　(E)—(1)

=== 解　説 ===

〔1〕(A)　「（　　）を開けるときは気をつけて」

　選択肢はそれぞれ，(1)「肉屋」，(2)「ハッチ」，(3)「新生児」，(4)「火山」という意味。これらの中で「開ける」のにふさわしいものは(2)である。

(B)　「私は両親に（　　）この要請を行っている」

選択肢はそれぞれ，(1)「代わって」，(2)「退屈」，(3)「青銅」，(4)「雄牛」という意味。これらの中で意味が通るのは(1)のみである。

(C)　「今度の休みのことを考えると，その人は（　　　）でいっぱいになった」

選択肢はそれぞれ，(1)「伝記」，(2)「恍惚感」，(3)「類似」，(4)「空虚」という意味。これらの中で「休暇にまつわる思い」にふさわしいものは(2)である。

(D)　「（　　　）料金はこのサービスの割にはとても高い」

選択肢はそれぞれ，(1)「忘れられない」，(2)「陽気な」，(3)「時間ごとの」，(4)「無価値な」という意味。これらの中で「高い料金」という主旨を作るのにふさわしいものは(3)のみである。

(E)　「隣家に（　　　）しようとしているところを捕まった」

選択肢はそれぞれ，(1)「泥棒に入る」，(2)「入院させる」，(3)「人間らしくする」，(4)「社交的にする」という意味。これらの中で「捕まる」に相当する行為は(1)である。

〔2〕(A)　「この本はとても素晴らしい」

選択肢はそれぞれ，(1)「実験的な」，(2)「桁外れな」，(3)「歴史的な」，(4)「ユーモアがある」という意味。よって，正解は(2)に決まる。

(B)　「確かにせわしない出発にみえる」

選択肢はそれぞれ，(1)「恐ろしい」，(2)「突然の」，(3)「適切な」，(4)「情緒的な」という意味。よって，正解は(2)だとわかる。

(C)　「近頃その問題が出現した」

選択肢はそれぞれ，(1)「広がった」，(2)「移動した」，(3)「張り付いた」，(4)「浮上した」という意味。よって，正解は(4)だと判断できる。

(D)　「それは間違いなく我々の選択肢を狭める」

選択肢はそれぞれ，(1)「楽にする」，(2)「誇張する」，(3)「狭める」，(4)「保護する」という意味。よって，正解は(3)に決まる。

(E)　「私のあなたに対する感情は正直なものだ」

選択肢はそれぞれ，(1)「真面目な」，(2)「爆発性の」，(3)「微妙な」，(4)「世俗的な」という意味。これらの中で「嘘偽りのない」に最も近いのは(1)だといえる。

//////////////// · **memo** · ////////////////

2023
年度

問題と解答

2 月 1 日実施分　　　　問　題

(80 分)

Ⅰ　次の文を読んで，問いに答えなさい。

　　When I tell someone I run a centre that brings philosophy into children's lives, I'm often greeted with a puzzled look. How can children do philosophy? Isn't it too hard for them? These reactions are understandable because they stem from common assumptions — about children and about philosophy. Central to our work at the Center for Philosophy for Children at the University of Washington is the conviction[1] that we ought to challenge the belief that children's capacities are limited, and expand our understanding of the nature of philosophy and who is capable of engaging in it.

　　When I was a graduate student, I became intrigued[2] by questions my young children were asking. I also began thinking about my own childhood and remembering thoughts I had about the meaning of life, friendship and family. My conversations with children and parents over the years confirmed I wasn't alone in having these thoughts at that age. Almost as soon as they can formulate[3] them, children begin asking questions about the world they experience. Around age four, children start asking "why questions". Why must I go to school? Why don't dogs talk? Many elementary school-age children are wide open to life's philosophical mysteries, lying awake at night thinking about questions such as why the world has colours and whether dreams are real.

　　Adults underestimate children's capacities for serious thought. Their perceptions of children are based on developmental preconceptions[4], and especially the belief that children are moving from being relatively incapable beings to becoming capable adults. Western culture prizes autonomy[5], which places children at a disadvantage. Young children can't be fully autonomous; they have much to learn and skills to develop before they can take full control over their lives. That puts children in a subordinate[6] position, with their ideas and perspectives given little weight.

Philosophical wondering is part of being human. What is the right thing to do? Why do people have to die? When we think about such questions, we're doing philosophy. Most adults who reflect upon philosophical questions aren't professional philosophers, but that doesn't disqualify them from engaging in philosophical inquiry. Likewise, the fact that children are beginners at philosophy doesn't mean they're not doing philosophy at all.

Most of our philosophy sessions with children are in public elementary schools; we aim to discover what topics children want to think about, and to encourage discussions about these subjects. Ordinarily, I begin with a philosophically suggestive prompt[7]. Important philosophical questions — about subjects such as the meaning of happiness, fairness and beauty — emerge not only from the works of philosophers, but also from picture books and other children's literature, and from many ordinary activities we engage in every day. I ask the children: "What questions does this make you wonder about?" The students spend time reflecting and coming up with philosophical questions in small groups. They share their questions, vote on which would be most interesting to explore, and then spend most of the session discussing them.

For children, philosophy is an imaginative and playful activity. They tend to be willing to consider a wide range of ideas, some of which most adults would, regrettably, rule out as farfetched[8]. In fact, research confirms that because children are less burdened by expectations about the way things should be, they can be more flexible thinkers and better problem-solvers than adults.

Philosophical conversations with children offer opportunities for a different kind of interaction between adults and children than the typical one of the adult as teacher or authority, and the child as student or dependent. Because questions of philosophy aren't the kinds for which there's a definite answer, adults don't need to be the experts. Instead, we can become co-inquirers[9], seeking with children to better understand the philosophical dimension of human life by investigating questions that are important to us all.

Over the years, I've regularly been inspired to rethink my own views about questions I've explored with children. A conversation with some elementary school children, for instance, called into question the generally accepted view that friendship is necessarily a reciprocal[10] relationship. Most philosophers agree that people are characterised as friends only if each defines the other as a friend. But a group of 11-year-olds disagreed. They reflected that sometimes one person wouldn't call a relationship a friendship and the other person would. Others noted that friendships take time to develop; one friend might feel the connection before the other. I've noticed that children's observations regarding friendship are particularly insightful because, I think, friendship is so central in their lives. Once they begin school, children spend much of each day with their peers. Learning how to develop and sustain friendships is one of the principal tasks of childhood, and children's ideas about friendship can contribute to our collective understanding.

If we can respond to them without thinking of them as "just children", we can encourage reciprocal exchanges that have the potential to enlarge our perspectives and to deepen our relationships with the children in our lives. Doing philosophy with children invites adults to connect with the special capacities present in childhood — wonder, curiosity, imagination and a never-ending sense of the possible — and thus expand our own philosophical universe.

(Adapted from a work by Jana Mohr Lone)

(注)

1. conviction　　　確信
2. intrigue　　　　興味をそそる
3. formulate　　　明確に述べる
4. preconception　先入観
5. autonomy　　　自主性
6. subordinate　　従属的な
7. prompt　　　　質問・意見などを引き出すために使うもの
8. farfetched　　　信じがたい
9. co-inquirer　　（問題などを）一緒に探求する人
10. reciprocal　　相互の

〔1〕本文の意味，内容にかかわる問い(A)〜(D)それぞれの答えとして，本文にしたがってもっとも適当なものを(1)〜(4)から一つ選び，その番号を解答欄にマークしなさい。

(A) According to the author, what is one common assumption about philosophy?
　(1) It is a subject that needs to be taught in public schools.
　(2) It is something people can begin to grasp from childhood.
　(3) It is concerned with questions that are not relevant to everyday life.
　(4) It is a challenging subject that is not suitable for people of certain ages.

(B) According to the author, why do most adults fail to recognize children's ability to engage in serious thought?

(1) Children are viewed as being dependent on adults.

(2) Children are known for asking many "why questions".

(3) Western culture emphasizes the importance of play in childhood.

(4) Adults tend to believe children don't enjoy serious conversations.

(C) According to the text, why is it beneficial for adults to have philosophical conversations with children?

(1) Adults will enjoy hearing children's imaginative ideas.

(2) Adults and children can explore ideas together on an equal basis.

(3) Such conversations allow adults to teach children important truths.

(4) By talking about philosophy, adults can develop children's autonomy.

(D) Why does the author place special value on children's ideas about friendship?

(1) She respects their willingness to disagree with philosophers.

(2) She agrees with them that true friendship is difficult to achieve.

(3) She has long doubted the idea that friendship must be reciprocal.

(4) She thinks their daily experience gives them some valuable insights.

〔2〕次の(1)〜(5)の文の中で，本文の内容と一致するものには1の番号を，一致しないものには2の番号を，また本文の内容からだけではどちらとも判断しかねるものには3の番号を解答欄にマークしなさい。

(1) The author was inspired by her own children's questions to found the Center for Philosophy for Children.

(2) The author believes it is natural for human beings to ask philosophical questions.

(3) In the school philosophy sessions, the author decides which issues

the children will discuss.

(4) The author thinks it's a mistake to ignore farfetched ideas put forward by children.

(5) Philosophers tend to reject the idea that friendship is a reciprocal relationship.

〔3〕本文の内容をもっともよく表しているものを(1)〜(5)から一つ選び，その番号を解答欄にマークしなさい。

(1) Why the questions asked by young children are so significant

(2) Why adults should explore philosophical questions with children

(3) Why adults tend to misunderstand what their children are capable of

(4) Why schools need to find time in the curriculum for philosophy sessions

(5) Why the concept of friendship is more complicated than many people believe

Ⅱ　次の文を読んで，問いに答えなさい。

　　For years, the rice fields of Ezhikkara, a coastal village in the southern state of Kerala, India, had been neglected. A lack of resources and a loss of enthusiasm had led villagers to abandon crops in the field. (A) , as a growing number of scientists and farmers look to traditional rice varieties in the search for climate-resilient[1] food, that narrative has begun to change. So, on a bright October day in 2014, a group of 300 people traveled from other parts of the state to join villagers in a harvest festival aimed at reviving a cultivation method[2] that originated centuries ago. The harvesters, many with farm tools in hand, shone light on a type of crop in strong need of supporters: Pokkali rice.

　　"Pokkali" is the general term that refers to the salt-tolerant[3] rice varieties grown by the Pokkali method of cultivation, in which farmers alternate raising rice with prawns and shrimp, and sometimes fish. The unique method of rice cultivation is specific to parts of central Kerala where it is practiced in tidal wetlands[4]. In Malayalam, the local language, *pokkam* means height and *ali* means flame, explains K. G. Padmakumar, director of the International Research and Training Centre for Below Sea Level Farming in Kerala. (B) , Pokkali varieties grow up to two meters. It's their ability to stand tall above salty waters that has interested the world in how they may be a uniquely climate-resilient food.

　　Pokkali fields are prepared for rice in April, before the start of the monsoon[5]. Farmers pack the saline[6] soil into large mounds[7], leaving the rains to wash off much of the salt, and rice seeds are then planted on these mounds. Once the seedlings[8] reach a desired height, farmers break up the mounds and distribute them throughout the fields, where they grow well in the flooded lands. When the rice is ready for harvest in September or October, only the panicles (the top of the rice plant which bears the rice grains) are separated. The rest of the plant is left behind for the next phase — cultivating prawns and shrimp, raising and harvesting them until ▢(C) , and then selling them in local markets to gain extra income. Along with the nutrients brought in by the sea, these prawns and shrimp also enrich the Pokkali fields with their waste. This annual cycle of first growing rice and then raising prawns and shrimp after allows the rice to grow in a naturally organic environment, explains Padmakumar.

In recent years, this method of cultivation has ▢(D) . About three decades ago, the cultivation was common across 25,000 hectares of land; now, Pokkali rice grows on as few as 5,000 hectares. Pokkali fields have given way to the cultivation of other crops, such as coconut, and to the increase of urbanization. Pollution of wetlands has added to Pokkali's sorrows. The abandonment of the practice of growing Pokkali is partly due to its relatively ▢(E) harvests. For traditional varieties of Pokkali rice, yields are about one and a half tonnes per hectare, whereas regular high-yielding rice varieties provide as much as four to five tonnes per hectare, sometimes more depending on the farmer. "Pokkali yields are low, and they often don't justify the production costs," says Akhil Soman of the Palliyakkal Service Co-operative Bank. The bank has stepped in to help farmers — with everything from purchasing seeds to securing loans, hiring laborers, and when harvest season comes, buying the rice at a fixed, guaranteed price.

Despite the bank's efforts, many farmers are using their fields only to raise prawns and shrimp. That change has upset the rice fields' natural cycle and led to a loss of biodiversity[9]. But another big factor that prevents farmers from growing Pokkali is the ▢(F) harvesting the rice by hand and finding enough labor to do it. "We stand in flooded fields, sometimes with water up to our chest levels to harvest Pokkali," says K. A. Thomas, a farmer from the Kadamakkudy islands in Kerala. "We wish there was some mechanized way to do it." The reality of fields full of

water, however, makes this challenging.
　　　　　　　　　　ⓐ

　However, plant scientists like K. V. Mohanan emphasize the importance of Pokkali in the face of sea level rise, which will continue to make coastal areas 　(G)　 . This reality makes it very important for scientists to develop, and farmers to invest in, salt-tolerant crops like Pokkali rice, Mohanan adds. Researchers at Kerala Agricultural University's Rice Research Station, Vyttila, located in the heart of Pokkali lands, are working on just that. There, scientists have increased the crop's
　　　　　　　　　　ⓑ
output by developing varieties that produce higher yields. Though there is hope, supporters of Pokkali worry that it may not be enough. "Only traditional farmers are involved in this cultivation," explains A. K. Sreelatha, the head of the research station. She wonders what will happen when the next generation of farmers enters the Pokkali fields. Her 　(H)　 is evident, but considering Pokkali's reputation for rising above hardships and the growing support for it from various groups, more farmers may come to value the rice with time.

　　　　　　　　　　(Adapted from a work by Sharmila Vaidyanathan)

（注）

1．climate-resilient　　気候変動に強い

2．cultivation method　栽培方法

3．salt-tolerant　　　　耐塩性の

4．tidal wetlands　　　干潟

5．monsoon　　　　　雨期，モンスーン

6．saline　　　　　　塩分を含む

7．mound　　　　　　塚

8．seedling　　　　　苗木

9．biodiversity　　　　生物多様性

〔1〕本文の 　(A)　 ～ 　(H)　 それぞれに入れるのにもっとも適当なものを (1)～

出典追記：Food for a Future Planet, Hakai Magazine on July 22, 2021 by Sharmila Vaidyanathan

(4)から一つ選び，その番号を解答欄にマークしなさい。

(A)　(1)　Consequently　　　　　　(2)　However

　　　(3)　Indeed　　　　　　　　　(4)　Unfortunately

(B)　(1)　Although they remain underwater

　　　(2)　In spite of this translation

　　　(3)　Similar to other varieties of rice

　　　(4)　True to their name

(C)　(1)　August　　　　　　　　　(2)　June

　　　(3)　March　　　　　　　　　(4)　May

(D)　(1)　declined　　　　　　　　(2)　disappeared

　　　(3)　remained　　　　　　　(4)　risen

(E)　(1)　profitable　　　　　　　(2)　significant

　　　(3)　small　　　　　　　　　(4)　stable

(F)　(1)　ease of　　　　　　　　(2)　impossibility of

　　　(3)　necessity of　　　　　　(4)　preference for

(G)　(1)　greener　　　　　　　　(2)　less problematic

　　　(3)　more productive　　　　(4)　saltier

(H)　(1)　excitement　　　　　　　(2)　fear

　　　(3)　lack of concern　　　　(4)　sense of optimism

〔2〕下線部あ～おそれぞれの意味または内容として，もっとも適当なものを
　　(1)～(4)から一つ選び，その番号を解答欄にマークしなさい。

あ　them

　　(1)　the mounds

　　(2)　the seedlings

　　(3)　the rice seeds

　　(4)　the grains of salt

い　they

　　(1)　rice farmers in Kerala

　　(2)　regular rice-growing methods

　　(3)　harvests of Pokkali rice varieties

　　(4)　alternative crops such as coconuts

う　That change

　　(1)　More laborers being hired to harvest the rice

　　(2)　Farmers deciding to abandon the farming of rice

　　(3)　Banks buying the rice at a price that has already been decided

　　(4)　Farmers introducing prawns and shrimps while the rice is growing

え　this

　　(1)　using machines to harvest the rice

　　(2)　harvesting the rice in chest-high waters

　　(3)　alternating rice with shrimps and prawns

　　(4)　finding workers to help with harvesting the rice

お　that

　　(1)　dealing with sea-level rise

　　(2)　increasing the yields of rice crops in general

　　(3)　producing varieties of rice that grow well in salty conditions

　　(4)　emphasizing the importance of cultivating Pokkali rice varieties

Ⅲ

〔1〕次の会話の ⓐ 〜 ⓔ それぞれの空所に入れるのにもっとも適当な表現を (1) 〜
(10) から一つ選び，その番号を解答欄にマークしなさい。

At a Kyoto hotel

A： Good morning. Could you give me some advice about a good one-day
tour, please?

B： Certainly. We have a number of recommended bus tours of the city's
landmarks.

A： (　ⓐ　)

B： I understand. Some of our visitors aren't. That's why we offer a great
walking tour that goes to parts of the city most visitors never go to.

A： Hmm…, that sounds more interesting. But is it possible to go to the
countryside and actually meet the local people?

B： Ah! I think we have just the tour for you with a company called
"Ecocal Encounters". (　ⓘ　)

A： Yes, it's one of my favorite things to do.

B： Good! There are a number of both easy and more demanding routes
you can choose from. (　ⓤ　)

A： Great! I love local Japanese food. (　ⓔ　)

B： Well, you can try rice planting or tea picking, for instance, or
pounding rice to make the local *mochi* specialty.

A： That sounds perfect!

(1)　But can you ride a bicycle?

(2)　Do you like to take photographs?

(3)　Can the local people speak English?

(4)　Are there any activities I can join in?

(5)　But you have to bring your own packed lunch.

(6)　I'm not so interested in the usual tourist places.

(7)　Is it OK to join a tour along with Japanese visitors?

(8)　Will I have a chance to go hiking in the mountains?

(9)　Actually, I only want to see the famous temples and shrines.

(10)　You have lunch prepared by a farming family, and they show you around their village.

〔2〕次の会話の ⓐ 〜 ⓙ それぞれの空所に入れるのにもっとも適当な表現を (1) 〜 (10) から一つ選び，その番号を解答欄にマークしなさい。

At a railway station

A： Robin! Over here! Welcome to the city.

B： Thanks. You know, I was afraid I wouldn't find you.

A： (　ⓐ　) There are fewer ticket gates here. Let me take a bag.

B： Thanks. Is it always so crowded? I've never seen so many people in my life.

A： Well, you've arrived pretty much at the evening rush hour. (　ⓚ　)

B： Very much so. I had an early lunch.

A： OK, we'll go to the old station building, get something to eat, and catch the metro afterwards up to my neighborhood.

B： Why the old building?

A： (　ⓒ　) In fact, the old station building was preserved and restored in all its beauty last year. And some nice restaurants have opened up there, too.

B： Show me the way then. (　ⓙ　)

A： It's up to you. There're a few different places. We'll see what appeals to you.

(1)　Me, too.

(2)　Did you eat?

(3)　Are you hungry?

(4)　Should I get a locker?

(5)　What are our choices?

(6)　It's really worth seeing.

(7)　That's why I suggested this exit.

(8)　It's the most modern part of the station.

(9)　That's always a problem on the platform.

(10)　It's a place where passengers wait for their train.

Ⅳ　次の (A) 〜 (H) それぞれの文を完成させるのに，下線部の語法としてもっとも適当なものを (1) 〜 (4) から一つ選び，その番号を解答欄にマークしなさい。

(A)　I never go to London _____ visiting the National Gallery.

   (1)　on　　　　　　　　　　　　(2)　through

   (3)　until　　　　　　　　　　　(4)　without

(B)　Ken said that he wasn't used _____ in front of many people.

   (1)　dancing　　　　　　　　　　(2)　to be dancing

   (3)　to dance　　　　　　　　　(4)　to dancing

(C)　There is _____ research on this social problem.

   (1)　another　　　　　　　　　　(2)　few

   (3)　little　　　　　　　　　　　(4)　none

(D)　Yellow on a black background will catch your attention _____ any other color combination.

   (1)　among　　　　　　　　　　(2)　for

   (3)　more than　　　　　　　　　(4)　the most in

(E) No matter how _____, the manager kept turning it down.

   (1) good the plan was   (2) good was the plan

   (3) the good plan was   (4) the plan was good

(F) The computer is _____ fit into my bag.

   (1) compact enough to   (2) enough compact to

   (3) so compact that   (4) very compact

(G) He always accuses me _____ rude.

   (1) at being   (2) for being

   (3) of being   (4) with being

(H) Canberra, _____ has a population of about 400,000, is the capital of Australia.

   (1) that   (2) where

   (3) which   (4) who

V

〔1〕次の(A)〜(E)それぞれの文を完成させるのに，下線部に入れる語としてもっ
とも適当なものを(1)〜(4)から一つ選び，その番号を解答欄にマークしなさい。

(A)　I washed my body and hair carefully but couldn't get rid of the
　　　_____ smell.

　　　(1)　bald　　　　　　　　　　　　(2)　enthusiastic

　　　(3)　nasty　　　　　　　　　　　 (4)　scenic

(B)　Mother tried to open the window, but it was _____.

　　　(1)　eternal　　　　　　　　　　　(2)　stuck

　　　(3)　visual　　　　　　　　　　　 (4)　worthy

(C)　Polluted water can be a _____ to wild animals.

　　　(1)　bulletin　　　　　　　　　　 (2)　hazard

　　　(3)　kettle　　　　　　　　　　　 (4)　niece

(D)　The authorities are investigating the _____ organization.

　　　(1)　bankrupt　　　　　　　　　　 (2)　homeward

　　　(3)　numerical　　　　　　　　　　(4)　slashed

(E)　Remember, always be _____ about your talents.

　　　(1)　backward　　　　　　　　　　 (2)　humble

　　　(3)　successive　　　　　　　　　 (4)　winding

〔2〕次の(A)〜(E)の文において，下線部の語にもっとも近い意味になる語を(1)〜
(4)から一つ選び，その番号を解答欄にマークしなさい。

(A)　The city council finally put up <u>a notice</u> near the pond.

　　　(1)　a barrier　　　　　　　　　　(2)　a sculpture

(3) a sign

(4) an entrance

(B) The climax came after a <u>sequence</u> of related events.

(1) number

(2) series

(3) summary

(4) variety

(C) The professor <u>barely</u> remembers her students' family names.

(1) easily

(2) exactly

(3) hardly

(4) normally

(D) The lawyer saw the man <u>slam</u> the table.

(1) bang

(2) kick

(3) scratch

(4) wipe

(E) Daniel is <u>keen</u> to improve his ability to play the piano.

(1) bound

(2) eager

(3) supposed

(4) wise

2 月 1 日実施分　　　　解　答

I　**解答**　〔1〕　(A)—(4)　(B)—(1)　(C)—(2)　(D)—(4)
　　　　　〔2〕　(1)— 3　(2)— 1　(3)— 2　(4)— 1　(5)— 2
〔3〕—(2)

◆全　訳◆

≪子どもと行う哲学的な会話の意義≫

　私が子どもの生活に哲学を持ち込む施設を運営していると人に告げると，当惑した表情を返されることがよくある。どうすれば子どもに哲学ができるのか？　それは子どもには難し過ぎないか？　こうした反応は，それが子どもや哲学についてのありきたりな思い込みから生じているものゆえ理解できる。ワシントン大学の子どものための哲学センターにおける我々の仕事の中心にあるのは，子どもの能力は限られたものだという根強い考えに立ち向かい，哲学の本質や，哲学する能力を持つのは誰かといったことへの理解の幅を広げるべきであるという確信である。

　大学院生だったころ，幼かった実子がする問いに興味をそそられるようになった。また，自分の子ども時代のことを考え，人生や友情や家族の意味について自分が持っていた考えを思い出し始めた。過去何年かにわたって複数の子どもや親と話したことで，幼い時にそうした考えを持つのは私だけではなかったことがはっきりした。明確に述べることができるようになるとほぼ同時に，子どもは自分が経験する世界について問い始める。4 歳くらいで，子どもは「なぜという問い」をし始める。なぜ学校に通わなくてはならないのか？　なぜ犬は言葉を話さないのか？　多くの小学生が，人生の哲学的謎に大きく目を見開き，夜に目を覚ましたままベッドに横たわり，なぜ世界には色が溢れているのか，あるいは夢は現実なのかといった問いについて考える。

　大人は，子どもが持つ真剣な思考を行う能力を過小評価する。そうした大人の子どもに対する認識は，発達に関する先入観，さらには，子どもは比較的無能な存在から有能な大人へと移行しているのだという根強い考えに，とりわけ基づいている。西洋文化は自主性を重んじるため，子どもは

不備なものという位置づけとなる。幼い子どもは完全には自主的になれない。自身の人生を完全に制御できるようになる前に，子どもには学ぶべきことが多くあり，また身につけるべき技能がある。それゆえに子どもは従属的な立場となり，彼らの考えや物の見方にはほとんど重きが置かれない。

　哲学的思索は人間であることの一部である。何が正しい行いなのか？なぜ人は死ななければならないのか？　こうした問いについて考えるとき，我々は哲学していることになる。哲学的な問いを熟考する大半の大人は本職の哲学者ではないが，だからといって彼らに哲学的探究をする資格がないということにはならない。同様に，子どもが哲学の初心者であるという事実は，彼らが哲学を全くしていないということを意味しない。

　我々が行う子どもとの哲学集会の大半は公立小学校で行われる。どのような論題なら子どもたちは考えたがるのかを発見し，こうした論題に関する議論を促すことを我々は目指す。通常，私は哲学的示唆に富む誘発剤的な問いから始める。幸福，公平，美の意味といった論題に関する重要な哲学的問いは，哲学者の活動内容からだけでなく，絵本やその他の児童文学，さらには我々が日常的に行う多くの普通の活動からも生じる。私は子どもたちに「このことからどんな問いが頭に浮かびますか？」と問いかける。生徒たちは小グループに分かれ，時間をかけて哲学的問いを熟考し，発見する。彼らは思いついた問いを共有し，どれが探究するのに一番面白そうかを投票で選んでから，集会の大半の時間を使ってそれらを議論する。

　子どもにとって，哲学は想像力を掻き立てる上に楽しい活動である。彼らには，幅広い考えについて自ら進んで考える傾向があるが，そうした考えの一部は大半の大人なら，残念なことだが，信じがたいものとして切り捨ててしまう。実際，物事はこうであるべきという期待に大人ほどは縛られてはいないので，子どもの方がより柔軟にものを考え，問題解決も上手であるということが研究で確認されている。

　子どもとの哲学的な会話によって，大人は先生すなわち権威者であり，子どもは生徒すなわち依存者であるという典型的なものとは異なる種類の大人と子どもの間のやりとりが生じる機会が生まれる。哲学の問いは明確な答えが存在するような類のものではないので，大人が専門家である必要はない。そうではなく，皆にとって重要な問いを調べていくことで，子どもと共に人間生活が持つ哲学的側面をより良く理解することを探りながら，

我々は一緒に探究ができるのである。

　ここ何年にもわたって定期的に，私自身が子どもたちと共に探究してきた問いに関する考えを再考するよう誘発されてきた。例えば，ある小学校の生徒たちとの会話では，友情というものは必然的に相互の人間関係であるという，一般的に受け入れられている考えが疑問視された。それぞれの人間が相手を友人であるとみなす場合にのみ，その二人は友人であると定義されるということで，大半の哲学者の考えは一致している。しかし，11歳の子どもたちの一団は異を唱えた。彼らは，一方の人はある人間関係を友情と呼ばないが，他方はそう呼ぶということが時にはあると考えたのだ。友情が育つには時間がかかり，一方が他方よりも先に絆を感じるかもしれないということに気づいた子どもたちもいた。思うに，友情は彼らの生活において非常に中心的なものなので，友情に関する子どもたちの観察はとりわけ洞察に富むということに私は気づいた。小学校に入学すると，子どもは1日の大部分を同級生と共に過ごすようになる。どのように友情を育て維持するのかを学ぶことは，子ども時代の主要な課題のひとつであり，友情に関する子どもたちの考えは，我々が持つ集合的理解に寄与する。

　もし我々が彼らを「単なる子ども」としてみなさずに子どもに応答すれば，我々のものの見方を広げ，人生において子どもとの関係を深めてくれる可能性のある相互的やりとりを促進することができる。子どもと哲学することは，驚異の念を抱き，好奇心を持ち，想像し，何だってできるのだという果てしなく自由な感覚を持つといった，子ども時代に存在している特別な能力へと繋がるように大人を誘い，それによって我々自身の哲学的宇宙を広げてくれるのである。

出典追記：Philosophy with children, Aeon on May 11, 2021 by Jana Mohr Lone

━━━━━━━━◀解　説▶━━━━━━━━

〔1〕　(A)　「筆者によると，哲学に関するありきたりな思い込みのひとつは何か？」

第1段第2～4文（How can children … and about philosophy.）の内容より，(4)「それはある年齢の人には不向きな難解な科目である」が正解。他の選択肢は，(1)「それは公立の学校で教える必要のある科目である」，(2)「それは人が子どもの時から把握し始めることのできるものである」，(3)「それは日常生活とは関連のない問いに関わるものである」という意味。

(B)「筆者によると，なぜ大半の大人は子どもが持つ真剣な思考を行う能力を認められないのか？」

第 3 段第 3 〜 5 文（Western culture prizes … given little weight.）の内容より，(1)「子どもは大人に依存しているとみなされている」が正解。他の選択肢，(2)「子どもは多くの『なぜという問い』をすることで知られている」，(3)「西洋文化は子ども時代の遊びの重要性を強調する」，(4)「大人は，子どもは真剣な会話を楽しまないのだと信じる傾向がある」という意味。

(C)「本文によると，大人にとって，子どもと哲学的な会話をすることはなぜ有益なのか？」

第 7 段最終文（Instead, we can …）の内容より，(2)「大人と子どもは対等な立場で共に考えを探究できる」が正解。他の選択肢，(1)「大人は子どもの想像力豊かな考えを耳にして楽しむ」，(3)「そうした会話を通じて，大人は子どもに重要な真実を教えることができる」，(4)「哲学について話すことで，大人は子どもの自主性を育てることができる」という意味。

(D)「なぜ筆者は子どもが持つ友情に関する考えを特に重視するのか？」

第 8 段最終文（Learning how to …）の内容より，(4)「彼女は，日常の経験が彼らに貴重な洞察を与えると考えている」が正解。他の選択肢，(1)「彼女は，子どもが進んで哲学者に異を唱えることを尊重している」，(2)「彼女は，真の友情は獲得しにくいという点で子どもに同意している」，(3)「彼女は，友情は相互的でなければならないという考えを長らく疑ってきた」という意味。

〔2〕(1)「筆者は自身の子どもたちがする問いに触発され，子どものための哲学センターを設立した」

第 2 段第 1 文（When I was …）から「自身の子どもの問いに触発された」ことは読み取れるが，それをきっかけとして子どものための哲学センターを設立したことまでは読み取れない。

(2)「人間が哲学的な問いをするのは当然だと，筆者は信じている」

第 4 段第 1 文（Philosophical wondering is …）の内容と一致する。「哲学的思索は人間であることの一部だ」は「人間が哲学的な問いをするのは当然だ」と同義であると理解できる。

(3)「学校で行う哲学集会で，筆者は子どもたちがどの論題を議論するか

を決める」

第 5 段第 5・6 文（The students spend … session discussing them.）の内容と一致しない。どの論題を議論するかを決めるのは子どもたち自身である。

(4)「筆者は，子どもが提起する信じられない考えを無視するのは過ちだと思っている」

第 6 段第 2 文（They tend to …）の内容と一致する。本文の「残念ながら」という表現から，筆者は子どもが提起する信じられない考えを無視するのは過ちだと思っていることが読み取れる。

(5)「哲学者は，友情は相互的な人間関係だという考えを拒絶する傾向がある」

第 8 段第 2・3 文（A conversation with … as a friend.）の内容と一致しない。

〔3〕 この本文は全体にわたって「大人が子どもと行う（特に友情に関する）哲学的な会話の意義」について述べているので，(2)「なぜ大人は子どもと共に哲学的問いを探究すべきなのか」が正解。他の選択肢は，(1)「なぜ幼い子どものする問いはそれほど意味があるのか」，(3)「なぜ大人は子どもができることを誤解しがちなのか」，(4)「なぜ学校はカリキュラムの中で哲学の集会のための時間を見つける必要があるのか」，(5)「なぜ友情の概念は多くの人が思っているより複雑なのか」という意味。

II 解答

〔1〕 (A)—(2) (B)—(4) (C)—(3) (D)—(1) (E)—(3) (F)—(3) (G)—(4) (H)—(2)

〔2〕 あ—(2) い—(3) う—(2) え—(1) お—(3)

◆全 訳◆

≪ポッカリ米栽培を促進する重要性≫

何年もの間，インド南部のケララ州にある海岸沿いのエジッカラ村の水田は放置されていた。資金不足と熱意の喪失のせいで，村人は水田での作物の収穫を諦めていた。しかしながら，ますます多くの科学者と農家が気候変動に強い食料を求めて伝統的な米の品種に目を向けるにつれて，この話が変化し始めている。それで，2014 年の 10 月のある晴れた日に，300 人からなる集団が，数百年も前に生まれた栽培方法を復活させることを目

指した収穫祭を祝う村人に加わるため，州の他の地域からはるばるやって来た。収穫する人々は，多くは手に農具を持ち，従事者を強く必要とする種類の作物であるポッカリ米に光を当てた。

　「ポッカリ」とはポッカリという名の栽培法で育てられる耐塩性の米の品種を意味する総称であるが，その栽培法では，農家は米の栽培と，中型・小型エビ，また時には魚の養殖を交互に行う。この独特な米の栽培法は，干潟でそれが行われているケララ州中央部のいくつかの地域に特有のものである。現地語であるマラヤム語で，pokkam は高さ，そして ali は炎を意味するのだと，ケララ州海抜0メートル以下国際研究農業訓練センター長である K. G. パドマクマーは説明する。その名の示す通り，ポッカリ種は2メートルの高さにまで成長する。いかにこの種が他に類をみないほど気候変動に強い食料になりうるかということで世界中の興味を引いたのは，この種が持つ塩水の水位を超えて真っ直ぐ育つ能力である。

　ポッカリ田は，雨期の始まる前である4月に米の栽培のための準備がなされる。農家は塩分を含む土を集めていくつかの大きな塚に分け，雨が塩分の大部分を洗い流してくれるようそれを放置してから，米の種苗をそれらの塚に植えていく。苗木が望みの高さにまで達すると，農家は塚を崩し，苗木を田全体に分け，それらの苗木はその水没した土地で良く育っていく。9月か10月に米の収穫ができる頃になると，穂（米粒を含む先端の部分）だけを分離する。その他の部分は，次の段階，すなわち，3月まで中型・小型エビを養殖し，育てて捕獲し，更なる収入を得るためにそれらを地元の市場に卸す段階のために残される。海からもたらされる栄養分と共に，これらの中型・小型エビの排泄物のおかげでポッカリ田が肥える。まずは米を育て，その後中型・小型エビを育てるというこの年間サイクルによって，米が自然有機物を多く含む環境で育つことが可能になると，パドマクマーは説明する。

　近年，この栽培法は衰退している。30年ほど前，この栽培法は25,000ヘクタールの土地で一般的に行われていた。今では，ポッカリ米はわずか5,000ヘクタールの土地でしか育てられていない。ポッカリ田は，ココナッツといった他の作物の栽培や，都市部の増大に土地を譲った。湿地の汚染がポッカリの悲哀に拍車をかけた。ポッカリを栽培する習いを捨てたのは，部分的にはその比較的少ない収穫高のせいである。ポッカリ米の伝統

的な品種だと，収穫量は 1 ヘクタールあたり 1.5 トンほどだが，一定して高収穫の米の品種なら 1 ヘクタールあたり 4 ～ 5 トンもの収穫があり，農家によってはそれ以上のところもある。「ポッカリの収穫量は低い上に，生産コストに見合わないことが多い」と，パリヤッカルサービス協同組合銀行のアッキル=ソマンは言う。この銀行は，種の購入から資金の貸付，労働者の雇用，さらに収穫時が来ると固定の保証価格でその収穫米を購入するといったあらゆることを行って，農家の手助けのために間に入った。

　この銀行の尽力にもかかわらず，多くの農家は中型・小型エビの養殖にのみ田を用いている。この変化によって，田んぼが本来持っていたサイクルが狂い，生物多様性が失われることとなった。しかし，農家がポッカリを栽培することを妨げるもうひとつの大きな要因は，その米を人の手で収穫しなければならないこと，さらにそれを行う十分な労働力を見つけなければならないことである。「ポッカリを収穫するためには，場合によっては胸の位置まで浸かりながら，水田に立つのです」と，ケララ州にあるカダマッカディー諸島の農家 K. A. トーマスは言う。「それを行う何らかの機械を用いた方法があると良いのですが」。しかし，水深のある田という現実はこれを困難なものにする。

　しかしながら，K. V. モハナンのような植物学者は，今後も沿岸地域の塩度を上げ続ける海面の上昇に直面している現在，ポッカリがいかに重要かを強調する。この現実によって，ポッカリ米のような耐塩性の作物を科学者が開発すること，そしてそれに農家が投資することが非常に重要になると，モハナンは付け加える。ポッカリ栽培地の中心地ヴィティラにあるケララ農業大学米研究ステーションの研究者たちは，まさにそれに取り組んでいる。そこでは科学者たちが，より多い収穫量を生み出す品種を開発することで農作物全体の生産高を上げている。希望はあるが，ポッカリの支持者はそれで十分とは言えないだろうと心配している。「伝統を重んじる農家だけがこの栽培に関わっている」と，研究ステーション長である A. K. スリーラサは説明する。彼女は，次世代の農家がポッカリ田に参入すると何が起こるかと考えている。彼女の不安は至極当然のものだが，困難を乗り越えていることで高まっているポッカリの評判と，様々なグループがますますそれを支持していることを考えると，時が経つにつれ，より多くの農家がその米の価値を見出すようになるのかもしれない。

■━━━━■ ◀解　説▶ ■━━━━■

〔1〕　(A)　直前の文「水田での収穫を諦めていた」と直後「その話が変化し始めている」が逆接の関係だと考えられるので，空所に(2)「しかしながら」を入れると前後が自然につながる。他の選択肢は，(1)「その結果」，(3)「実際のところ」，(4)「不運なことに」という意味。

(B)　直前の文で「ポッカリ」という語に含まれる pokkam という綴りは現地語で「高さ」を表すと述べられ，直後では「2メートルまで成長する」と述べられているので，空所に(4)「その名が示す通り」を入れると前後が自然につながる。他の選択肢は，(1)「水面下に留まるが」，(2)「この翻訳にもかかわらず」，(3)「他の米の品種と同様に」という意味。

(C)　第3段第1文（Pokkali fields are …）にポッカリ田では4月に田植えを行うとあり，同段第4文（When the rice …）に9月か10月に収穫するとある。その後，同じ土地を使ってエビの養殖を行うので，養殖に土地を用いることができるのは11月から3月の間ということになる。よって，空所には(3)「3月」が入ると判断する。他の選択肢は，(1)「8月」，(2)「6月」，(4)「5月」という意味。

(D)　直後の文（About three decades …）から「以前に比べてポッカリ農法の耕地面積が5分の1になった」ことが読み取れる。よって空所に(1)「衰退した」を入れ，空所を含む文を「近年，この栽培法は衰退している」とすれば続く文と論理的につながる。他の選択肢は，(2)「消えた」，(3)「残った」，(4)「増加した」という意味。

(E)　直後の文（For traditional varieties …）から「ポッカリ農法で得られる収穫量は通常の種と比べると少ない」ことが読み取れる。よって空所に(3)「少ない」を入れ，空所を含む文を「ポッカリを栽培しないのは，収穫が少ないせいである」という趣旨にすれば続く文と論理的につながる。他の選択肢は，(1)「利益を生む」，(2)「重要な」，(4)「安定した」という意味。

(F)　直後の文～同段最終文（"We stand in … makes this challenging.）から「ポッカリを栽培する際の人的苦労と，それを機械化することの難しさ」が読み取れる。よって空所に(3)「～の必要性」を入れ，空所を含む文を「農家のポッカリ栽培を阻む要因は，人力で収穫しなければならないこととそのための労働力を見つけなければならないことだ」という趣旨にす

れば続く文と論理的につながる。他の選択肢は，⑴「〜の容易さ」，⑵
「〜の不可能性」，⑷「〜を好むこと」という意味。なお，ポッカリ栽培
が「困難」であることは本文から読み取れるが，「不可能」であるとは読
み取れないので，⑵は不可。

⒢　空所は make O C「O を C にする」の C にあたる部分。それを含む部
分（＝形容詞節全体）の主語である which の先行詞は直前の sea level
rise「海面の上昇」である。よって，空所を含む部分は「海面の上昇は沿
岸地域を（　　　）にし続けるだろう」という意味になる。「海面の上昇」
によって沿岸地域がどのような状態になるのかを考えると，空所には⑷
「より塩度が高い」が入ると判断できる。他の選択肢は，⑴「より環境に
やさしい」，⑵「より問題が少ない」，⑶「より生産力が高い」という意味。

⒣　空所の前の文（She wonders what …）で彼女の抱える不安が挙げら
れているので，空所にはそれを一言で表すものが入ると判断して，⑵「不
安」を入れる。あるいは，空所の後に逆接を表す but が用いられ，さら
にその後に「きっと多くの（若い）農家がポッカリの価値を見出してくれ
る」という期待が表明されているので，空所には期待とは正反対のものが
入るはずという考え方もできるだろう。他の選択肢は，⑴「興奮」，⑶
「関心のなさ」，⑷「楽観」という意味。

〔2〕　㋐　この them は，後ろに続く形容詞節（where 以下）に含まれる
they と同じ指示内容であると考えられる。その they に続く述語の部分は
「良く育つ」を意味するので，they の指示内容は，同文前半にある
seedlings「苗木」だと判断する。よって，下線部の指示内容も⑵「苗木」
となる。他の選択肢は，⑴「塚」，⑶「米の種苗」，⑷「塩の粒」という意
味。

㋑　この they は代名詞に関する文法の基本通り，前述で直近の名詞の複
数形である Pokkali yields を指示していると考え，その指示内容に基づい
て本文を読み取ると文意も通じる。よって，⑶「ポッカリ米種の収穫」が
正解。他の選択肢は，⑴「ケララの米農家」，⑵「通常の米栽培方法」，⑷
「ココナッツなどの代替作物」という意味。

㋒　下線部は「その変化」という意味だが，ここでの「その」とは直前の
文で述べられている「地元農家が（本来なら米栽培とエビ養殖を交互に行
うはずだが，米栽培はせず）エビ養殖にのみ田を用いるようになったこ

と」だと考えるのが自然。よって，(2)「農家が米栽培を諦める決断をすること」が正解。他の選択肢は，(1)「米の収穫にますます多くの労働者が雇用されていること」，(3)「予め決められた価格で銀行が米を購入すること」，(4)「農家が米栽培をしながら中型・小型エビを（田に）導入すること」という意味。

㋔　下線部は指示語の this なので，その指示内容は直前の文で述べられている「機械を用いてポッカリを収穫する方法があると良いこと」のはずである。よって，それに一番近いとみなせる(1)「米の収穫に機械を用いること」が正解。他の選択肢は，(2)「胸までの水位で米を収穫すること」，(3)「米（栽培）と小型・中型エビ（養殖）を交互に行うこと」，(4)「米の収穫を手伝う労働者を見つけること」という意味。

㋕　下線部は指示語の that なので，その指示内容は直前の文で述べられている内容のはずである。またこの下線部は研究者が取り組んでいることなので，下線部を含む文の直前の文（This reality makes …）の前半「耐塩性の作物を科学者が開発することが非常に重要となる」に一番近い(3)「塩度の高い状況で良く成長する米の品種を作り出すこと」が正解。他の選択肢は，(1)「水位の上昇に対処すること」，(2)「全体的な米の収穫量を増やすこと」，(4)「ポッカリ米種を栽培する重要性を強調すること」という意味。

III　解答

〔1〕　㋐―(6)　㋑―(1)　㋒―(10)　㋓―(4)
〔2〕　㋕―(7)　㋖―(3)　㋗―(6)　㋘―(5)

◆全　訳◆

〔1〕　≪京都のホテルで≫

A：おはようございます。お勧めの 1 日（観光）ツアーの助言をいただけますか？

B：かしこまりました。お勧めできる市内の名所を巡るバスツアーが多くございます。

A：私は普通の観光地にはあまり興味がないのですが。

B：わかります。当ホテルのお客さまの一部はそうです。そういうわけで，大半の観光客は決して行かない市内の場所を歩く素晴らしいツアーを提供しております。

A：うーん，その方が面白そうなんだけど，田舎に行って地元の人と実際に会うことはできますか？

B：ああ！　「エコカル・エンカウンターズ」という会社が運営するツアーがまさにお客様にピッタリかと存じます。ただ，自転車にはお乗りになれますか？

A：ええ，それは私の大好きなことのひとつです。

B：それは良かったです！　たくさんの簡単なルートとより困難なルートの両方から選ぶことができます。昼食は農家が用意し，村の案内もしてくれます。

A：素晴らしい！　私は日本の郷土料理が大好きなのです。参加できるアクティビティはありますか？

B：ええ，例えば田植えや茶摘み，あるいは餅つきをして地元の餅料理を作ることなどがお試しいただけます。

A：それは完璧です！

〔2〕　≪鉄道の駅で≫

A：ロビン！　ここだよ！　この都市へようこそ。

B：ありがとう。いやいや，君を見つけられなかったらどうしようかと思っていたんだ。

A：だから，この出口にしたんだよ。ここの方が改札機は少ないから。さあ，カバンを貸して。

B：ありがとう。いつもこんなに混んでいるのかい？　人生でこんなに多くの人は見たことがないよ。

A：まあねえ，君は結構夕方の混雑時に到着しているからね。お腹は空いているかい？

B：かなり空いているよ。昼食が早かったんだ。

A：よし，まずは古い駅舎へ行って何か食べてから，地下鉄に乗って僕の住んでいるところへ行こう。

B：なぜ古い駅舎なんだい？

A：それは本当に見る価値があるよ。実は，その古い駅舎は去年，元の状態のまま美しく修復されたんだ。それで，いくつか素敵なレストランもそこにオープンしてるのさ。

B：じゃあ，そこへ案内してもらおうかな。何を食べるんだい？

A：君次第さ。いくつか異なるお店があるんだよ。何が君にとって魅力的
　　かを確かめよう。

━━━━━━━━━━ ◀解　説▶ ━━━━━━━━━━

〔1〕　⒜　空所の発言に対し，Bは「わかります」と言った後で，Some
of our visitors aren't. という省略を用いた表現で発言を続けている。よっ
て，空所には，S（人）be not 〜 という形が入ると考えられることから，
⑹が正解。

⒤　空所の発言に対し，Aは「はい，それは私の好きなことのひとつだ」
と Yes を用いて答えている。Yes / No で答えることができる選択肢の中
で，「好きなことのひとつ」と言えるものが答えになる。また，その後の
Bの発言に routes「ルート」という語が用いられていることから，⑴が
正解。

⒥　空所の発言に対し，Aは「素晴らしい！　私は日本の郷土料理が大好
きだ」と答えている。選択肢の中で，「郷土料理」と言える内容を含むの
は⑽のみ。

⒣　空所の発言に対し，Bは「田植えや茶摘み，餅つきなどを試せる」と
答えている。それらは観光客相手の「アクティビティ」だと判断できるの
で，activities という語を含む⑷が正解。他の選択肢は，⑵「写真を撮る
のは好きですか？」，⑶「地元の人は英語が話せますか？」，⑸「しかしあ
なたは自分のお弁当を持参しなければならない」，⑺「日本人観光客と一
緒にツアーに参加しても構いませんか？」，⑻「登山する機会はあります
か？」，⑼「実は，有名な神社仏閣を見たいだけなのです」という意味。

〔2〕　⒦　「君を見つけられるか心配だった」と言うBに対して，空所の
直後でAは「ここは改札機が他より少ない」と自身の決断の理由を挙げて
いるようなので，空所では⑺「そういうわけでこの出口を提案した」と答
えるのが最適。

⒧　空所の直後でBが「とてもそうだ」と答えているので，空所でAが⑶
「君はお腹が空いているか？」と問うのが最適。

⒨　空所の直後でAは「その古い駅舎は去年，元の状態のまま美しく修復
された。いくつか素敵なレストランもそこにオープンしている」と，その
場所が魅力的だという旨の発言をしている。よって，空所には⑹「それは
本当に見る価値がある」が最適。

㋣　空所の直後でＡが「君次第だ」と答えているので，空所でＢが(5)「我々は何を選択するのか（＝何を食べるのか）？」と問うのが最適。他の選択肢は，(1)「私もです」，(2)「君は食べたのですか？」，(4)「ロッカーを見つけるべきですか？」，(8)「それは駅の最も新しい部分です」，(9)「それはいつもホームで問題となります」，(10)「それは乗客が電車を待つ場所です」という意味。

Ⅳ　解答　(A)—(4)　(B)—(4)　(C)—(3)　(D)—(3)　(E)—(1)　(F)—(1)　(G)—(3)　(H)—(3)

◀解　説▶

(A)　「私はロンドンに行くと，必ずナショナル・ギャラリーを訪れる」
never ～ without … で「～すると必ず…する」という意味。

(B)　「ケンは，多くの人の前で踊ることに慣れていないと言った」
be used to *doing* で「～することに慣れている」という意味。

(C)　「この社会問題を扱った研究はほとんど存在しない」
ここでの research は「研究」を意味する不可算名詞である。空所にはその不可算名詞を修飾できる形容詞が入るが，それは選択肢の中では(3) little のみ。

(D)　「黒い背景の上の黄色は，他のどの色の組み合わせより人の注目を引きつける」
比較級＋than any other *A*（単数名詞）で「他のどの *A* より～」という意味。

(E)　「その計画がどれほど良いものであっても，上司はそれを却下し続けた」
no matter how＋形容詞＋Ｓ be で「どれほどＳが～であっても」という意味の譲歩表現。

(F)　「そのコンピュータは私のカバンにすっぽり入るほどコンパクトである」
形容詞［副詞］＋enough to *do* で「～するほど（十分に）…」という意味。

(G)　「彼はいつも私のことを無礼だと非難する」
accuse *A* of *B* で「*B* のことで *A* を非難する」という意味。

(H)　「キャンベラは，人口はおよそ 40 万人ほどだが，オーストラリアの首

都である」

先行詞である Canberra は場所ではあるが，空所には has が続いていることから，そこには関係副詞の where ではなく，主格の関係代名詞である(3) which が入ると判断する。なお，空所を含む部分は非制限用法なので(1) that は不可。

V 解答

〔1〕　(A)—(3)　(B)—(2)　(C)—(2)　(D)—(1)　(E)—(2)
〔2〕　(A)—(3)　(B)—(2)　(C)—(3)　(D)—(1)　(E)—(2)

◀解　説▶

〔1〕(A)「身体と髪を念入りに洗ったのだが，その嫌な匂いはとれなかった」

nasty は「嫌な，不快な」という意味の形容詞。他の選択肢は，(1)「禿げた」，(2)「熱心な」，(4)「景色の素晴らしい」という意味。

(B)「母はその窓を開けようとしたが，それは動かせなかった」

stuck は「動かせない」という意味の形容詞。他の選択肢は，(1)「永遠の」，(3)「視覚の」，(4)「価値のある」という意味。

(C)「汚染された水は野生動物にとって危険要素になり得る」

hazard は「危険要素」という意味の名詞。他の選択肢は，(1)「ニュース速報」，(3)「やかん」，(4)「姪」という意味。

(D)「当局はその破産した団体を調査している」

bankrupt は「破産した」という意味の形容詞。他の選択肢は，(2)「家へ向けて」，(3)「数の」，(4)「切り裂かれた」という意味。

(E)「覚えておきなさい。いつでも自分の才能には謙虚でありなさい」

humble は「謙遜した」という意味の形容詞。他の選択肢は，(1)「後ろ向きの」，(3)「連続の」，(4)「曲がりくねった」という意味。

〔2〕(A)「市議会はその池のそばに警告の看板をついに立てた」

ここでの notice は「通告，看板」という意味の名詞なので，(3)「看板」が正解。他の選択肢は，(1)「防壁」，(2)「彫刻」，(4)「入口」という意味。

(B)「山場は関連する出来事の連続の後にやって来た」

sequence は「順序，連続」という意味の名詞なので，(2)「連続」が正解。他の選択肢は，(1)「数」，(3)「要約」，(4)「種類」という意味。

(C)「その教授は生徒たちの名字をかろうじて覚えている」

barely は「かろうじて〜する」という意味の副詞なので，(3)「ほとんど〜ない」が（肯定的・否定的の差はあれど）一番近い。他の選択肢は，(1)「簡単に」，(2)「正確に」，(4)「通常は」という意味。

(D)　「その弁護士はその男性がテーブルを強く叩く姿を見た」

ここでの slam は「〜を強く叩く」という意味の他動詞なので，(1)「〜を叩く」が正解。他の選択肢は，(2)「〜を蹴る」，(3)「〜を引っ掻く」，(4)「〜をぬぐう」という意味。

(E)　「ダニエルは自分のピアノを弾く能力を向上させることに熱心である」

ここでの keen は「熱心な」という意味の形容詞なので，(2)「熱心な」が正解。他の選択肢は，(1)「縛られた」，(3)「想定された」，(4)「賢い」という意味。

❖講　評

　2023 年度の出題も例年と同じ形式で，長文読解問題 2 題，会話文問題 1 題，文法・語彙問題 2 題の計 5 題であった。

　Ⅰの読解問題は，「子どもと行う哲学的な会話の意義」に関するもので，文章自体が比較的読みにくく，解答にも選びにくいものが含まれていた。〔2〕は本文の内容と「一致する」・「一致しない」・「どちらとも判断しかねる」の 3 択なので，解答が選びにくい上に，2021 年度以降，難度は上昇傾向にある。また，〔1〕にも言えることだが，解答の「該当箇所」が示しにくく，段落全体から判断する，あるいは，はっきりとは書かれていないがその文脈から読み取るといった設問（特に(B)・(C)）が増加傾向にあるように思われる。

　Ⅱは「ポッカリ米栽培を促進する重要性」に関するもので，例年通り，文章も読みやすく設問にも無理のない良問であった。ただし，Ⅰと同様，難度の上昇を感じさせる問題作りであったため，これまで以上に広範囲に内容を読み取らなければ，正解を選びにくいと言えるだろう。

　Ⅲの会話文問題は 2 つの小問に分かれ，それぞれ 4 カ所の空所に 10 個の選択肢の中から適切なものを選んで入れるという，従来の形であった。場面設定がついているので話の流れは掴みやすいが，「10 個の選択肢から 4 つの正解を選ぶ」という設問形式は非常に複雑で難問だと言える。だが，できれば全問正解して，得点を稼ぎたい大問である。

　Ⅳの文法・語彙問題（8問）は例年の「標準レベル」から「やや易」へ難度は下がった。これは，文法問題集の定番と言える問題が多く出題されたためである。ただし，文法・語彙の学習がおろそかになっていると「易化した」とは感じられないだろう。日頃の学習の成果が問われている。

　Ⅴの語彙問題は2つの小問に分かれ，それぞれ5問の計10問。年度によっては「やや難」なものも出題されているが，少なくとも2023年度に関しては，例年同様標準レベルと言える。

2月3日実施分　問　題

（80 分）

Ⅰ　次の文を読んで，問いに答えなさい。

　Valeria Ramírez Castañeda, a Colombian biologist, spends her time in the Amazon studying how snakes eat poisonous frogs without getting ill. Although her findings come in many shapes and sizes, in her years as a researcher, she and her colleagues have struggled to get their biological discoveries out to the wider scientific community. With Spanish as her mother tongue, her research has to be translated into English to be published. That isn't always possible because of budget or time limitations — and it means that some of her findings are never published.

　Ramírez Castañeda is not alone. There is a great deal of research in non-English-language papers that is difficult to translate accurately, or is never translated, creating a gap in the global community's scientific knowledge. As the amount of scientific research grows, so does the gap. This is especially true for conservation and biodiversity[1]. Research about native traditions and knowledge tied to biodiversity is often conducted in a domestic indigenous[2] language and isn't translated. A study published in the journal *Plos Biology* found that paying more attention to non-English-language research could expand the geographical range of scientific evidence about biodiversity by 12% to 25% and the number of species covered by 5% to 32%. "We are essentially not using scientific evidence published in non-English languages at the international level, but if we could make a better use of it, we might be able to fill the existing gaps of current scientific evidence," says Tatsuya Amano, a Japanese biodiversity researcher at the University of Queensland and the study's lead researcher. Amano's team examined more than 400,000 research papers in 16 different languages. They found 1,234 studies providing data on biodiversity conservation which, because they weren't in English, may have been overlooked.

However, some experts believe English should be the lingua franca[3] of science. Scott Montgomery, a scientist at the University of Washington, argues that for the sake of the bigger picture, scientific knowledge should converge[4] into one common language. "Science is very globalized and becoming more so, so the use of a global language is important for that. It's not just for efficiency, it's for collaboration," Montgomery says. "I make the point that learning English should be something similar to learning mathematics for scientists. It's just a very basic, fundamental skill that you need to participate in scientific research." Where that isn't possible, other languages should be translated into English, he adds.

Translating science into a more widely used language has been standard practice in history, according to Michael Gordin, a science historian at Princeton University. "This kind of chain of translations is a thing that's been going on in the history of science for millennia[5]," he says. "In the case of Arabic knowledge, which was very prominent from about the 9th century to the 13th century, some of it was Persian translated into Arabic, but a lot of it was Greek and Syriac translated into Arabic and other languages."

However, the amount of scientific knowledge that needs translating is huge. One potential solution is to extend the use of machine translation. Another option would be to have large international scientific organizations subsidize[6] the translation of local science into a universal language. It also could be possible to shift to a world where, say, Chinese, English and Spanish are the three languages of science and scientists are expected to have a passive knowledge of all three, just as English, French and

German were the languages of science in the 19th century. This is a problem worth dealing with because this language gap also widens the gap between the global north and south[7], argues Nina Hunter, a researcher at the University of KwaZulu-Natal in Durban, South Africa. "Global south scientists and their science aren't taken into consideration in the same way, because it's all just based on the kind of criteria[8] that are easy for the global north," she says.

Inequality in international influence is also a result of unequal access to knowledge, because of that language gap, according to Hunter. Many biologists from indigenous communities in South America or Africa, who have already had to learn the colonial language[9] of the nation, are prevented from gathering more personal and professional knowledge for their research because so much of it is only published in a language they don't understand.

Scientists can work with an English-speaking collaborator or use a translator — but this ultimately strengthens dependency on the global north, according to Ramírez Castañeda, who is currently a graduate student at the University of California, Berkeley. The specific meanings of words can also cause a problem in translation, she says. For example, in the work she does with indigenous communities in the Amazon, many of the local languages don't have one single word to describe forest snakes and frogs. "For me, it's not possible to just have everything translated to English. We need multilingual[10] science, and we need people that feel comfortable doing science in their own languages."

(Adapted from a work by Sofia Quaglia)

(注)

1. biodiversity　　　　　　　　　生物多様性
2. indigenous　　　　　　　　　　先住民の
3. lingua franca　　　　　　　　　共通語

4．converge　　　　　　　　　　　収束する

5．millennia　　　　　　　　　　　数千年

6．subsidize　　　　　　　　　　　助成金を支給する

7．the gap between the global north and south　南北間の格差

8．criteria　　　　　　　　　　　　基準

9．colonial language　　　　　　　植民者の言語

10．multilingual　　　　　　　　　複数の言語による

〔1〕本文の意味，内容にかかわる問い(A)〜(D)それぞれの答えとして，本文にしたがってもっとも適当なものを(1)〜(4)から一つ選び，その番号を解答欄にマークしなさい。

(A) Why is some of Valeria Ramírez Castañeda's research never published?

　(1) The research is written in her first language.

　(2) The research has been mainly conducted in English.

　(3) She lacks the funds to translate the research into Spanish.

　(4) The wider scientific community has not shown sufficient interest in the research.

(B) According to Tatsuya Amano, what would be a benefit of paying more attention to non-English-language research studies?

　(1) It would show that scientists value diversity.

　(2) It would encourage more scientists to learn languages other than English.

　(3) It would help to provide us with more complete scientific knowledge.

　(4) It would encourage more scientific research to be published in non-English-language research papers.

(C) Which of the following is NOT mentioned by Scott Montgomery as a reason why science should have a common language?

(1)　It helps researchers publish their work.

(2)　It allows more collaboration among scientists.

(3)　It increases efficiency in transmitting scientific knowledge.

(4)　It will help make English more acceptable as a global language.

(D)　According to Nina Hunter, why is it important to translate scientific knowledge from local languages?

　　(1)　It will help to promote Chinese and Spanish as scientific languages.

　　(2)　It will help in the revival and maintenance of many indigenous languages.

　　(3)　It will help to reduce inequalities between global north and global south scientists.

　　(4)　It will help biologists from indigenous communities to learn languages from the global north.

〔2〕次の(1)～(5)の文の中で，本文の内容と一致するものには1の番号を，一致しないものには2の番号を，また本文の内容からだけではどちらとも判断しかねるものには3の番号を解答欄にマークしなさい。

　　(1)　A lot of research published in non-English languages is hard to translate well.

　　(2)　Translating scientific knowledge into a common language first began around 500 years ago.

　　(3)　The author suggests that languages other than English could also be used to translate the huge amount of scientific knowledge.

　　(4)　Hunter is promoting dialogue between researchers from several indigenous communities.

　　(5)　According to Castañeda, it would be beneficial if more scientists worked with English-speaking collaborators or translators.

〔3〕本文の内容をもっともよく表しているものを(1)〜(5)から一つ選び，その番号を解答欄にマークしなさい。

(1) Analyzing the indigenous peoples of South America and Africa.

(2) How science has relied on common languages throughout history.

(3) Narrowing the gap between the global north and the global south.

(4) The importance of the English language in the transmission of scientific research.

(5) How some scientific knowledge is often overlooked due to our reliance on a common language.

Ⅱ　次の文を読んで，問いに答えなさい。

When my kids, ages 11 and 8, run through the back door after school, often the first thing out of their mouths is: "Mom! Can we play *Prodigy*?" After a quick mental calculation of how much screen time they've already had for the week and how much peace and quiet I need to finish my work, I acquiesce[1]. After all, *Prodigy* is a role-playing video game that encourages kids to practice math. It's educational. Right?

Though video games are increasingly making their way into classrooms, scientists say the data are lacking on whether they can actually ⬚ (A) ⬚ . But there is growing evidence that some types of video games may enhance brain performance on a narrow set of tasks. This is potentially good news for students, as well as for millions of other people who play. "People spend a lot of time playing games," says Richard Mayer, an education psychology researcher. "If we could turn that into something more productive, that would be a worthwhile thing to do."

In an article in the 2019 *Annual Review of Psychology*, Mayer set out to evaluate experiments that tested ⎡ (B) ⎤ . Though he's not entirely convinced of games' educational potential, some studies did suggest that games can be effective in teaching a second language, math and science. The hope, he says, is to figure out how to harness[2] any brain-boosting potential for better classroom results.

Some of the first evidence that gaming may train the brain came from first-person shooter games[3]. That these games might actually have benefits was first stumbled upon[4] by C. Shawn Green, an undergraduate studying psychology at the University of Rochester. Green gave his friends a test of visual attention, and their scores were unexpectedly high. He and his research supervisor, Daphné Bavelier, thought there must have been something wrong with his scoring of the test, but when Bavelier took it, she scored in the normal range.

The difference was that ⎡ (C) ⎤ had been devoting more than 10 hours per week to a first-person shooter video game. Green and Bavelier then retested the idea with people who were new to gaming. They had two
(い)
groups train on different types of games: One group practiced a first-person shooter action game for one hour per day for 10 days, and the other spent the same amount of time on *Tetris*, a spatial[5] puzzle game. The new action gamers were significantly better at focusing on targets of interest in their field of vision compared with the *Tetris* players.

⎡ (D) ⎤ , Bavelier says that action gamers are better able to switch their visual attention between distributed attention (scanning a large area for a particular object) and focused attention (extracting specific facts from a video). "This is called attentional control: the ability to flexibly switch attention as time demands," she says. However, it's not yet clear whether improvements in this area can help kids in the classroom.
(う)
In other studies, researchers found that gamers who trained on *Tetris* were better at mentally rotating[6] two-dimensional shapes than those who

played a different type of game. Students who played two hours of *All You Can E.T.*, an educational game designed to enhance the ability to switch between tasks, improved their focus-shifting skills compared with students who played a word search game. Not surprisingly, the cognitive skills[7] that games can improve are the ones that players end up practicing during the course of play. ⎡(E)⎤ , these skill improvements are also very specific to the game being played: First-person shooter games don't improve mental rotation of objects, and *Tetris* doesn't improve visual attention.

The next step is to figure out how these ⎡(F)⎤ may transfer to the classroom. Many students could benefit from an improvement in the ability to flexibly shift their attention when needed. And though first-person shooter games are not really appropriate for elementary school students, Bavelier says researchers are getting better at identifying the features of video games that drive improved brain agility[8]. At New York University's Games for Learning Institute, co-director Jan Plass's team is designing shooter-type, educational video games that boost cognitive skills without the violence. ⎡(G)⎤ , in *All You Can E.T.*, players shoot food or drink into aliens' mouths based on a set of rules that keeps changing, forcing their brains to shift between tasks.

The best classroom video games have certain characteristics, say Mayer and Plass. They focus on one specific cognitive skill and require players to practice that skill while providing them with feedback. The game must be adaptive, meaning the level of challenge increases as the player improves. This is key for classrooms where teachers need one game that will work well for both struggling and advanced students. "Games' most salient[9] feature is their motivational power," Mayer says. "We want to harness that."

Although this research is still evolving, ⎡(H)⎤ about my own kids' ever-increasing requests for screen time — especially when they beg to play games designed to help them master math. "Our dream is exactly this," Plass says, "that kids won't be able to wait to get to their homework."

(Adapted from a work by Kendall Powell)

（注）

1.	acquiesce	黙認する
2.	harness	利用する
3.	first-person shooter game	主人公の視点でおこなうシューティングゲーム
4.	stumble upon~	～を偶然に見つける
5.	spatial	空間的な
6.	rotate	回す
7.	cognitive skills	認知機能
8.	agility	（頭の）回転の速さ
9.	salient	顕著な

〔1〕本文の　(A)　～　(H)　それぞれに入れるのにもっとも適当なものを(1)～(4)から一つ選び，その番号を解答欄にマークしなさい。

(A)　(1)　distract students　　　(2)　improve learning
　　　(3)　prevent boredom　　　(4)　replace teachers

(B)　(1)　how schools can improve games
　　　(2)　what people can learn from games
　　　(3)　which games are most popular
　　　(4)　why students play games

(C)　(1)　Bavelier　　　(2)　Green
　　　(3)　Green and Bavelier　　　(4)　Green's friends

(D)　(1)　After playing both games

(2) Based on this research

(3) Despite her observations

(4) In contrast to Green's earlier study

(E)　(1) At first　　　　　　　　(2) On the contrary

　　　(3) To illustrate　　　　　　(4) What's more

(F)　(1) aims　　　　　　　　　　(2) findings

　　　(3) rules　　　　　　　　　　(4) tests

(G)　(1) Above all　　　　　　　　(2) All the same

　　　(3) For instance　　　　　　(4) On the other hand

(H)　(1) I feel better　　　　　　　(2) I'm still annoyed

　　　(3) I'm surprised　　　　　　(4) I worry

〔2〕下線部 ⓐ 〜 ⓚ それぞれの意味または内容として，もっとも適当なものを
　　(1)〜(4)から一つ選び，その番号を解答欄にマークしなさい。

ⓐ　that

　　(1) the fact that some video games are educational

　　(2) the fact that millions are learning with video games

　　(3) the fact that people devote so much time to video games

　　(4) the fact that many video games aren't suitable for schools

ⓘ　the idea

　　(1) the idea that there was something wrong with Green's original
　　　　research

　　(2) the idea that playing a certain type of video game might affect
　　　　the brain

　　(3)　the idea that Green's research should focus on people who are
　　　　new to gaming

　　(4)　the idea that it is better to play video games for short periods
　　　　than for long periods

③　this area

　　(1)　focused attention

　　(2)　attentional control

　　(3)　distributed attention

　　(4)　scanning a large area

②　are not really appropriate for elementary school students

　　(1)　are not interesting enough for younger children

　　(2)　may be considered too violent for younger children

　　(3)　might be difficult for younger children to understand

　　(4)　don't practice the skills that younger children need most

③　This

　　(1)　The fact that the game is highly motivating for students to play

　　(2)　The fact that students clearly understand the purpose of the game

　　(3)　The fact that students can learn the rules of the game very
　　　　quickly

　　(4)　The fact that the · game can be played at varying degrees of
　　　　difficulty

Ⅲ

〔1〕 次の会話の ⓐ 〜 ⓔ それぞれの空所に入れるのにもっとも適当な表現を (1) 〜
(10) から一つ選び, その番号を解答欄にマークしなさい。

At a library

A : I just picked up this pamphlet at the counter. Could I ask you about
some of these special events you hold here at the library?

B : I'd be very happy to talk about them. (　ⓐ　)

A : Well, what's this event called "Arts and Crafts Time"?

B : Oh, a local art teacher volunteers once a month to hold fun lessons
for children.

A : What do they do in the lessons?

B : They do all kinds of fun things: origami, papercutting, painting....
(　ⓘ　) The classes are really popular.

A : They sound great. Perhaps my son would be interested. What age kids
does she teach?

B : (　ⓤ　) She prefers teaching younger children.

A : Perfect! My son is four years old. Do I have to make a reservation?

B : (　ⓔ　) There's always room for one more.

A : Thanks! It's great for young kids to use their creativity. I'll be back
for the next lesson.

(1)　It's a very formal, academic event.

(2)　The lessons are for kindergarten kids.

(3)　She likes to do a variety of activities.

(4)　Don't worry. Just show up on the day.

(5)　To be honest, the lessons are quite dull.

(6)　Any age is fine. Even adults are welcome.

(7)　Anything in particular you're interested in?

(8) But I'm afraid we've had to cancel those events.

(9) You can reserve library books at the central desk.

(10) You should do. You don't want to be disappointed.

〔2〕次の会話の ㋕ ～ ㋙ それぞれの空所に入れるのにもっとも適当な表現を (1) ～
(10) から一つ選び，その番号を解答欄にマークしなさい。

On the phone

A : Oh hi, Tom, this is Dad. I thought Mary would answer. Is everything
OK?

B : (㋕)

A : But what're you doing at home? I thought you'd already be at work!

B : Well, I *am* working. You see, my company just introduced flextime as
well as telework as part of their new green policy.

A : (㋖)

B : Yeah, not many people do. It means I can work from home as well as
decide the hours I go to the office. So, I don't have to drive to work
every day.

A : Really? I wish they'd thought of that when I was still working!
(㋗)

B : Actually, Mary can finally work again now since I can be home and
look after the kids.

A : Good for her, but what do you do when you both have to go to the
office?

B : (㋘) Her new company also has flextime. So we arrange our
schedules so that when I go to work, she can be home.

A : Well, that sounds ideal.

B : Yes, it means we only need one car, and of course, that makes our
carbon footprint much smaller!

⑴ No, not really.

⑵ That's the best part.

⑶ Yeah, couldn't be better!

⑷ But I guess the kids must be happy.

⑸ I have no idea what you're talking about.

⑹ Oh, really? I was just reading about that in the newspaper.

⑺ Sorry, I have to rush, but I'm a bit late for a meeting at the office!

⑻ So that means you and Mary can spend more family time together.

⑼ Yes, that is a bit of a problem, and we're still trying to figure that out.

⑽ But doesn't that mean you can't check that everything is going well at the office?

Ⅳ 次の (A) ～ (H) それぞれの文を完成させるのに，下線部の語法としてもっとも適当なものを (1) ～ (4) から一つ選び，その番号を解答欄にマークしなさい。

(A) The number of participants is expected to reach ＿＿＿＿ 100.

　(1) as of 　　　　　　　　　　(2) in line with

　(3) no fewer than 　　　　　　(4) until

(B) Many places in this small village are definitely worth ＿＿＿＿.

　(1) for visit 　　　　　　　　(2) in visiting

　(3) visiting 　　　　　　　　(4) while visiting

(C) ＿＿＿＿, one of the teachers in my school, appeared on TV yesterday.

　(1) If Ms. Brown 　　　　　　(2) Like Ms. Brown

　(3) Ms. Brown 　　　　　　　(4) Ms. Brown is

(D) Right now, they can't think of anything _____ their trip to Africa.

   (1) and   (2) but

   (3) into   (4) onto

(E) Is it the type of song that _____ well?

   (1) do you sell   (2) sell you

   (3) you do think   (4) you think sells

(F) In fact, _____ for her advice, I could not have succeeded.

   (1) although it had been   (2) had it not been

   (3) if there had been   (4) it had not been

(G) He _____ the company fifteen years ago.

   (1) had joined   (2) has been joined

   (3) joined   (4) was joined

(H) The remake of the film is _____ interesting than the original.

   (1) by far   (2) much less

   (3) so much   (4) the least

Ⅴ

〔1〕次の(A)〜(E)それぞれの文を完成させるのに，下線部に入れる語としてもっ
とも適当なものを(1)〜(4)から一つ選び，その番号を解答欄にマークしなさい。

(A)　Pour the water into that ＿＿＿＿＿.

   (1)　basin　　　　　　　　　(2)　election

   (3)　safeguard　　　　　　　(4)　victim

(B)　That mistake ＿＿＿＿＿ me for years.

   (1)　encountered　　　　　　(2)　estimated

   (3)　haunted　　　　　　　(4)　shifted

(C)　I heard my father give a long ＿＿＿＿＿.

   (1)　bunch　　　　　　　　(2)　excess

   (3)　notion　　　　　　　　(4)　sigh

(D)　She ＿＿＿＿＿ rapidly when she came out of the dark room.

   (1)　blinked　　　　　　　(2)　evolved

   (3)　hailed　　　　　　　　(4)　stank

(E)　I saw someone ＿＿＿＿＿ toward the light switch.

   (1)　bully　　　　　　　　(2)　enroll

   (3)　stumble　　　　　　　(4)　wreck

〔2〕次の(A)〜(E)の文において，下線部の語にもっとも近い意味になる語を(1)〜
(4)から一つ選び，その番号を解答欄にマークしなさい。

(A)　Her verbal message was very effective.

   (1)　narrow　　　　　　　(2)　spoken

   (3)　steady　　　　　　　　(4)　virtual

(B)　We were quite <u>stunned</u> by their failure.

　　(1)　excited　　　　　　　　　　(2)　scared

　　(3)　shocked　　　　　　　　　　(4)　worried

(C)　The city officials <u>boldly</u> announced their decision to raise taxes.

　　(1)　bravely　　　　　　　　　　(2)　eventually

　　(3)　hurriedly　　　　　　　　　(4)　suddenly

(D)　They often <u>brag</u> that they inherited the fortune from their grandparents.

　　(1)　boast　　　　　　　　　　　(2)　emphasize

　　(3)　explain　　　　　　　　　　(4)　state

(E)　I found the whole situation very <u>bizarre</u>.

　　(1)　entertaining　　　　　　　　(2)　harmless

　　(3)　heartbreaking　　　　　　　(4)　strange

2 月 3 日実施分　　　解　答

Ⅰ　**解答**　〔1〕　(A)—(1)　(B)—(3)　(C)—(4)　(D)—(3)
　　　　　　〔2〕　(1)— 1　(2)— 2　(3)— 1　(4)— 3　(5)— 2
〔3〕—(5)

◆全　訳◆

≪非主要言語で科学する上での困難≫

　コロンビアの生物学者ヴァレリア=ラミレス=カスタネダは，いかにしてヘビは中毒にならずに毒ガエルを食べるのかをアマゾンで研究することに時間を費やしている。彼女の発見は形や大きさがさまざまだが，研究者としての彼女の年月において，彼女と同僚たちは自分達の生物学上の発見をより広い科学界に広めていこうと奮闘している。母語がスペイン語なので，彼女の研究は英語に翻訳して発表しなければならない。予算や時間の制約ゆえにそれはいつも可能とは限らず，またそれは彼女の発見には決して発表されないものもあるということを意味する。

　ラミレス=カスタネダだけではない。英語以外の言語で書かれた論文の中には，正確に翻訳することが困難もしくは決して翻訳されない多くの研究があり，その結果，地球共同体としての科学的知識には格差が生まれる。科学的研究の量が増えるにつれて，その格差も大きくなる。これは自然保護や生物多様性に特に当てはまる。生物多様性と結びついた現地の伝統や知識に関する研究はその土地に先住する人たちの言語で行われることが多く，翻訳はされない。プロス・バイオロジー誌で発表されたある研究によって，英語以外の言語で行われた研究にもっと注目することで，生物多様性に関する科学的証拠の地理的範囲が 12〜25 ％広がり，扱われる種の数は 5 〜32 ％増える可能性があることがわかった。「国際的なレベルにおいて，私たちは英語以外の言語で発表された科学的な証拠は基本的に用いていませんが，もしそれをもっとうまく利用できれば，現在の科学的証拠に存在している差を埋めることができるかもしれません」と，クイーンズランド大学の日本出身の生物多様性研究者で，この研究の筆頭研究者であるタツヤ=アマノは言う。アマノのチームは 16 の異なる言語で書かれた 40

万以上の研究論文を調べた。彼らは，それが英語で書かれていなかったために見逃されたのかもしれない，生物多様性保護に関するデータを提供する 1,234 の研究を発見した。

　しかしながら，英語が科学の共通語であるべきだと一部の専門家は信じている。より大きな全体像のため，科学的知識はひとつの共通言語に収束するべきだとワシントン大学の科学者スコット=モンゴメリは主張する。「科学は非常にグローバル化しており，今後もますますそうなっていきます。したがって，そのためにグローバルな言語を用いることが重要なのです。それは単に効率のためではなく，共同研究のためなのです」とモンゴメリは言う。「英語を学ぶことは，科学者にとっては数学を学ぶようなものであるべきだとはっきり言っておきます。それは単純に言って，科学的研究に参加するために必要となる非常に基本的かつ根本的な技能なのです」それができない場合，他の言語は英語に翻訳されるべきだと，彼は付け加える。

　科学をより広く用いられている言語に翻訳することは歴史においては当たり前の習いであると，プリンストン大学の科学史学者マイケル=ゴルディンは言う。「そのように数珠繋ぎに翻訳していくことは科学の歴史では数千年間行われてきたことなのです」と彼は言う。「9 世紀から 13 世紀あたりにかけて非常に卓越していたアラブの知識の場合，一部はペルシャ語がアラビア語へ翻訳されたものでしたが，その多くはギリシア語や古代シリア語がアラビア語やその他の言語へ翻訳されたものだったのです」

　しかしながら，翻訳を必要とする科学的知識の量は莫大である。考えられるひとつの解決策は機械翻訳を用いる幅を広げることである。もうひとつの選択肢は，ローカルな科学を世界全体で通じる言語に翻訳する助成金を巨大な国際科学団体が支給することだろう。英語とフランス語とドイツ語が 19 世紀の科学を語る言語であったのと同様に，例えば中国語と英語とスペイン語が科学を語る 3 言語で，科学者がその 3 言語全てを解する知識を持つことを期待される世界へ移行することも可能かもしれない。言語が生むこの格差は地球上の南北間の格差を拡大させるものでもあるので，これは対処する価値のある問題であると，南アフリカのダーバンにあるクワズール・ナタル大学の研究者ニナ=ハンターは述べる。「全てが北半球にとって容易となる類の基準に完全に基づいているので，南半球の科学者や

その研究は，北半球と同じようには考慮されないのです」と彼女は言う。

　国際的影響力の不平等はまた，その言語による格差のせいで，知識に手が届くかどうかに不平等が生じていることの結果であるとハンターは言う。南アメリカやアフリカの先住民社会出身の多くの生物学者は，それらの国の植民地時代の言語をすでに身につけてしまっているため，自身の研究のためにより多くの個人的・専門的知識を集めることを妨げられているのだが，それはそうした知識の非常に多くの部分は，彼らが解さない言語でのみ発表されているからである。

　科学者は英語が話せる共同作業者と共に仕事をするか，あるいは翻訳者を用いることはできるが，このことが究極的には北半球に対する依存を強めることになると，現在はカリフォルニア大学バークレー校の大学院生であるラミレス=カスタネダは言う。単語の特定の意味はまた，翻訳上の問題を生み出しかねないと，彼女は言う。例えば，彼女がアマゾンの先住民社会で行っている研究では，その土地の言葉の多くは森林に住むヘビやカエルを表すひとつの単語を持たない。「私にとっては，単純に全てを英語に翻訳してもらうことは不可能なのです。私たちには複数の言語による科学が必要なのであり，自分自身の言語で気持ち良く科学できる人々が必要なのです」

━━━━━━━◀解　説▶━━━━━━━

〔1〕 (A)「なぜヴァレリア=ラミレス=カスタネダの研究の一部は決して発表されないのか？」

第 1 段第 3 文（With Spanish as …）の内容より，(1)「その研究は彼女の第一言語で書かれている」が正解。他の選択肢は，(2)「その研究は主に英語で行われている」，(3)「彼女にはその研究をスペイン語に翻訳する資金がない」，(4)「より広い科学界はその研究に十分な興味を示していない」という意味。

(B)「タツヤ=アマノによると，英語以外の言語で行われた研究にもっと注目することの恩恵とは何か？」

第 2 段第 7 文（"We are essentially …）の内容より，(3)「それはより完全な科学的知識を我々に提供する役に立つだろう」が正解。他の選択肢は，(1)「それは科学者が多様性を重視するということを示すだろう」，(2)「それはより多くの科学者が英語以外の言語を学ぶよう促すだろう」，(4)「そ

れはより多くの科学的研究が英語以外の言語で書かれた研究論文で発表さ
れるよう促すだろう」という意味。

(C)　「以下のどれを，科学には共通語が存在するべきである理由としてス
コット=モンゴメリは言及していないか？」

スコット=モンゴメリの発言は第3段（However, some experts …）にあ
り，(1)「それによって研究者は自分の研究を発表できるようになる」，(2)
「それによって研究者間でより共同研究をできるようになる」，(3)「それ
によって科学的知識を伝える効率が上がる」は，同段第4～7文（It's
not just … English, he adds.）で言及されている。(4)「それによって英語
がグローバル言語としてより受け入れられるようになる」は言及されてい
ないので，これが正解。

(D)　「ニナ=ハンターによると，なぜ科学的知識を現地語から翻訳すること
は重要なのか？」

第5段第5文（This is a …）の内容より，(3)「それは北半球と南半球の
科学者の間にある不平等を減らす一助になる」が正解。他の選択肢は，(1)
「それは中国語とスペイン語を科学で用いる言語として奨励する一助にな
る」，(2)「それは多くの先住民言語の復興と存続に役立つ」，(4)「それは先
住民社会出身の生物学者が北半球から言語を学ぶ一助になる」という意味。

〔2〕　(1)「英語以外の言語で発表される多くの研究はうまく翻訳するの
が困難である」

第2段第2文（There is a …）の内容と一致する。

(2)「科学的知識を共通言語へ翻訳することは500年くらい前に最初に始
まった」

第4段第2・3文（"This kind of … and other languages."）の内容と一
致しない。

(3)「筆者は英語以外の言語も莫大な量の科学的知識を翻訳するのに用い
ることができると主張している」

第5段第4文（It also could …）の内容と一致する。そこでは，中国語と
英語とスペイン語の3つの言語を科学全体に用いる世界へ移行することが
可能だろうと述べられている。

(4)「ハンターはいくつかの先住民社会出身の研究者間の対話を推し進め
ている」

これに関する記述は本文にはないので，正誤が判断できない。

(5) 「カスタネダによると，もしもより多くの科学者が英語を話せる共同研究者や通訳者と共に働くならば，有益である」
第 7 段第 1 文（Scientists can work …）の内容に一致しない。そこでは，「北半球に対する依存度が上がる（＝南半球にとっては不利益である）」と述べられている。

〔3〕　この本文は全体にわたって「非主要言語で科学する上での困難」について述べているので，(5)「我々が共通言語に依存しているせいで，いかに一部の科学的知識が見逃されることが多いか」が正解だろう。他の選択肢は，(1)「南アメリカやアフリカの先住民族を分析すること」，(2)「どのように科学が歴史を通じてずっといくつかの共通言語に依存してきたか」，(3)「地球上の南北間の格差を狭めること」，(4)「科学的研究を伝える上での英語の重要性」という意味。

II　解答

〔1〕　(A)—(2)　(B)—(2)　(C)—(4)　(D)—(2)　(E)—(4)
　　　(F)—(2)　(G)—(3)　(H)—(1)

〔2〕　あ—(3)　い—(2)　う—(2)　え—(2)　お—(4)

◆全　訳◆

≪ゲームは脳の機能を高めるか？≫

　うちの 11 歳と 8 歳の子どもが放課後に家の勝手口を走り抜けるとき，彼らの口から真っ先に出てくる言葉は「お母さん！　プロディジーしてもいい？」であることが多い。彼らが今週すでにどれだけスクリーンを見て時間を過ごしているか，私が自分の仕事を終えるのにどれだけの安寧を必要とするかを素早く頭の中で計算してから，私は黙認する。結局のところ，プロディジーは子どもに数学を実践するよう促すロールプレイングゲームなのだ。それは教育的なもの。そうでしょう？

　テレビゲームはますます教室での授業に取り入れられているが，それらが実際に学びの質を高めることができるのかどうかに関するデータは足りていないと，科学者は言う。しかし，ある種のゲームが範囲の狭い一連の作業を行う脳力を高めるかもしれないという証拠は増加している。これは，ゲームに興じる何百万もの人にとってはもちろん，学童にとっても良い知らせとなりうるだろう。「人々は多くの時間をゲームに費やしている」と，

教育心理学者であるリチャード=メイヤーは言う。「もし我々がそれをもっと生産的なものに変えることができるならば，それは実際にやる価値のあることでしょう」

　2019 年の *Annual Review of Psychology* の記事の中で，メイヤーは人がゲームから何を学べるのかを検証する実験を評価することに着手した。彼自身はゲームの持つ教育利用の可能性を全面的に確信しているわけではないが，一部の研究はゲームが第二言語や数学や理科を教える上で効果的なものになりうると実際に示唆していた。期待しているのは，脳を活性化させる何らかの可能性があるなら，教室でより良い結果を出すために，それをどうやって利用するかを突き止めることであると彼は言う。

　ゲームをすることは脳の訓練になるかもしれないという最初の証拠の一部は，主人公の視点で行うシューティングゲームから得られた。こうしたゲームに実際に利点があるかもしれないということは，ロチェスター大学で心理学を学ぶ学部生であった C. ショーン=グリーンが最初に偶然に見つけた。グリーンは友人たちに視覚の集中力テストを与えたのだが，彼らの成績は予想に反するほど高かった。彼と指導教官であったダフネ=バヴェリアはこのテストの彼の得点法に何かおかしなところがあったに違いないと考えたが，バヴェリア本人がそれを受けてみると彼女の成績は通常の得点帯であった。

　違いは，グリーンの友人たちは週に 10 時間以上を主人公の視点で行うシューティングゲームに充てていたということであった。その後グリーンとバヴェリアはゲームの経験がない人々を対象としてその着想を再検証してみた。彼らは 2 つのグループに異なる種類のゲームの訓練をしてもらった。ひとつのグループは，10 日間 1 日あたり 1 時間，主人公の視点で行うシューティングアクションゲームを練習し，もう一方は，同じ量の時間を空間的なパズルゲームであるテトリスに費やした。初めてアクションゲームを練習した人々は，テトリスをした人々と比べ，視界の中にある関心を寄せるべき対象に集中することにおいて著しく優れていた。

　この研究に基づき，アクションゲームを練習した人々の方が，分散された集中力（ある特定の対象を探し広い範囲を走査する）と集中された集中力（ゲーム画面から特定の事実を抽出する）とを切り替えるのに長けていると，バヴェリアは言う。「これは集中力の統制，つまりその時その時の

状況の要求によって集中力を柔軟に切り替える能力と呼ばれています」と
彼女は言う。しかしながら，この分野に見られた改善が教室の学童の助け
になるのかどうかはまだ明確ではない。

　他の研究では，テトリスを練習した人の方が異なる種類のゲームをした
人よりも，様々な二次元の形を頭の中で回転させるのに優れていると研究
者たちは発見した。作業間で頭の切り替えを行う能力を高めるよう設計さ
れている教育用ゲームである All You Can E. T. を 2 時間した学生は，単
語を探すゲームをした学生と比べ集中力の切り替え技能が改善された。当
然ながら，ゲームによって改善される認知機能はゲームの過程の中でプレ
ーヤーが必然的に練習することになる技能である。さらに，こうした技能
の改善は行われるゲームに極めて特有のものでもある。主人公の視点で行
うシューティングゲームでは物体を頭の中で回転させる能力は改善しない
し，テトリスでは視覚の集中力は改善しない。

　次の段階は，こうした発見をどうすれば教室利用に転換できるかをつき
とめることである。多くの学童には必要に応じて集中力を柔軟に切り替え
る能力が改善すれば有益となるだろう。そして，主人公の視点で行うシュ
ーティングゲームは小学生にはあまり適切ではないが，研究者は頭の回転
の速さを改善するきっかけを与えるゲームの特徴を特定するのがますます
上手くなっているとバヴェリアは言う。ニューヨーク大学の学習のための
ゲーム研究所では，共同所長であるジャン=プラスの率いるチームが認知
機能を伸ばす，暴力を含まないシューティング型の教育的ゲームを設計し
つつある。例えば，All You Can E. T. では，絶えず変わり続けて，作業
間で脳が切り替えを行うよう強いる一連のルールに基づいて，プレーヤー
はエイリアンの口の中に食べ物か飲み物を撃ち込む。

　教室で用いるのに最高のゲームにはある種の特徴があるとメイヤーとプ
ラスは言う。それらはひとつの特定の認知機能に焦点を当てており，プレ
ーヤーにしっかりフィードバックしながら彼らがその技能を鍛錬すること
を要求するものである。そのゲームは適応力に富むもの，つまりプレーヤ
ーの技能が上がるにつれて難易度が上がるものでなければならない。これ
が，学習に奮闘している生徒と高度なレベルに達している生徒の両方に上
手く作用するひとつのゲームを教師が必要としている，教室という場所に
おいてはカギとなる。「ゲームの最も顕著な特徴は生徒のモチベーション

を上げる力なのです」とメイヤーは言う。「私たちはそれを利用したいのです」

　この研究はいまだ進化している最中ではあるものの，数学を習得する手助けのために設計されているゲームをしたがる場合は特に，私自身の子どものスクリーンを見て過ごす時間の要求がますます大きくなっていることが，私には気分が良い。「私たちの夢はまさしくそれなのです。要は，子どもたちが宿題に取りかかるのを待ちきれなくなるということなのです」とプラスは言う。

■━━━━━━━━◀解　説▶━━━━━━━━■

〔1〕　(A)　空所を含む文の前半は逆接を意味する Though に導かれた副詞節で，「ゲームはますます授業に取り入れられているが」という意味。後半は「それらが（　　）できるのかどうかのデータは足りていない」という意味。その前半と後半を逆接関係とするには，空所に(2)「学びの質を高める」を入れるのが適当。また，第1段で紹介されているゲームが educational「教育的である」と述べられていることもヒントとなる。他の選択肢は，(1)「学童の集中力をそらす」，(3)「退屈を防ぐ」，(4)「教師の代わりになる」という意味。

(B)　直後の文（Though he's not …）で「彼自身はその可能性を確信していないが，一部の研究はゲームが効果的だと示唆していた」と述べられているので，空所に(2)「人がゲームから何を学べるのか」を入れるとその直後の文と自然につながる。他の選択肢は，(1)「どうすれば学校はゲームを改良できるか」，(3)「どのゲームが一番人気があるか」，(4)「なぜ学童はゲームをするのか」という意味。

(C)　空所を含む文の主語である The difference「その違い」の指示内容は，前段第3・4文（Green gave his … the normal range.）に記されている，グリーンの友人とバヴェリアとの間に生じた「視覚の集中力テストの結果の違い」だと考えられる。また，空所に続く文にある実験内容から，その違いを生み出すものは「豊富なシューティングゲーム経験の有無」だと判断できる。よって，空所には(4)「グリーンの友人たち」が入ると判断する。

(D)　空所に続くバヴェリアの発言は，前の段落で行った実験結果に「基づく」ものだと考えられる。よって，空所を含む文を(2)「この研究に基づき」とすれば前後が論理的につながる。他の選択肢は，(1)「両方のゲーム

をした後で」，(3)「自分が観察したことにもかかわらず」，(4)「グリーンの以前の研究とは対照的に」という意味。

(E)　空所に続く文に追加を表す also が用いられているので，空所に(4)「さらに」を入れれば全体が論理的な文となる。他の選択肢は，(1)「初めのうちは」，(2)「それどころか」，(3)「～を説明すると」という意味。

(F)　空所には指示語の these がついているが，その指示内容は直前の段落で紹介された研究のはず。よって，空所に(2)「発見」を入れれば，前後が論理的につながる。他の選択肢は，(1)「目的」，(3)「決まり」，(4)「テスト」という意味。

(G)　直前の文で「ある研究者チームが設計している教育的ゲーム」について語られ，空所の後で All You Can E. T. という名のゲームが紹介されているので，空所に(3)「例えば」を入れ前後を抽象→具体の展開とすればよい。他の選択肢は，(1)「とりわけ何よりも」，(2)「いずれにせよ」，(4)「また一方で」という意味。

(H)　空所を含む文の前半は逆接を意味する Although に導かれた副詞節で，「この研究はいまだ進化している最中であるが」という意味になる。「この研究」とは本文全体を通して書かれている通り，「いくつかの種類のゲームは子どもの知能に好影響を与える可能性が高いという考えに基づく研究」である。よって，空所を含む文は「研究はいまだ発展途中ではあるものの，（いくつかの肯定的な研究結果が出ており，）とりわけ子どもが数学の理解のために設計されたゲームをすることを望んだ場合，筆者はこの研究に期待を寄せている」という主旨になると推測できる。以上を踏まえると，空所に入るのは，(1)「私は気分が良い」となると考えられる。他の選択肢は，(2)「やはり煩わしさを感じる」，(3)「驚いている」，(4)「心配である」という意味。

〔2〕　あ　下線部は指示語の that なので，その指示内容は直前の文（"People spend a …"）で述べられている「人々が多くの時間をゲームに費やしていること」のはず。よって，それに一番近い(3)「人々が非常に多くの時間をゲームに注いでいるという事実」が正解。他の選択肢は，(1)「一部のゲームが教育的であるという事実」，(2)「何百万人もの人がゲームを用いて学習しているという事実」，(4)「多くのゲームは学校には向いていないという事実」という意味。

ⓘ　下線部は「その考え」という意味だが，これは直前の文（The difference was …）で述べられている「グリーンの友人とバヴェリアとの間に生じた視覚の集中力テストの結果の違いは，豊富なシューティングゲーム経験の有無によるものなのではという考え」だと考えるのが自然。よってそれに一番近いとみなせる(2)「ある種のゲームをすることが脳に影響するかもしれないという考え」が正解。他の選択肢は，(1)「グリーンが最初に行った研究にはおかしなところがあったという考え」，(3)「グリーンの研究はゲーム経験のない人たちに焦点を当てるべきだという考え」，(4)「長時間よりも短時間ゲームする方が良いという考え」という意味。

ⓙ　下線部は「この分野」という意味だが，これは直前の文で述べられている attentional control「集中力の統制」のこと。よって，(2)「集中力の統制」が正解。他の選択肢は，(1)「集中された注意力」，(3)「分散された集中力」，(4)「広い範囲を走査すること」という意味。

ⓔ　下線部を直訳すると「（主人公の視点で行うシューティングゲームは）小学生にはあまり適切ではない」となる。そのゲームがどのような意味で適切ではないのかはこの段階では不明だが，直後の文（At New York …）で「暴力を含まないシューティング型の教育的なゲーム」についての言及があることから，この「適切ではない」とは「暴力的」という意味だと考えられる。よって，それに一番近いとみなせる(2)「幼い子どもにとってあまりにも暴力的だと思われるだろう」が正解。他の選択肢は，(1)「幼い子どもにとって十分に面白いものではない」，(3)「幼い子どもが理解するのは難しいかもしれない」，(4)「幼い子どもが最も必要とする技能を鍛錬しない」という意味。

ⓞ　下線部は指示語の This なので，その指示内容は直前の文（The game must …）で述べられている「学校で用いるゲームは適応力に富むものでなければならないということ」のはずである。よって，それに一番近い(4)「そのゲームが様々な難易度でプレー可能であるという事実」が正解。他の選択肢は，(1)「そのゲームが，プレーする生徒のモチベーションが非常に上がるものであるという事実」，(2)「生徒がゲームの目的をはっきりと理解しているという事実」，(3)「生徒はそのゲームのルールを非常に素早く学ぶことができるという事実」という意味。

III　**解答**　　〔1〕　あ—(7)　い—(3)　う—(2)　え—(4)
　　　　　　　　〔2〕　か—(3)　き—(5)　く—(8)　け—(2)

━━━━━━◆全　訳◆━━━━━━━━━━━━━━━━━━━

〔1〕　≪図書館で≫

A：ちょうど今，そこのカウンターにあったこのチラシを見つけました。ここの図書館で開催されるこれらの特別イベントのいくつかについてお尋ねしても構いませんか？

B：喜んでお話しします。特にご興味を持たれているものがありますか？

A：ええ，この「芸術と工芸の時間」というイベントは何ですか？

B：ああ，地元の芸術の先生が月に一度ボランティアで子どものための楽しい講座を開いてくださっています。

A：その講座の中で何をするのですか？

B：あらゆる種類の楽しいことをします。折り紙，切り絵，お絵かきなどです。彼女は様々な活動をするのが好きな方なのです。その講座は本当に人気なのですよ。

A：素晴らしそうですね。うちの息子が興味を持つかもしれません。何歳ぐらいの子どもを教えられるのですか？

B：その講座は幼稚園児向けです。彼女は小さい子どもを教える方がお好きなのです。

A：完璧です！　うちの子は 4 歳なのです。予約をとる必要はありますか？

B：ご心配なく。当日お越しいただくだけです。いつでも一人分の余裕がありますので。

A：ありがとうございます！　幼い子どもが創造力を用いるのは素晴らしいことです。では次の講座の日にまた来ますね。

〔2〕　≪電話で≫

A：もしもし，トムかい？　父さんだよ。メアリーが電話に出ると思ってたんだけどなぁ。全て順調かい？

B：うん，この上なく順調だよ！

A：だけど，お前は家で一体何をしているんだ？　もう仕事に出ていると思っていたぞ！

B：ああ，仕事中だよ。あのね，うちの会社は新しいグリーン政策の一環

として，テレワークだけじゃなくフレックス制度も導入したばかりなんだよ。

A：父さんには，お前が何を言っているのかわからないな。

B：そうだね，わかっている人はあまりいないよね。つまりさ，僕は何時に出社するかを決めることができるだけでなく，家で仕事をできるってことさ。だから，毎日車に乗って通勤しなくてもいいんだよ。

A：本当か？　父さんがまだ働いていた頃に，会社がそれについて考えていてくれたらよかったのに！　ということは，お前とメアリーはもっと多くの家族の時間を共に過ごせるということだな。

B：実は，僕が家にいて子どもたちの面倒を見ることができるから，やっとまたメアリーが仕事に戻れるようになったんだ。

A：彼女にとってはよかったが，お前たち二人ともが職場に行かなければならない場合は，どうするんだ？

B：それが一番いいところだよ。彼女の新しい会社もフレックス制度を導入しているんだ。だから僕が出社するときには彼女が家にいられるよう，二人のスケジュールを調整するんだよ。

A：ああ，それは理想的だろうな。

B：うん，そうなると車は一台しか必要ないということだから，当然うちのカーボン・フットプリントがはるかに少なくなるんだよ！

━━━━━━━　◀解　説▶　━━━━━━━

〔1〕　ⓐ　特別イベントについて尋ねたいというAに対し，空所の直前でBは「喜んで答える」と言っている。また，直後でAが特定のイベントの中身についてさらに尋ねているので，空所ではBが(7)「特に興味を持っているもの（イベント）はあるのか？」と問うのが自然。

ⓘ　空所の直前でBは「その講座では様々なことをする」と言い，直後で「その講座はとても人気だ」と付け加えているので，空所では(3)「彼女は様々な活動をするのが好きだ」と講師について説明するのが自然。

ⓤ　空所の直前でAが「何歳の子どもを教えるのか？」と問うているので，空所ではBが(2)「講座は幼稚園児向けだ」と答えるのが自然。

ⓔ　空所の直前でAが「予約が必要か？」と問い，直後でBが「いつでも一人分の余裕がある」と言っているので，空所ではBが(4)「（予約の）心配は必要ない。当日に来るだけでよい」とAに告げるのが自然。他の選択

肢は, (1)「それは非常に形式的な学術イベントです」, (5)「正直言って, その講座はかなり退屈です」, (6)「どの年齢でも構いません。大人も歓迎します」, (8)「ですが残念なことに, それらのイベントは中止しなければならなくなりました」, (9)「中央のデスクで図書館の本は予約可能です」, (10)「そうするべきです。がっかりしたくはないでしょう」という意味。

〔2〕　か　空所の直前でAが「全て順調か？」と問うているので, 空所ではBが(3)「ええ, この上なく順調だよ！」と答えるのが自然。

き　空所の発言に対し, Bは「そうだね」と言った後で not many people do という代動詞を用いた表現で発言を続けている。よって, 空所にはその代動詞 do で表せる表現を含み, かつ前後と自然につながる(5)「私にはあなたが言っていることがわからない」が入ると考えられる。

く　空所の直後でBが「実は, 自分が家で子どもの面倒を見るから, メアリーは仕事に戻れる」と言っている。空所でAが(8)「だからそれは, あなたとメアリーはもっと多くの家族の時間を共に過ごせることを意味する」と言うと話の流れが自然である。

け　空所の直前でAが「二人とも職場に行かなければならない場合はどうするのか？」と問い, 直後でBが「彼女の会社もフレックス制度を導入している。僕が出社するときには彼女が家にいられるよう, スケジュールを調整する」とフレックス制度の利点を交えて答えているので, 空所には(2)「それが一番いいところだ」が入ると判断できる。なお, (9)「そう, それがちょっと問題で, いまだにどうすればいいかを模索中だ」は, その後に続く文で, すでにフレックス制という解決策が述べられているので不適。他の選択肢は, (1)「いや, 実はそうではない」, (4)「しかし, 子どもたちは嬉しいに違いない」, (6)「ああ, 本当に？　ちょうどそれについて新聞で読んでいたところだ」, (7)「申し訳ないけど, 私は急がなくてはならない。会社の会議に少し遅刻しているんだ！」, (10)「でも, それは会社で全てが順調に進んでいると確かめることができないことを意味するのでは？」という意味。

IV 解答
(A)—(3)　(B)—(3)　(C)—(3)　(D)—(2)　(E)—(4)
(F)—(2)　(G)—(3)　(H)—(2)

━━━━━━━━ ◀解　説▶ ━━━━━━━━

(A)　「参加者の数は 100 人にも達する見込みだ」

no fewer than ～（数を表す名詞）で「～もの（多くの）」という意味。

(B)　「この小さな村の多くの場所は，間違いなく訪れる価値がある」

be worth *doing*（目的語のない他動詞）で「（S は）～する（される）価値がある」という意味。

(C)　「私の通う学校の先生のひとりであるブラウン氏は，昨日テレビに出演した」

2 つのコンマに挟まれている部分は挿入なので，それを無視して全体の文構造を捉えると，空所には主語となる名詞が入るとわかる。

(D)　「今は彼らにはアフリカ旅行のこと以外は何も考えられない」

anything but ～ で「～以外の何でも」を意味するが，本問は否定文なので「～以外の何も…ない」という意味。

(E)　「それは君がよく売れると思う種類の歌ですか？」

関係代名詞 that に導かれた形容詞節（that sells well）に you think が挿入された，いわゆる連鎖関係代名詞節。なお，ここでの sell(s) は自動詞で「売れる」という意味。

(F)　「実は，彼女の助言がなかったならば，私は成功できなかっただろう」

had it not been for ～ / if it had not been for ～「もし（あの時）～がなかったならば」　仮定法の表現。

(G)　「彼は 15 年前にその会社に入社した」

文末に単純な過去を表す副詞 fifteen years ago があるので，過去形が入るとわかる。なお，受動態を用いる必要はないので，(4)は不可。

(H)　「その映画のリメイクは元の作品よりはるかにつまらない」

空所の後ろに than ＋ 比較対象が続いているので，空所には比較級が入るとわかる。

V　解答

〔1〕　(A)—(1)　(B)—(3)　(C)—(4)　(D)—(1)　(E)—(3)
〔2〕　(A)—(2)　(B)—(3)　(C)—(1)　(D)—(1)　(E)—(4)

◀解　説▶

〔1〕　(A)　「そのたらいに水を注ぎなさい」
basin は「たらい，水ばち」という意味の名詞。他の選択肢は，(2)「選挙」，(3)「保護」，(4)「犠牲者」という意味。

(B)　「その過ちは何年もの間私につきまとい苦しめた」
haunt は「～に取り憑いて苦しませる」という意味の他動詞。他の選択肢は，(1)「～に遭遇した」，(2)「～を見積もった」，(4)「～を移した」という意味。

(C)　「父が長いため息をつくのが聞こえた」
sigh は「ため息」という意味の名詞。他の選択肢は，(1)「束」，(2)「余分」，(3)「考え」という意味。

(D)　「彼女は暗い部屋から出てきたとき，素早く瞬きをした」
blink は「瞬きをする」という意味の自動詞。他の選択肢は，(2)「進化した」，(3)「ひょうが降った」，(4)「悪臭を放った」という意味。

(E)　「誰かが電気スイッチの方へよろけながら歩くのが見えた」
stumble は「よろけながら歩く」という意味の自動詞。他の選択肢は，(1)他動詞で「～をいじめる」，(2)自動詞で「入学する」，(4)他動詞で「～を台無しにする」という意味。

〔2〕　(A)　「彼女の言葉を用いたメッセージは非常に効果的であった」
verbal は「言葉の」という意味の形容詞なので，(2)「話された」が一番近い。他の選択肢は，(1)「狭い」，(3)「固定された」，(4)「実質上の」という意味。

(B)　「我々は彼らの失敗にかなり面食らった」
stunned は「愕然として」という意味の形容詞なので，(3)「ショックを受けた」が一番近い。他の選択肢は，(1)「興奮して」，(2)「怖がって」，(4)「心配して」という意味。

(C)　「その市の官僚は税金を上げるという決断を大胆に報告した」
boldly は「大胆に」という意味の副詞なので，(1)「勇敢に」が一番近い。他の選択肢は，(2)「ついに」，(3)「急いで」，(4)「突然に」という意味。

(D)　「彼らは祖父母から財産を相続したとしばしば自慢する」

brag は「〜だと自慢する」という意味の他動詞なので，⑴「〜だと自慢する」が正解。他の選択肢は，⑵「〜だと強調する」，⑶「〜だと説明する」，⑷「〜だと述べる」という意味。

(E)　「その状況の全体が非常に奇妙だと思った」

bizarre は「奇妙な」という意味の形容詞なので，⑷「奇妙な」が正解。他の選択肢は，⑴「面白い」，⑵「無害な」，⑶「悲痛な」という意味。

❖講　評

　2023 年度の出題も例年と同じ形式で，長文読解問題 2 題，会話文問題 1 題，文法・語彙問題 2 題の計 5 題であった。

　Ⅰの読解問題は，「非主要言語で科学する上での困難」に関するもので，文章自体と設問の難易度は例年と同レベルであった。また，例年なら解答しにくい〔2〕の内容真偽は，比較的解答しやすい設問が多く，やや易化したと言える。

　Ⅱは「ゲームは脳の機能を高めるか？」に関するものだが，解答の該当箇所を特定しにくい問題が散見された。

　Ⅲの会話文問題は 2 つの小問に分かれ，それぞれ 4 カ所の空所に 10 個の選択肢の中から適切なものを選んで入れるという，従来の形であった。場面設定がついているので，本来なら話の流れは掴みやすいはずだが，〔2〕の方は決してそうとは言えなかった。特に⒞・⒡は難度が高く，前後の文脈を注意深く読み取り，論理的に正解を導き出す必要があるものだった。

　Ⅳの文法・語彙問題（8 問）は例年の「標準レベル」から「やや易」へ難度は下がった。これは，文法問題集の「定番」と言える問題が多く出題されたためである。ただし，文法・語彙の学習がおろそかになっていると「易化」とは感じられないだろう。日頃の学習の成果が問われている。

　Ⅴの語彙問題は 2 つの小問に分かれ，それぞれ 5 問の計 10 問。年度によっては「やや難」なものも出題されているが，少なくとも 2023 年度に関しては「標準レベル」と言ってよいものであった。

　全体的には，ここ 10 年以上形式的には安定しているうえに，いずれの日程・学部・学科のパターンで受験しようと形式が同一であるという

点において，若干，全体的難易度の上昇が見られるとはいえ，「受験生フレンドリー」な問題であると言える。

（80 分）

I　次の文を読んで，問いに答えなさい。

　　High up on the slopes of the Sierra Nevada mountains in southern
Spain, the silence is broken only by the sound of a stream flowing
through the snow. Except it is not a stream but an *acequia*, part of a
network of thousands of kilometres of irrigation[1] channels created by
Muslim[2] peasant farmers[3] more than a thousand years ago. The acequia,
or channel, begins at an altitude of 1,800 metres. Fed by the melting
snow, for centuries the acequia supplied water to the village of Cáñar and
beyond. However, after a gradual movement of people out of the area in
the 1980s, it was no longer used.

　　Now, it is flowing again thanks to a project designed and managed by
a laboratory at the University of Granada and backed by local and
European funding. With the help of volunteers, the MemoLab project is
restoring the region's extraordinary irrigation network at a time when the
climate crisis is exposing Spain to extended periods of drought — when
there is no rain at all — and intensive farming is putting extreme pressure
on water supplies.

　　When Muslim peoples came to Spain early in the eighth century, they
brought techniques in water conservation acquired over centuries in the
Middle East. "The Islamic[4] agricultural revolution was the first green
revolution. They brought together techniques and knowledge about water,
soil, plants, and also how snow behaves," says José María Martín
Civantos, a professor in charge of the project. "They transformed the way

water is used in the Mediterranean." The techniques introduced by the Muslims allowed for more agricultural diversity, including new crops such as lemons, limes, and oranges. "Involving people in the creation of these irrigation systems was a way of assimilating[5] the existing population, who could see the advantages," he adds.

Rain comes to the Mediterranean in brief, heavy bursts, resulting in most of the water being lost as it runs off into rivers and the sea. The genius of the acequia system is that by controlling the flow of the water, whether from rain or snowmelt, it reduces water flowing down to the ocean, while at the same time allowing water to be absorbed into the land to replenish[6] the aquifers[7]. Rather than directing water towards specific crops, the idea is to "soak[8] the mountain" so that water can be stored in aquifers to be used in times of drought.

"The basic requirement for the system to work is that the channel isn't too permeable[9] and has a slope that maintains the correct flow of water. Then you need a community of people to maintain it," says Sergio Martos-Rosillo, a scientist involved in the project. "The system is efficient, the aquifers get replenished, and no technology is required," he says, adding that the revival of similar techniques is being explored elsewhere, because modern irrigation techniques have become unsustainable in several Latin American countries, as well as in some areas of the United States.

According to Martos-Rosillo, the system is much more manageable and adaptable than building a dam and much more resistant to climate change. However, if land is abandoned and channels become filled up with debris, the water cannot flow through them. So every spring, the university and villages organise groups of volunteers to clear the debris from the acequias. "It is not just a matter of clearing away leaves and mud. We also consult with local people about how to lay the pieces of rock that line the acequias," says José Antonio Palma García, who has been volunteering for five years. "I feel good doing this work. I feel like I am giving something back to the earth. I also meet people I'd never normally meet — we're like a big family."

High above the city of Granada lies the village of Alfacar and the site of a brick-walled pool of clear mountain spring water. According to Elena Correa Jiménez, a researcher on the project, an acequia was created 1,100 years ago to supply water from the spring to Albaicín, a district of Granada, eight kilometres in the distance. MemoLab has restored much of the acequia and, although it doesn't reach Albaicín, it now irrigates the University of Granada's gardens.

According to Civantos, one of the challenges of the project was trying to recover collective knowledge. This is because the Muslim population was forced to leave the area early in the 17th century, and much of this knowledge, which was never written down, was lost. "People don't think peasant farmers could create anything this complex," Civantos says. "The Romans built many stone waterworks[10], but it was always for the glory of the state. The acequia system was built so ordinary people could survive. Recovering this system involves recognising an important part of our heritage. Over a thousand years ago, Spain was primarily a farming society. You can't understand the glory of the cities of Córdoba or Granada without understanding what lay behind them — the wealth created by a form of agriculture that was much more advanced and productive than elsewhere in Europe."

(Adapted from a work by Stephen Burgen)

（注）

1．irrigation　　灌漑（かんがい）
2．Muslim　　　イスラム教徒の
3．peasant farmer　小作農民
4．Islamic　　　イスラム教の
5．assimilate　　同化する

6．replenish　　　　再び満たす

7．aquifer　　　　　水を含んだ地層

8．soak　　　　　　浸す

9．permeable　　　　浸透性がある

10．waterworks　　　上水道

〔1〕本文の意味，内容にかかわる問い(A)〜(D)それぞれの答えとして，本文にしたがってもっとも適当なものを(1)〜(4)から一つ選び，その番号を解答欄にマークしなさい。

(A)　According to the text, why is the MemoLab project important to farmers in Spain?

　　(1)　Because there have been many dry periods recently

　　(2)　Because of the need for more intensive farming techniques

　　(3)　Because their ancient method of irrigation is no longer possible

　　(4)　Because of the lack of large numbers of people to work on the acequia

(B)　According to José Mariá Martín Civantos, how did local people react to the new techniques introduced by Muslims in the 8th century?

　　(1)　They initially rejected them.

　　(2)　They were confused and didn't know what to do.

　　(3)　They realised they could benefit from the techniques.

　　(4)　They decided to leave the area and move somewhere else.

(C)　Why are other countries interested in irrigation systems such as the acequia system?

　　(1)　Because they need a high level of technical knowledge to operate

　　(2)　Because people in local communities come together to maintain them

(3) Because many people from Spain moved to Latin American countries

(4) Because the ways in which their farmers water their crops won't be effective much longer

(D) Why does Civantos consider studying the acequia system meaningful?

(1) It made everyone in the area wealthier than the rest of Europe.

(2) It explains why Muslims left the area several hundred years ago.

(3) It shows the power of common citizens working for the good of the community.

(4) It demonstrates that Muslim peasant farmers learned construction techniques from the Spanish.

〔2〕次の(1)～(5)の文の中で，本文の内容と一致するものには1の番号を，一致しないものには2の番号を，また本文の内容からだけではどちらとも判断しかねるものには3の番号を解答欄にマークしなさい。

(1) The acequia system has been in continual use for almost a thousand years.

(2) The MemoLab project was founded by volunteers.

(3) Local farmers participate in the cleaning of the acequia each year.

(4) There are no existing historical documents of how the acequia system was originally created.

(5) Early Muslim peasant farmers maintained waterworks built by the Romans.

〔3〕本文の内容をもっともよく表しているものを(1)～(5)から一つ選び，その番号を解答欄にマークしなさい。

(1) An ancient network brought back into use in Spain

(2)　The agriculture of the Sierra Nevada mountains of Spain

(3)　How climate change is making life difficult for Spanish farmers

(4)　How peoples from different religions cooperate to support diversity

(5)　How Muslim peoples came to Spain and taught local people how to farm

Ⅱ　次の文を読んで，問いに答えなさい。

Northern Somalia's economy relies heavily on farm animals. About 80 percent of the region's annual exports are meat, milk, and wool from sheep and other animals. Yet years of drought[1] have destroyed the region's grazing lands[2]. By focusing on a few villages that have defied the odds[3] and maintained healthy grazing lands, an international team is asking if those rare successes might hold the secret to restoring grazing lands elsewhere. Answering this question requires thinking about data processing in a completely new way. In terms of normal calculations, success stories like those Somali villages with sustainable grazing are the outliers[4] — data that do not fit the pattern — says Basma Albanna, a development researcher at the University of Manchester in England. "Normally, when you have outliers in data, you take them out."

　　(A)　, those outliers can hold very important information, say Albanna and others who use what is called the "positive deviance[5]" approach. They sort through data to find useful information in what many consider useless data. The researchers search for "deviants" — outliers in a large amount of data — to uncover why some individuals or communities succeed when others facing extremely similar circumstances fail. Then, based on these insights, the researchers develop strategies that help those in the majority attain positive results. Megan Higgs, an independent researcher in the US state of Montana says, "In research in general we have an overemphasis on quantifying[6] averages." She notes that few people in a research group may actually fit the average. Sometimes, averages hide very important information. Without approaches such as positive deviance that look at groups and individuals who do not fit the model, "I just worry that we are missing a hugely important part of the picture," Higgs says. Positive deviance has the potential to address this difficult problem.

In 1990, Monique Sternin and Jerry Sternin, then aid workers with a charity organization that helped children, conducted a positive deviance project in Vietnam to address the country's rapid increase in ⬚(B)⬚. Vietnamese government officials asked the couple to help communities without having to give food handouts or other common, yet unsustainable interventions[7], such as certain aid practices. In response to this request, the Sternins sought to identify children in poor communities who remained well-fed despite difficult conditions. Working in four villages in Thanh Hoa Province that combined had 2,000 children under age three, the Sternins trained villagers to weigh the children. The effort revealed that almost 70 percent of the children were malnourished[8]. The couple then asked the villagers to identify children with healthier weights among the poorest families. Each village had a handful of families that fit the requirements. "We went to talk to those people," says Monique Sternin, now a positive deviance consultant in Boston.

The Sternins discovered that kids with healthier weights came from families who fed their children tiny shrimp and crabs that lived in rice fields and potato greens found along roadsides. Village belief regarded these foods as "taboo," or dangerous, Sternin says. The families with healthier kids also fed their children three to four meals per day instead of the customary two meals. On the surface, the solution seemed simple: Get more families to feed their children these types of foods. But doing this was not at all ⬚(C)⬚. "The positive deviants are outliers, rebels[9],"

Sternin explains. The Sternins could not reveal which families were not following social norms and traditions. But it was this behavior that was saving children.
(あ)

To encourage families to change their diets, they promised villagers free rice. (D) , villagers attended cooking sessions with their kids, assisted by aid workers and taught by village women whose children were better nourished. Those sessions provided villagers with an extra meal every day for 12 days. But to participate, the villagers had to bring and take turns preparing the tiny shrimp and crabs, along with wild greens. Over those 12 days, parents and caregivers[10] saw for themselves that the foods made the children healthier, not sicker.

Although their work was not based on a formal study, "what we found quickly was children were putting on weight," Sternin says. And the children stayed healthy (E) their new diets — after a year, more than a thousand children in the villages were no longer malnourished. The couple went on to establish similar programs around the country. Others (F) this method, and, as a result, similar nutrition programs now exist worldwide. The Sternins' work was inspiring but required a personal approach to gather data. Albanna wondered if big data, on the other hand, such as satellite images and social media combined with interviews, could get the job done with lower start-up costs.

Big data offers several benefits, Albanna explains. The data already exist, so the process is initially (G) than going door to door. Identifying outliers at the level of villages or neighborhoods instead of individuals also reduces privacy concerns. Besides giving researchers and policy makers the information they need to design new interventions, the positive deviance approach can also strengthen existing interventions, and encourage communities to (H) of their own people, Sternin says. The solutions thus exist within the community and carrying out those solutions, she notes, "is transformational."

出典追記：Why do some people succeed when others fail? Outliers provide clues, Science News on January 6, 2022 by Sujata Gupta, Society for Science & the Public

(Adapted from a work by Sujata Gupta)

（注）

1. drought   干ばつ

2. grazing land   牧草地

3. defy the odds   不利な条件を克服する

4. outlier   外れ値（平均的な他の値から大きく外れた値）

5. deviance   逸脱

6. quantify   数値化する

7. intervention   政策的介入

8. malnourished   栄養失調の

9. rebel   反逆者

10. caregiver   世話をする人

〔1〕本文の (A) ～ (H) それぞれに入れるのにもっとも適当なものを(1)～
(4)から一つ選び，その番号を解答欄にマークしなさい。

(A) (1) As a result   (2) As expected

     (3) However   (4) Then

(B) (1) available food supply

     (2) childhood nutritional problems

     (3) imported agricultural products

     (4) medical facilities

(C) (1) challenging   (2) easy

     (3) possible   (4) reliable

(D) (1) At least   (2) Even so

     (3) In contrast   (4) In exchange

(E)　(1)　despite rejecting　　　(2)　regardless of

　　　(3)　thanks to　　　　　　　(4)　unaware of

(F)　(1)　adopted　　　　　　　　(2)　criticized

　　　(3)　hid　　　　　　　　　　(4)　ignored

(G)　(1)　less formal　　　　　　　(2)　less labor intensive

　　　(3)　more inspiring　　　　　(4)　more time consuming

(H)　(1)　improve the physical ability

　　　(2)　increase the happiness level

　　　(3)　keep the privacy

　　　(4)　use the wisdom

〔2〕下線部㋐〜㋔それぞれの意味または内容として，もっとも適当なものを
(1)〜(4)から一つ選び，その番号を解答欄にマークしなさい。

㋐　this question

　　(1)　why the drought has destroyed the region's grazing lands

　　(2)　whether other types of farming would improve success rates

　　(3)　why Northern Somalia's economy relies heavily on exports of meat, milk, or wool

　　(4)　whether the achievements of some villages can be used to recover other grazing lands

㋑　these insights

　　(1)　understanding why outliers do well while others don't

　　(2)　understanding why averages reveal important information

　　(3)　understanding why many researchers regard outliers as not valuable

   (4) understanding why the positive deviance approach is impossible in practice

⑦ this difficult problem

   (1) the fact that it is challenging to quantify outliers

   (2) the fact that researchers tend to rely on averages

   (3) the fact that few people understand research models

   (4) the fact that few researchers are trained to use the new approach

⓪ fit the requirements

   (1) had malnourished children

   (2) had healthy, well-fed children

   (3) had not trained their children

   (4) had given out food to children

⓪ this behavior

   (1) cooking two meals per day for children

   (2) breaking customs and practices of the village

   (3) having children collect shrimp from the rice fields

   (4) avoiding foods that are traditionally regarded as dangerous

Ⅲ

〔1〕次の会話の ⓐ 〜 ⓔ それぞれの空所に入れるのにもっとも適当な表現を (1) 〜
(10) から一つ選び，その番号を解答欄にマークしなさい。

Talking about entertainment

A： Hi, what's up? I was thinking about checking out the new *Trek Wars*
movie downtown. Want to come with me?

B： No thanks. I'd rather watch DVDs at home. I've got at least 100. You
could stop by, if you want.

A： I didn't know you had that many. (　ⓐ　) I wouldn't have the room.
Is your apartment really that large?

B： Well, it's only a one-room studio apartment, but it's big enough for a
bed and my PC. I also watch movies on my smartphone or tablet.

A： Oh, I get it. You must have signed up for one of those online
streaming websites.

B： I sure did. (　ⓘ　)

A： That sounds expensive! Who's paying for all of them?

B： My parents are. (　ⓤ　) They wanted to use the sites, too, and they
were happy to see that they came with a family plan.

A： But the newest movies aren't online yet, are they?

B： Actually, many come out in the movie theaters on the same day that
they first appear online. (　ⓔ　) It's on one of the sites I signed up
for, but only for a limited time.

A： In that case, I'll be right over. We can watch it together!

B： Sounds good. You bring the popcorn!

　(1)　Or that much space!

　(2)　But they don't mind.

　(3)　In fact, I got three of them.

(4)　My home is incredibly huge.

(5)　I don't live near a movie theater.

(6)　Everything turned out to be free of charge!

(7)　They're angry that they get nothing out of it.

(8)　Hey, I just found that new one you wanted to see!

(9)　Anyway, I'm more interested in playing video games.

(10)　Besides, that movie you wanted to see isn't available yet.

〔 2 〕 次の会話の ㋕ 〜 ㋙ それぞれの空所に入れるのにもっとも適当な表現を (1) 〜
　　 (10) から一つ選び，その番号を解答欄にマークしなさい。

Two friends talking

A：So, what's this big news you want to tell me?

B：I'm so excited! Harumi and I are going to get married.

A：(　㋕　)

B：My parents would agree with you. They think we're much too young.

A：But you both have great jobs at companies you like. And you're in
　　love, so why not?

B：Yeah, there is one thing though. (　㋖　)

A：Well, I'm not surprised.

B：Really? I am. I don't see why it's a problem.

A：(　㋗　). She's been working for a while now and gradually moving
　　up in the company. Besides, everybody knows her by her own last
　　name.

B：I guess. (　㋘　) Maybe I should have.

A：You know, you could offer to change your family name to hers.

B：Hmm...I wonder why we just can't keep our own names.

⑴　Congratulations!

⑵　Wow, that's fast!

⑶　That's a good idea.

⑷　Nobody cares though.

⑸　She wants to quit anyway.

⑹　She tried to talk me out of it.

⑺　Well, why would she want to?

⑻　I never thought about it that way.

⑼　She doesn't want to change her last name.

⑽　Finally! You two have been engaged forever.

Ⅳ　次の(A)～(H)それぞれの文を完成させるのに，下線部の語法としてもっとも適当なものを(1)～(4)から一つ選び，その番号を解答欄にマークしなさい。

(A)　This is the ＿＿＿＿ painting in the world!

⑴　beautiful　　　　　　　⑵　less beautiful

⑶　more beautiful　　　　　⑷　most beautiful

(B)　My suitcase is light enough for me ＿＿＿＿ on the plane.

⑴　carried　　　　　　　　⑵　carrying

⑶　to carry　　　　　　　　⑷　will carry

(C)　＿＿＿＿ their songs were million-seller hits.

⑴　Almost　　　　　　　　⑵　Almost all of

⑶　Almost every　　　　　　⑷　Almost of

(D)　I want to buy a book ＿＿＿＿ insects.

⑴　at　　　　　　　　　　⑵　for

⑶　on　　　　　　　　　　⑷　to

(E)　Over there is the person ＿＿＿＿ book this is.

 (1)　that

 (2)　which

 (3)　whoever

 (4)　whose

(F)　I ＿＿＿＿ to call you last night, but you didn't answer your phone.

 (1)　am trying

 (2)　could try

 (3)　did try

 (4)　were trying

(G)　There's no use ＿＿＿＿ the car; it's going to rain tomorrow.

 (1)　to wash

 (2)　wash

 (3)　washed

 (4)　washing

(H)　Every dog and cat ＿＿＿＿ likes and dislikes.

 (1)　are

 (2)　has

 (3)　have

 (4)　is

V

〔1〕次の(A)～(E)それぞれの文を完成させるのに，下線部に入れる語としてもっとも適当なものを(1)～(4)から一つ選び，その番号を解答欄にマークしなさい。

(A) The doctor says full ＿＿＿＿＿＿ from surgery takes two months.

(1) recovery (2) relation

(3) revision (4) runway

(B) During the job interview, the student caught a ＿＿＿＿＿＿ of the television on the wall.

(1) glimpse (2) gown

(3) landlord (4) lorry

(C) They had to solve a ＿＿＿＿＿＿ to gain entrance.

(1) reduction (2) refund

(3) riddle (4) rubber

(D) If you want to improve your fitness, it is ＿＿＿＿＿＿ to exercise regularly.

(1) catastrophic (2) imperative

(3) obedient (4) upright

(E) The kid drank the can in one big ＿＿＿＿＿＿.

(1) gaze (2) germ

(3) goat (4) gulp

〔2〕次の(A)～(E)の文において，下線部の語にもっとも近い意味になる語を(1)～(4)から一つ選び，その番号を解答欄にマークしなさい。

(A) What a <u>charming</u> character, indeed.

(1)　fascinating　　　　　　　　(2)　formal

(3)　fortunate　　　　　　　　　(4)　frank

(B)　The <u>chief</u> cause of climate change is reported to be an increase in carbon dioxide.

(1)　continual　　　　　　　　　(2)　frequent

(3)　leading　　　　　　　　　　(4)　realistic

(C)　Hard as we tried, we found no <u>remedy</u> that suited us.

(1)　campsite　　　　　　　　　(2)　canteen

(3)　crossing　　　　　　　　　(4)　cure

(D)　My dog can <u>retrieve</u> a ball thrown into the lake.

(1)　chew　　　　　　　　　　　(2)　fetch

(3)　ravage　　　　　　　　　　(4)　resist

(E)　The style of this essay is not <u>coherent</u>.

(1)　consistent　　　　　　　　(2)　influential

(3)　liberal　　　　　　　　　　(4)　redundant

2 月 4 日実施分　　解　答

I 解答　〔1〕 (A)—(1)　(B)—(3)　(C)—(4)　(D)—(3)
　　　　　　〔2〕 (1)—2　(2)—2　(3)—3　(4)—1　(5)—3
〔3〕—(1)

◆全　訳◆

≪失われた水路を復元する試み≫

　スペイン南部にあるシエラ・ネバダ山脈のはるか上部の斜面では，沈黙は雪の中を流れる川の音によって破られるだけである。ただしそれは川ではなく，アセキア，すなわち 1000 年以上前にイスラム教徒の小作農民によって作り出された全長数千キロにも及ぶ灌漑水路ネットワークの一部である。アセキア，つまり水路，は標高 1800 メートルの場所から始まる。雪解け水を水源として，数百年間もそのアセキアはカナールやその向こう側にある村々に水を提供していた。しかしながら，1980 年代になってその地域から人々が徐々に流出した後，それはもはや使用されていなかった。

　グラナダ大学の研究所によって設計・管理され，地元とヨーロッパ全域からの資金提供によって支援されているプロジェクトのおかげで，今になってまたその水路に水が流れている。気候危機によってスペインが長期にわたる干ばつ期——全く雨の降らない時期——にさらされ，集中的な耕作が水の供給に極度の負担をかけている時だからこそ，ボランティアの助けを借りつつ，メモラブ・プロジェクトはその地域の素晴らしい灌漑システムを復元している。

　イスラム教徒の複数の民族が 8 世紀初頭にスペインへ来たとき，彼らは中東の地で数世紀にわたって獲得された水の保全技術をもたらした。「イスラム教の農業革命は最初の緑の革命だったのです。彼らは水，土壌，植物，さらには雪の作用に関する技術と知識を持ってやって来たのです」と，この研究を監督する大学教授であるホセ=マリア=マルティン=シヴァントスは言う。「彼らは地中海世界での水の用いられ方を変容させたのです」イスラム教徒によって導入された技術によって，レモン，ライム，オレンジなどの新しい作物を含め，それまで以上の農業多様性が生まれた。「こ

うした灌漑システムの構築に人々を関わらせたことは，その利点を見越すことができたその地にすでに住んでいた人々を同化していく方法だったのです」と彼は付け加える。

　地中海の雨は短時間で一気にどっと降るが，結果として，その水の大半は川と海に流れ出て失われてしまうことになる。アセキア・システムが天才的なのは，雨水であろうと雪解け水であろうと，水の流れを制御することで海へと流れ出る水の量を減らし，同時に水を含んだ地層を再び満たすために水をその土地に吸収させるところである。水を特定の作物へと導くのではなく，その考えは，干ばつのときに用いるために，水を，水を含んだ地層に留めて「山全体を水に浸す」ということである。

　「このシステムが機能するために基本的に必要なことは，その水路自体に浸透性があり過ぎてはならないこと，また水の正しい流れを維持する傾斜を保っていることです。それと，それを維持する人々の共同体が必要ですね」と，このプロジェクトに関わる科学者であるセルジオ=マルトス=ロッシロは言う。「このシステムは効率が良く，水を含んだ地層も再び満たされ，しかもいかなる科学技術も必要ありません」と彼は言い，アメリカ合衆国の一部地域だけでなく，いくつかのラテンアメリカ諸国でも現代的灌漑技術が持続不可能になっているため，似た技術の再生は他所でも模索されていると付け加える。

　マルトス=ロッシロによると，このシステムはダムを作るよりはるかに管理しやすい上に適応力があり，気候変動にもはるかに抵抗力があるようだ。しかしながら，土地が放棄され水路がゴミで満たされると，水はそこを流れることができなくなる。よって，毎春，大学と村人でボランティアグループを構成し，アセキアからゴミを取り除く。「落ち葉や泥を取り除くという単純なことではありません。私たちはアセキアに並べる岩をどのように配置するかについて地元の人と相談もします」と，5年にわたってボランティア参加しているホセ=アントニオ=パルマ=ガルシアは言う。「この作業をすると気分が良いのです。大地に何かをお返ししている気持ちになります。また，普通なら出会うことのない人とも出会うことができ，まるで大家族のようです」

　グラナダ市のはるか上方にアルファカ村があり，澄んだ山の湧き水を溜めておくレンガの壁で仕切られた水源地がある。この研究に参加する研究

者であるエレーナ=コレア=ヒメネスによると，8 キロ離れたグラナダの一
地区であるアルバイシンへその水源地から水を供給するため，1100 年前
にひとつのアセキアが作られたということだ。メモラブはそのアセキアの
大部分を修復し，まだアルバイシンにまでは達していないが，今ではグラ
ナダ大学の庭を灌漑している。

　シヴァントスによると，このプロジェクトの課題のひとつは，集合的知
識を回復しようという試みであるということだった。なぜなら，イスラム
教徒の人々は 17 世紀初頭にこの地域から強制的に追い出されてしまい，
決して書き留められることがなかったこの知識の多くが失われてしまった
からである。「小作農民にこれほど複雑なものが作り出せるとは，人々は
思わないのです」とシヴァントスは言う。「ローマ人は数多くの石の上水
道を作りましたが，それはいつも国家の栄光を示すためのものでした。ア
セキア・システムは普通の人が生き延びるために築かれました。このシス
テムを復元するということは，私たちが受け継いだ遺産の重要な一部を認
めるということです。1000 年以上前，スペインは基本的に農業社会でし
た。コルドバやグラナダといった都市の栄光を理解するには，それらの背
後にあるもの——ヨーロッパの他の場所よりもはるかに高度で生産力の
あった農業形態によって生み出された富——を理解しなくてはなりませ
ん」

■■■■■■■■■　◀解　説▶　■■■■■■■■■

〔1〕 (A) 「本文によると，なぜメモラブ・プロジェクトはスペインの農
家にとって重要なのか？」
第 2 段第 2 文（With the help …）の内容より，(1)「近年，多くの干ばつ
期が生じているから」が正解。他の選択肢は，(2)「より多くの集中的耕作
技術に対する需要のせいで」，(3)「古代から続く灌漑法がもはや可能では
ないから」，(4)「アセキアに取り組む多数の人員が足りていないから」と
いう意味。
(B) 「ホセ=マリア=マルティン=シヴァントスによると，8 世紀にイスラム
教徒によって導入された新しい技術に地元の人々はどのように反応した
か？」
第 3 段最終文（"Involving people in …）の内容より，(3)「彼らはそれら
の技術から利益を得ることができると悟った」が正解。他の選択肢は，(1)

「彼らは当初それらを拒絶した」，⑵「彼らは混乱し，どうしたらよいか
わからなかった」，⑷「彼らはその地を去って，どこか他の土地へ移り住
むことに決めた」という意味。

㈏　「なぜ他国はアセキア・システムのような灌漑システムに興味を持っ
ているのか？」

第5段最終文（"The system is …"）の内容より，⑷「そこの農家が作物
に水をやる方法がもはや効果的ではないから」が正解。他の選択肢は，⑴
「それらには操作するのに高レベルの技術的知識が必要だから」，⑵「地
元共同体の人々はそれらを維持するために集合するから」，⑶「スペイン
から多くの人がラテンアメリカ諸国へ移住したから」という意味。

㈐　「なぜシヴァントスはアセキア・システムを研究することには意味が
あると考えているか？」

第8段第4・5文（"The Romans built … people could survive.）の内容
より，⑶「それは一般市民が共同体の善のために働くことの力を示す」が
正解。他の選択肢は，⑴「それによってその地域の皆がヨーロッパの他の
地域よりも豊かになった」，⑵「それは数百年前になぜイスラム教徒がそ
の地を去ったのかを説明する」，⑷「それはイスラム教徒の小作農民がス
ペイン人から建築技術を学んだことを示す」という意味。

〔2〕　⑴　「アセキア・システムは，ほぼ1000年間も絶えず用いられてき
た」

第1段最終文（However, after a …）の内容と一致しない。

⑵　「メモラブ・プロジェクトはボランティアによって資金提供されてい
た」

第2段第1文（Now, it is …）の内容と一致しない。

⑶　「地元農家は毎年アセキアの掃除に参加する」

第6段第3文（So every spring …）に「毎春，大学と村人がボランティ
アのグループを結成してアセキアの清掃をする」とあるが，地元農家が参
加するかどうかは明記されていない。

⑷　「そもそもアセキア・システムがどのように作られたのかを示す歴史
的資料は存在しない」

第8段第2文（This is because …）の内容と一致する。そこでは「その
知識は決して書き留められることはなかった」と述べられている。

(5)「初期のイスラム教徒の小作農民はローマ人が築いた上水道を維持した」

イスラム教徒とローマ人の上水道の維持をめぐる関わりについては，本文では述べられていない。

〔3〕　この本文は全体にわたって「一度は放置されていた水路（アセキア）を復元する試み」について述べているので，(1)「スペインで再び用いられるようになった古代のネットワーク」が正解。他の選択肢は，(2)「スペインのシエラ・ネバダ山脈での農業」，(3)「いかに気候変動がスペインの農家の生活を困難にしているか」，(4)「様々な地域の人々がいかに協力して多様性を支えているか」，(5)「いかにしてイスラム教徒の（複数の）民族がスペインに来て，地元民に農業のやり方を教えたか」という意味。

II　解答

〔1〕　(A)—(3)　(B)—(2)　(C)—(2)　(D)—(4)　(E)—(3)　(F)—(1)　(G)—(2)　(H)—(4)

〔2〕　あ—(4)　い—(1)　う—(2)　え—(2)　お—(2)

◆全　訳◆

≪逸脱に焦点を当てる新しい研究法≫

　ソマリア北部の経済は家畜にひどく依存している。その地域の年間輸出の約 80 ％が肉，牛乳，そして羊やその他の動物から採れる毛である。しかし，何年にもわたる干ばつがその地域の牧草地を破壊してしまった。その不利な条件を克服し，健康な牧草地を維持している少数の村に焦点を当てることで，これらの数少ない成功が他所の牧草地を回復させる秘密を握っているかもしれないと，ある国際チームは問いかけている。この問いに答えるには，全く新しい形でのデータ処理について考えることが必要となる。普通の計算の観点では，持続可能な牧草のあるこれらのソマリアの村といった成功譚は外れ値，すなわちパターンに合わないデータであると，イギリスのマンチェスター大学の開発研究者であるバスマ=アルバンナは言う。「普通なら，データに外れ値があれば，それを取り除きます」

　しかしながら，それらの外れ値は非常に重要な情報を握っている可能性があると，アルバンナや，いわゆる「良い意味の逸脱」アプローチと呼ばれるものを用いる他の研究者は言う。彼らは，多くの研究者が役に立たないデータだと考えるものの中に有益な情報を見出すためデータを分類する。

なぜ一部の個人や共同体は成功し，ほとんど同じ状況に直面している別のものは失敗するのかを発見するために，そうした研究者は「逸脱」，すなわち大量のデータに埋もれた外れ値を探す。それから，そうした洞察に基づいて，それらの研究者は多数派に属するものが良い結果を出す手助けとなる戦略を開発する。アメリカ合衆国モンタナ州で機関に属さず研究するミーガン=ヒッグスは，「一般的な研究において，私たちは平均を数値化することに重きを置き過ぎています」と言う。研究対象となる集団の中で平均に当てはまる人はほぼ存在しないかもしれないと，彼女は言及する。平均は非常に重要な情報を隠すことがある。規範に当てはまらない集団や個人を見る，良い意味の逸脱のようなアプローチなしでは，「全体像のとてつもなく重要な一部を見逃していると，とにかく心配になるのです」とヒッグスは言う。良い意味の逸脱には，この困難な問題に取り組む潜在的可能性がある。

　1990 年に，子どもを助ける慈善団体で当時，援助活動家であったモニーク=スターニンとジェリー=スターニンは，ベトナムで，幼少期に起こる栄養問題の急速な増加に対処するため，良い意味の逸脱プロジェクトを行った。ベトナム政府の職員はこの夫妻に，食べ物の配給や，その他のありがちではあるが持続可能ではない，ある種の援助行為などの政策的介入をすることなく，地元共同体を救うよう求めた。この要求に応じて，スターニン夫妻は，困難な状況にもかかわらず十分な栄養を得ている，貧しい共同体に住む子どもを特定しようとした。合わせて 2,000 人の 3 歳未満の子どもを抱えていた，ターン・ホア州にある 4 つの村で課題に取り組みつつ，スターニン夫妻は村人に子どもの体重測定を行うよう訓練した。その努力の結果，70％近くの子どもが栄養失調であると判明した。それから夫妻は，最も貧しい家庭の中で比較的健康体重の子どもを特定するよう村人に求めた。それぞれの村にその要件に合う家庭が少数あった。「私たちはその人たちと話をしに行きました」と，今ではボストンで良い意味の逸脱コンサルタントをしているモニーク=スターニンは言う。

　スターニン夫妻は，比較的健康体重の子どもは，田んぼに生息する小さなエビやカニ，道端で見つかるイモの葉を子どもに与えている家庭の子であると発見した。その村の考えでは，そうした食べ物は「タブー」，あるいは危険であるとみなされていたとスターニンは言う。また，比較的健康

体重の子どもを持つ家庭は，その地では慣習的な日に二食ではなく，日に三食から四食子どもに与えていた。表面的には，解決策は単純に思えた。より多くの家庭にこうした食べ物を子どもに与えさせるということである。しかし，これをするのは全く簡単ではなかった。「良い意味の逸脱は外れ値，すなわち反逆者なのです」とスターニンは説明する。スターニン夫妻は，どの家庭が社会的基準や伝統に従っていないのかを明らかにすることはできなかった。しかし，子どもを救っているのはまさにこの行動なのであった。

　家庭に食事内容を変えるよう促すため，彼らは村人に無料の米を約束した。その代わりに，村人は子どもと一緒に料理レッスンに参加し，援助活動家に手助けされながら，より栄養が行き届いている子どもを持つ村の女性の教えを受けた。これらのレッスンは，村人に 12 日間毎日追加の食事を提供した。しかし参加するには，村人は野生の葉と共に小さなエビやカニを持って来て，それを交代で調理しなければならなかった。この 12 日間にわたって，それらの食べ物は子どもを病気にするのではなく健康にするということを，親や，子どもの世話をする人たちは自身で目の当たりにした。

　彼らの研究は正式な研究には基づいていなかったが，「私たちにすぐにわかったことは，子どもたちの体重が増えているということでした」とスターニンは言う。そして，その子どもたちは新しい食事内容のおかげで健康を維持した。そして一年後，その村の千人以上の子どもがもはや栄養失調ではなかったのだ。夫妻は続けて，国中で同様のプロジェクトを立ち上げた。この方法を採用した人は他にもおり，その結果，同様の栄養プログラムが今では全世界に存在する。スターニン夫妻の研究は刺激的なものではあったが，データを集めるのに個人的な取り組みが必要だった。一方でアルバンナは，衛星写真やソーシャルメディアといったビッグデータと個人面談を組み合わせれば，もっと少ない初期費用でこの仕事が行えるのではないかと考えた。

　ビッグデータはいくつかの利益をもたらすと，アルバンナは説明する。そのデータはすでに存在するので，その過程は家から家を回ることほどの人手を最初に必要としない。個人ではなく，村や地域のレベルで外れ値を特定することはまた，プライバシーへの懸念を低減する。良い意味の逸脱

アプローチは，新しい政策的介入を設計するために必要な情報を研究者や政策立案者に与えることに加えて，現存する政策的介入をも強化し，地域社会がそこに所属する人々の英知を用いることを促すのだとスターニンは言う。したがって，解決策はその地域社会の内部に存在しており，それらの策を実行することは「変革的なものである」と彼女は述べる。

━━━━━━━━━━ ◀解　説▶ ━━━━━━━━━━

〔1〕 (A) 空所の直前（"Normally ,when you …"）で「普通の研究者は外れ値を取り除く」と述べられている。直後では「外れ値が重要な情報を握っていると考える研究者もいる」と述べられていることから前後が逆接関係になっていると考え，空所に⑶「しかしながら」を入れる。他の選択肢は，⑴「その結果」，⑵「予想されるように」，⑷「それから」という意味。

(B) 空所を含む文の主語であるスターニン夫妻は「子どものための慈善団体で援助活動家をしていた」と述べられている。また空所の後では「子どもの栄養失調問題」について述べられているので，空所に⑵「幼少期の栄養問題」を入れると空所の前後が自然につながる。他の選択肢は，⑴「利用可能な食料の供給」，⑶「輸入された農業製品」，⑷「医療施設」という意味。

(C) 空所を含む文は逆接を表す But で始まっている。また直前の文（On the surface, …）で「表面的には，解決策は単純に思えた」と述べられている。この文と空所を含む文を逆接関係とするには，空所に⑵を入れ，空所を含む文を「全く簡単ではなかった」とすればよい。他の選択肢は，⑴「やりがいのある」，⑶「可能な」，⑷「信頼できる」という意味。

(D) 空所の直後の内容（子どもと一緒に料理レッスンに参加した）は直前の内容（無料の米を約束された）の代償だと考えられるので，空所に⑷「代わりに」を入れると空所の前後が自然につながる。他の選択肢は，⑴「少なくとも」，⑵「そうであっても」，⑶「対照的に」という意味。

(E) 直前の段落の最終文（Over those 12 …）で「新しい食事内容によって，子どもの栄養状態が改善された」と述べられている。よって空所に⑶を入れ，空所を含む文を「子どもたちは新しい食事内容のおかげで健康を維持した」という意味にすれば直前の段落の内容と合う。他の選択肢は，⑴「〜を拒絶したにもかかわらず」，⑵「〜にかかわらず」，⑷「〜に気づかず」という意味。

(F)　空所を含む文の直前（The couple went …）で「スターニン夫妻は
ベトナム中でプロジェクトを立ち上げた」と述べられている。空所を含む
文の後半では「同様のプログラムが全世界に存在する」と述べられている。
よって空所に(1)「～を採用した」を入れれば，空所の前後は「夫妻がプロ
ジェクトを立ち上げ，他の人々もその方法を採用し，世界中に広まった」
となり，論理的な展開となる。他の選択肢は，(2)「～を批判した」，(3)
「～を隠した」，(4)「～を無視した」という意味。

(G)　空所を含む文の直前の文（Big data offers …）に「ビッグデータは
利益をもたらす」とあり，空所を含む文の冒頭に「そのデータはすでに存
在する」とある。よって空所に(2)「より大きな労働力を必要としない（＝
より簡単に実行できる）」を入れ，空所を含む文を「その過程は家から家
を回るよりも楽である」という意味にすれば直前の内容と合う。他の選択
肢は，(1)「より形式的でない」，(3)「より刺激的な」，(4)「より時間を消費
する」という意味。

(H)　空所を含む文の空所前後は「良い意味の逸脱アプローチは，地域社会
がそこに所属する人々の（　　　）することを促す」という意味になる。ま
た，空所の直後の文（The solutions thus …）に「解決策は地域社会の内
部に存在する」とある。よって(4)を入れると，空所前後は「良い意味の逸
脱アプローチは，地域社会がそこに所属する人々の英知を用いることを促
し，それによって解決策を見出すことができる」となり，正しい文脈とな
る。他の選択肢は，(1)「身体的能力を伸ばす」，(2)「幸福度を上げる」，(3)
「プライバシーを守る」という意味。

〔2〕　あ　下線部は「この疑問」という意味だが，これは直前の文（By
focusing on …）の主旨である「不利な条件を克服し，健康な牧草地を維
持している少数の村が他所の牧草地を回復させる秘密を握っているかもし
れない」だと考えるのが自然。よってそれに一番近い，(4)「いくつかの村
の偉業は他の牧草地を回復させるのに用いることができるかどうか」が正
解。他の選択肢は，(1)「なぜ干ばつはその地域の牧草地を破壊したのか」，
(2)「他の放牧法は成功率を上げるのかどうか」，(3)「なぜソマリア北部の
経済は肉や牛乳や羊毛の輸出にひどく依存しているのか」という意味。

い　下線部は「これらの洞察」という意味だが，これは下線部同段の前半
部分（However, those outliers … similar circumstances fail.）で述べら

れている「ほぼ同じ状況に直面して，成功するものとしないものに分かれることには，外れ値が大きく関与している」という洞察だと考えるのが自然。よってそれに一番近い，(1)「なぜ外れ値はうまくいき，そうでないものはうまくいかないのかを理解すること」が正解。他の選択肢は，(2)「なぜ平均値は重要な情報を明らかにするのかを理解すること」，(3)「なぜ多くの研究者は外れ値を貴重ではないとみなすのかを理解すること」，(4)「なぜ逸脱を肯定的に捉える取り組みは実際には不可能なのかを理解すること」という意味。

⑤　下線部は「この困難な問題」という意味だが，これは第2段第5～8文（Megan Higgs, an … picture," Higgs says.）で述べられている「研究者は平均値を重視しすぎる傾向があり，平均値偏重の研究では重要な情報を見逃す恐れがある」ということだと考えるのが自然。よってそれに一番近い，(2)「研究者は平均に依存しがちだという事実」が正解。他の選択肢は，(1)「外れ値を数値化するのはやりがいのあることだという事実」，(3)「研究の規範を理解している人はほとんどいないという事実」，(4)「その新しい取り組みを用いるよう訓練されている研究者はほとんどいないという事実」という意味。

②　下線部は「その要件に合う」という意味だが，これは直前の文（The couple then …）で述べられている「村で一番貧しい家庭にもかかわらず健康的な体重の子どもを持つ」という要件だと考えるのが自然。よってそれに一番近い，(2)「健康で栄養の行き届いた子どもがいた」が正解。他の選択肢は，(1)「栄養失調の子どもがいた」，(3)「子どもを訓練していなかった」，(4)「子どもに食べ物を配給した」という意味。

③　下線部は「この行動」という意味だが，これは直前の文（The Sternins could …）で述べられている「（地元の一部の）家庭が（その土地の）社会的基準や伝統に従っていないこと」だと考えるのが自然。よってそれに一番近い，(2)「その村の習慣や慣習を破ること」が正解。他の選択肢は，(1)「子どものために日に二度食事を作ること」，(3)「子どもに田んぼからエビを収集させること」，(4)「伝統的に危険だとみなされている食べ物を避けること」という意味。

Ⅲ 　**解答**　〔1〕　あ—(1)　い—(3)　う—(2)　え—(8)
　　　　　　　〔2〕　か—(2)　き—(9)　く—(7)　け—(8)

◆全　訳◆

〔1〕《娯楽について話している》

A：やあ，調子はどうだい？　街でトレック・ウォーズの新しい映画を観
　ようかなと思っていたんだ。一緒に来るかい？

B：いや，やめとくよ。むしろ家で DVD を観たいな。僕は少なくとも
　100 本は持っているよ。君さえ良ければ，立ち寄ってくれて構わない
　よ。

A：君がそんなに多く持っているとは知らなかったよ。あるいはそれほど
　大きな空間と言うべきかな！　僕にはその部屋がないだろうな。君の
　アパートは本当にそんなに広いのかい？

B：まあ，単なるワンルームマンションっぽい部屋だけど，ベッドと PC
　を置けるくらいは広いよ。それと僕は映画をスマホかタブレットで観
　るしね。

A：ああ，わかったよ。君はネット配信サイトのどこかに登録したに違い
　ないね。

B：確かにしたよ。実は，3 つのサイトに登録しているんだ。

A：それはお金がかかりそうだね！　誰がそれら全部のお金を払っている
　んだい？

B：親だよ。だけど，彼らは気にしていないよ。彼ら自身もそれらのサイ
　トを利用したがっていたし，家族価格があるのを見て喜んでいたから
　ね。

A：だけど，最新の映画はまだネットでは観られないんだろ？

B：実は，多くの映画はネットで最初に観られるようになるのと同じ日に
　映画館で封切られるんだ。おい，君が観たがっていた新作をちょうど
　見つけたよ！　僕が登録しているサイトのひとつにあるけど，決めら
　れた期間だけだね。

A：それなら，ぜひ君のところへ行きたいな。一緒に観ようよ！

B：いいよ。ポップコーンは君が持って来てくれよな！

〔2〕《友人二人が話している》

A：で，君が僕に告げたい大ニュースって何なのさ？

Ｂ：僕はとても興奮しているんだ！　ハルミと僕は結婚するんだ。

Ａ：うわあ，それは早いね！

Ｂ：うちの親も君と同意見だろうね。彼らは僕たちは若すぎるって思っているんだ。

Ａ：だけど，君たちは二人とも好きな会社で，素晴らしい仕事に就いているじゃないか。それに愛し合っている。何がダメなんだい？

Ｂ：そうだね，でもひとつ問題があるんだよね。彼女は名字を変えたくないんだ。

Ａ：まあ，僕は驚かないけどね。

Ｂ：本当かい？　僕は驚きだよ。なぜそれが問題なのか，僕にはわからないんだ。

Ａ：では，なぜ彼女が変えたいだろうと思うんだい？　彼女はここしばらくの間今の会社で仕事をしていて，徐々に出世しているだろ。それにさ，みんな彼女のことを彼女自身の名字で覚えてるんだよ。

Ｂ：そうだね。そんなふうに考えたことはなかったよ。多分考えるべきだったんだね。

Ａ：じゃあさ，君が名字を彼女の方へ変えると申し出てみてはどうかな。

Ｂ：ううん…なぜ単純に名字を今のままにできないのかな。

━━━━━━━◀解　説▶━━━━━━━

〔1〕　あ　「少なくとも100本のDVDを持っている」と言うBに対し，空所の直前でAは「そんなにたくさん」と驚いているので，空所では続けて(1)「あるいはそれほど大きな空間」と言い換えるのが自然。

い　「君はネット配信サイトに登録したに違いない」と言うAに対し，空所の直前でBは「確かにした」と答えている。また空所の直後でAが「それはお金がかかりそうだ！」と驚いているので，空所ではBが(3)「実は3つのサイトに登録している」と言うのが自然。

う　「誰がお金を払っているのか？」と問うAに対し，空所の直前でBは「親だ」と答えている。直後で続けて「彼ら自身もそれらのサイトを使いたがった」と言っているので，その間の空所では(2)「だけど，彼らは気にしていない」と言うのが自然。

え　空所の直前で「多くの映画はネット配信開始日と同日に映画館で封切られる」と言い，直後で続けて「それは登録しているサイトのひとつにあ

り，決められた期間だけ観られる」と言っているので，空所では(8)「おい，君が観たがっていた新作をちょうど見つけた」と言うのが自然。他の選択肢は，(4)「私の家は信じられないくらい大きいのです」，(5)「私は映画館の近くには住んでいません」，(6)「全てが無料だとわかったのです！」，(7)「彼らはそこから何も得られないので，怒っています」，(9)「とにかく，私はテレビゲームをする方により興味を持っています」，(10)「さらに，君が観たがっていた映画はまだ利用できません」という意味。

〔2〕 ⓚ 空所の直前でBがAに「結婚する」と告げている。空所の直後でBは「うちの親も君と同意見だろう，彼らは僕たちが若すぎると思っている」と言っているので，空所ではAが(2)「うわあ，それは早い！」と驚くのが自然。

ⓢ 空所の直前でBは「でもひとつ（問題が）ある」と言っている。空所の直後でAは「自分は（それを聞いても）驚かない」と言っているので，空所ではBが(9)「彼女は名字を変えたくない」と，（Bとしては意外なことを）Aに告げるのが自然。

ⓒ 「（彼女が名字を変えたくないと思っていることを聞いても）驚かない」と言うAに対し，空所の前でBは「僕は驚いている」と言っている。さらに空所の直前で「なぜそれが問題かわからない（＝なぜ彼女が名字を変えたくないのかわからない）」と続けている。よって，それを聞いたAが空所で(7)「では（逆に），なぜ彼女がそうしたがると思うのか？」とBに問いかけるのが自然。

ⓣ 名字を変えたくないと考える人の発想を説明するAに対し，空所の直前でBは「それが正しいと思う」と納得している。さらに直後では should have *done*「～すべきだったのに（しなかった）」という表現を用いて発言している。よって，空所で(8)「それについてそんなふうに考えたことがなかった」と述べるのが自然。他の選択肢は，(1)「おめでとう！」，(3)「それは良い考えだ」，(4)「でも，誰も気にしない」，(5)「彼女はとにかく辞めたがっている」，(6)「彼女は僕を説得してそれをやめさせようとした」，(10)「ついに！　君たち二人はずっと長い間婚約していた」という意味。

Ⅳ 解答

(A)—(4)　(B)—(3)　(C)—(2)　(D)—(3)　(E)—(4)
(F)—(3)　(G)—(4)　(H)—(2)

◀解　説▶

(A) 「これは世界で最も美しい絵である！」
前後の文脈もなく定冠詞 the によって限定されていることから，空所には最上級が入ると判断する。

(B) 「私のスーツケースは機内に持ち込めるくらい軽い」
形容詞［副詞］＋enough for *A* to *do* で「*A* が～できるほど…」という意味。

(C) 「彼らの曲のほぼ全てはミリオンセラーのヒット曲だった」
almost は副詞なので，(1)と(4)のような用法はない。空所には所有代名詞 their が続いているので every を含む(3)も不可。よって almost all of ～（限定詞によって限定された名詞）「～のほぼ全て」という形である(2)が正解。

(D) 「私は昆虫に関する本を買いたい」
ここでの前置詞 on は「～に関する」という意味。

(E) 「あそこにこの本の持ち主がいる」
Over there is the person と this is his or her book の2文を，関係代名詞を用いてつなげているので，その用いるべき関係代名詞は所有格となる。

(F) 「昨夜あなたに電話しようとしたが，あなたは電話に出なかった」
last night とあるので空所には過去形が入るとわかる。(2)では but 以下の後半部分とで文意がつながらない。(4)は主語 I に対し were を用いることになるので不可。よって，(3)が正解。なお，ここでの did は「実際に」という意味の助動詞。

(G) 「洗車することには意味がない。明日は雨が降る」
There is no use *doing* で「～するのは無意味［無駄］である」という意味。

(H) 「全ての犬と猫には好き嫌いがある」
ここでの主語である Every dog and cat は単数扱い。また空所の直後の likes and dislikes は「好き嫌い」という意味の名詞であり，ここでは目的語だと考え，他動詞である(2)が正解。

Ⅴ 解答

〔1〕　(A)—(1)　(B)—(1)　(C)—(3)　(D)—(2)　(E)—(4)
〔2〕　(A)—(1)　(B)—(3)　(C)—(4)　(D)—(2)　(E)—(1)

◀解　説▶

〔1〕　(A)　「医師は，手術からの完全な回復には 2 カ月かかると言っている」

recovery は「回復」という意味の名詞。他の選択肢は，(2)「関連」，(3)「修正」，(4)「滑走路」という意味。

(B)　「就職面接の中で，その学生は壁のテレビをチラッと見た」

glimpse は「チラッと見ること」という意味の名詞。他の選択肢は，(2)「ロングドレス」，(3)「家主」，(4)「トラック」という意味。

(C)　「彼らは入場するために，なぞなぞに答えなければならなかった」

riddle は「なぞなぞ」という意味の名詞。他の選択肢は，(1)「減少」，(2)「払戻金」，(4)「ゴム」という意味。

(D)　「自分の健康状態を改善したいなら，定期的に運動することが必須である」

imperative は「必須の」という意味の形容詞。他の選択肢は，(1)「破滅的な」，(3)「従順な」，(4)「まっすぐな」という意味。

(E)　「その子どもはその缶（の飲み物）をガブっと一飲みした」

gulp は「ゴクリと飲むこと」という意味の名詞。他の選択肢は，(1)「凝視」，(2)「細菌」，(3)「ヤギ」という意味。

〔2〕　(A)　「本当に，なんて魅力的な人物なのでしょう」

charming は「魅力的な」という意味の形容詞なので，(1)「魅力的な」が正解。他の選択肢は，(2)「形式的な」，(3)「幸運な」，(4)「率直な」という意味。

(B)　「気候変動の主な原因は二酸化炭素の増加だと報告されている」

chief は「主な」という意味の形容詞なので，(3)「主要な」が正解。他の選択肢は，(1)「絶え間のない」，(2)「頻繁な」，(4)「現実的な」という意味。

(C)　「懸命に頑張ったが，我々に適した治療法は見つからなかった」

remedy は「治療法」という意味の名詞なので，(4)「治療法」が正解。他の選択肢は，(1)「キャンプ場」，(2)「社員食堂」，(3)「交差点」という意味。

(D)　「私の犬は湖に投げ入れたボールを取って戻ることができる」

retrieve は「～を回収する」という意味の他動詞なので，(2)「～を取って

戻る」が正解。他の選択肢は，(1)「〜を噛む」，(3)「〜を破壊する」，(4)
「〜に抵抗する」という意味。

(E)「この論文の文体は一貫していない」

coherentは「首尾一貫した」という意味の形容詞なので，(1)「一貫した」
が正解。他の選択肢は，(2)「影響力のある」，(3)「自由主義の」，(4)「冗長
な」という意味。

❖講　評

　2023年度の出題も例年と同じ形式で，長文読解問題2題，会話文問
題1題，文法・語彙問題2題の計5題であった。

　Ⅰの読解問題は，「失われた水路を復元する試み」に関するもので，
文章自体は読みやすいが，設問，特に〔1〕の(B)・(D)や〔2〕の(3)・(4)はや
や解きにくい。その理由は，他の日程でも見られたが，本文の主題や本
筋とはやや離れた，細かな部分を解答の該当箇所とした問いが多くなっ
ているからだろう。できるだけ素早く文章を読み，内容を理解して答え
ることが要求されている。

　Ⅱは「逸脱に焦点を当てる新しい研究法」を提案する論文であったが，
Ⅰとは逆に，読みにくいが解きやすい印象である。ただ，これも他の日
程でも感じられることだが，当該の段落の内容だけでは解答できず，段
落間をまたいで考えなければならない問いが目立つ。つまり，段落ごと
にトピック・センテンスだけを読み取っていくような読み方では正答で
きなくなっているということである。

　Ⅲの会話文問題は2つの小問に分かれ，それぞれ4カ所の空所に10
個の選択肢の中から適切なものを選んで入れるという，従来の形であっ
た。場面設定はすぐに掴めるが，そこで話されている内容はいわゆる定
番的なものではなく，時事的な事柄を含むものだったため，登場人物の
発言の意図をつかみ正解を導き出すことがやや難しい内容だったと言え
る。だが，できればこのⅢは全問正解して，得点を稼ぎたい部分である。

　Ⅳの文法・語彙問題（8問）は例年の「標準レベル」から「やや易」
へ難度は下がった。これは，文法問題集の「定番」と言える問題が多く
出題されたためである。ただし，文法・語彙の学習がおろそかになって
いると，「易化」とは感じられないだろう。日頃の学習の成果が問われ

ている。

　Vの語彙問題は 2 つの小問に分かれ，それぞれ 5 問の計 10 問。2023 年度は，例年同様「標準レベル」と言っていいものばかりだった。

　全体的には，ここ 10 年以上形式的には安定しており，「受験生フレンドリー」な問題であるとは言える。しかし，全日程にわたり，読解問題においては明らかに意図的な難度の上昇を感じさせるものとなっている。

（80 分）

Ⅰ　次の文を読んで，問いに答えなさい。

　　The Hawaiian language has no term for "virtual reality." At least, it didn't in 2017, when the Smithsonian Asian Pacific American Center held its first event in Hawai'i. Visitors to the Honolulu festival — called *Ae Kai*: A Culture Lab on Convergence" — could learn about Hawaiian fabric-making and surfboard-crafting or watch Hawaiian films and poetry readings. Most of the presenters were native Hawaiians and Pacific Islanders and the signs were in the Hawaiian language. But organizers faced a problem: Some of the words needed to describe the exhibits didn't exist yet.

　　"We worked with Hina Kneubuhl, a linguist[1] who was taking part in the program," says Kālewa Correa, the center's curator[2] of Hawai'i and the Pacific. "She would ask us questions like, 'What is at the core of virtual reality? What is it, really?' We had to really tease out[3] how to describe that idea within a Hawaiian worldview[4]." The term they came up with was *ho'opili 'oia'i'*, which literally means "true connection," or being fully immersed in an experience. The Hawaiian language expert presented the word to an official panel that approves new words, and the term was submitted to the modern Hawaiian dictionary.

　　Stories like this remind us of a time when Hawaiian was more actively spoken. Correa recalls that his Portuguese immigrant ancestors on his father's side learned the language when they arrived in the mid-1800s. So did immigrants from China, Japan, Africa, and all over the world. Only about half of the islands' population were indigenous[5] at the time, but Hawaiian was the kingdom's language, spoken in shops, in the fields, in the houses of government.

"It was the language of an advanced, multicultural society," Correa says. "People often don't realize how sophisticated Hawai'i was at the time. We had universal suffrage[6]. We had women judges. King Kalākaua and Queen Kapi'olani were the first monarchs[7] to ever travel around the globe, back in the 1880s." On their tour, the royal couple stopped in Washington, DC, where President Ulysses S. Grant hosted them at the first-ever state dinner. The queen toured the Smithsonian museum, and when she returned to Hawai'i, she had her boat makers create a special canoe and send it to the museum.

In 1896, just a few years after the king died, Kalākaua's sister, Queen Liliuokalani, was overthrown and the US government acquired the islands as a US territory. Part of the overthrow involved banning the Hawaiian language from all schools. By the time Correa was born in 1975, only the elderly could still speak Hawaiian fluently.

That changed around the time Correa went to college. A new program at the University of Hawai'i at Hilo revived the language and developed immersion programs[8] for Hawaiian schoolchildren. Today, more than 18,000 people speak Hawaiian fluently, a large proportion of them under the age of 18. Correa is also playing a role in the revival of the Hawaiian language. Through the center, he runs a program called *Our Stories*, which helps native Hawaiian and Pacific Islander filmmakers and multi-media artists share their own tales and perspectives.

One of the *Our Stories* projects is called *Language of a Nation*. It's a four-part series by the native Hawaiian filmmaker Conrad Lihilihi, relying on interviews with leading Hawaiian historians and cultural experts to explore the 1896 ban and its consequences. "Language really is the code of thinking," says Kaleikoa Kaeo, a professor of ethnic studies at the

University of Hawaiʻi in Maui, in the beginning of the series. "It is really the framework of how we see the world."

Along with his research and storytelling work, Correa has become interested in the boat Queen Kapiʻolani sent to the Smithsonian back in the 1880s. He served as the cultural advisor when his colleague, Joshua Bell, the curator of globalism at the National Museum of Natural History, brought in two native Hawaiian canoe experts to take a look. The Hawaiians pointed out that sometime after it was donated, the queen's canoe was unexplainably modified to include parts of other boats. According to Correa, "They said, 'This is a Samoan mast and it must be part of something else. And those pieces of wood at the bottom — those aren't part of the design. They're the packing materials that were used to hold the boat straight inside the crate[9].'" The experts also insisted that the boat needed more than just repairs. "The Hawaiian mindset[10] about boats is almost like the way musicians think about a Stradivarius violin — that you have to play it and give it energy," says Correa.

The same is true of the Hawaiian language itself. Reviving it involves more than learning the vocabulary and grammar. It requires a whole new kind of engagement. "Take a place name like Waimea Bay," Correa says, in reference to a part of the island of Oahu. "*Waimea* means 'reddish-brown waters.' When you see places with *'waimea'* in their name, it means that people long ago noticed the reddish color of the water there — a result of dissolving volcanic rock. Once you know the language, you understand so much more about the land around you and how your ancestors saw it. Those stories and perspectives are still there. You just need to unlock them."

(Adapted from a work by Jennie Rothenberg Gritz)

（注）

1. linguist　　　　　言語学者
2. curator　　　　　（博物館などの）学芸員

出典追記：What the Survival of the Hawaiian Language Means to Those Who Speak It, Smithsonian Magazine on November 19, 2020 by Jennie Rothenberg Gritz

3. tease out 　　　　　　見つける

4. worldview 　　　　　　世界観

5. indigenous 　　　　　　先住民の

6. suffrage 　　　　　　　投票権

7. monarch 　　　　　　　君主

8. immersion program 　他教科も当該言語で学ぶ外国語学習法

9. crate 　　　　　　　　木箱

10. mindset 　　　　　　　考え方

〔1〕本文の意味，内容にかかわる問い (A) 〜 (D) それぞれの答えとして，本文にしたがってもっとも適当なものを (1) 〜 (4) から一つ選び，その番号を解答欄にマークしなさい。

(A) What was challenging for the organizers of the Honolulu festival *"Ae Kai*: A Culture Lab on Convergence?"

(1) They could not find enough activities for visitors to participate in.

(2) The Hawaiian language did not have terms to describe all the displays to the visitors.

(3) It was difficult to explain the Hawaiian worldview to the other Pacific Islanders attending the festival.

(4) An official panel sometimes had trouble approving the creation of new words for the modern Hawaiian dictionary.

(B) Which of the following is NOT given as evidence of how sophisticated Hawai'i was in the 19th century?

(1) The royal family traveled internationally.

(2) Hawai'i was industrializing at a rapid pace.

(3) Hawai'i had a form of democracy at that time.

(4) Women held positions in the higher ranks of the legal system.

(C) According to the text, what is the current situation regarding the Hawaiian language?

  (1) It is mainly spoken by linguists and cultural specialists.

  (2) It is currently in serious decline and unlikely to survive.

  (3) More young people are able to speak it fluently than before.

  (4) Hawaiian has just been made a compulsory subject in high schools.

(D) According to Kālewa Correa, why is reviving the language so important?

  (1) It will enable more people to communicate with elderly relatives.

  (2) It will help people to better understand its vocabulary and grammar.

  (3) It will give people a greater appreciation of their history and environment.

  (4) It will allow Hawaiians to better enjoy their visits to Waimea Bay.

〔2〕 次の (1) ～ (5) の文の中で，本文の内容と一致するものには 1 の番号を，一致しないものには 2 の番号を，また本文の内容からだけではどちらとも判断しかねるものには 3 の番号を解答欄にマークしなさい。

  (1) In the middle of the 19th century, a large majority of the population of Hawai'i were indigenous.

  (2) When she was in Washington, DC, Queen Kapi'olani presented the President of the United States with a specially made canoe.

  (3) The *Our Stories* program was funded by the US government.

  (4) The project, *Language of a Nation*, explores the effects of prohibiting the Hawaiian language in schools.

  (5) Hawaiian canoe experts discovered that the canoe donated to the museum by Queen Kapi'olani had been changed from its original

form.

〔3〕本文の内容をもっともよく表しているものを(1)～(5)から一つ選び，その番
号を解答欄にマークしなさい。

(1)　A festival in Honolulu: *"Ae Kai*: A Culture Lab on Convergence"

(2)　The historical relationship between the United States and Hawai'i

(3)　An example of saving an endangered language and its related
culture

(4)　How immigration has influenced the language and culture of
Hawai'i

(5)　The importance of maintaining language diversity in the twenty-
first century

Ⅱ　次の文を読んで，問いに答えなさい。

In 2020, a team led by Dr Gilad Bino visited the area surrounding
the Manning and Hastings rivers, on the Mid North Coast of New South
Wales, Australia. Only six months previously, fire had swept through the
area, destroying ecosystems already damaged by continued drought, and
Bino, a freshwater ecologist, was there to assess the effects of these
multiple disasters on platypus[1] populations. Over two weeks, Bino's team
used nets to trap and count platypuses along Dingo Creek, examining
captured animals before returning them to the water. They also carried
out surveys of the populations of macroinvertebrates[2] that platypuses
depend upon for food.

Interestingly, Bino's team's findings suggested that even in areas badly
damaged by fire, macroinvertebrate numbers were relatively high. But
when it came to platypuses, it was a very different story. On sections of

creek unaffected by fires, the team were able to catch six platypuses over three nights. (A) , in areas that weren't directly affected by the fires but had suffered indirect impact in the form of erosion[3] and poor water quality, the team were also able to trap several platypuses over two nights. However, on sections of creek directly affected by fire the team caught only one platypus over five nights in one location, and another one at a second location. Even more (B) , they found no young platypuses at any location, suggesting none of the populations had bred successfully in the previous year.

Although disturbing, Bino didn't find these (C) surprising: "Intuitively[4], it makes sense that fire and drought pose significant threats to freshwater species, especially in combination." But his team's findings were significant. "Previous studies that looked at the impact of fires on platypuses didn't find a strong association between fire and platypus numbers. (D) , in those studies the condition of the rivers wasn't as dire[5] as it was at the peak of the drought in 2019 when the fires hit."

There seems little question these conditions had already placed pressure on platypus populations. Bino thinks that as creeks and rivers dry out, platypuses have to move along the dry stream bed in search of the deep pools they use as shelter. This puts them at risk of attack by invasive species[6] such as foxes and cats. He believes this was happening in these areas because some of the local people who live along the river mentioned seeing fox holes with platypus carcasses[7] scattered about. More importantly, though, Bino's study suggests the drought alone was not enough to account for the drop in platypus populations. (E) , the number of platypuses in the rivers seems to be linked to whether the rivers and their surrounding areas had also been affected by fire.

Fire has a variety of direct impacts upon platypuses because it damages important vegetation that they rely upon. The upper sections of riverside plants offer shade, cooling the water and protecting the animals from direct sun, as well as providing a habitat for the insects whose larvae[8] form a significant part of the platypus' diet. Simultaneously, the roots of bushes and trees growing along the riverbank support the burrows[9] in which the species breeds and rests. Fires also affect platypuses in less direct ways. Run-off of ash and increased erosion resulting from loss of vegetation in river systems reduce water quality, leading to the build-up of toxins[10] and organic compounds, and decreasing oxygen.

It might come as a shock to many that we ☐(F) the health of the platypus. After all, as well as their significance in many Aboriginal cultures, the species has long been a subject of scientific and public curiosity. In the 18ᵗʰ and 19ᵗʰ centuries, much of this revolved around the way the platypus seemed to belong to two different classes of organism, exhibiting the characteristics of mammals alongside ones associated with birds.

A lack of data on this exceptional creature's health and habitat has created a situation in which platypus populations could suffer rapid declines or local extinctions without scientists or policymakers noticing. This concern prompted Dr Tahneal Hawke to try to develop a better understanding of platypus distribution and abundance over time. To do this, Hawke searched newspaper reports, natural history books, explorers' journals, and museum records for references to platypuses. The results were clear. Over the past 20 years, platypuses appear to have disappeared from 21.3 per cent of their known historical territory.

Hawke's research also offers an alarming glimpse of a time when platypuses were ☐(G) . Records from the 19ᵗʰ century frequently describe sightings of as many as 20 platypuses in an hour or two, often in daylight. Likewise, thousands of platypus furs passed through markets in Sydney and elsewhere, with one merchant in Nowra claiming to have sold as many as 29,000 furs in the years before World War I.

The recent ☐(H) platypus populations are likely to become more apparent in years to come. As a result, Bino, Hawke and their colleagues at the Centre for Ecosystem Science recently applied to have the platypus listed as a threatened species. They hope this will lead to better monitoring of platypus populations, and more careful consideration of threats from developers and water management agencies. The team will be returning to carry out follow-up surveys. Their findings will contain important lessons about the future of this remarkable animal in a climate-changed world.

(Adapted from a work by James Bradley)

（注）

1．platypus　　　　　カモノハシ

2．macroinvertebrate　大型無脊椎動物

3．erosion　　　　　浸食

4．intuitively　　　　直感的に

5．dire　　　　　　　悲惨な

6．invasive species　　外来種

7．carcass　　　　　（動物の）死体

8．larvae　　　　　　幼虫

9．burrow　　　　　巣穴

10．toxin　　　　　　毒素

〔1〕本文の　(A)　〜　(H)　それぞれに入れるのにもっとも適当なものを(1)〜(4)から一つ選び，その番号を解答欄にマークしなさい。

(A)　(1)　As a result　　　　　(2)　In contrast

　　(3)　Likewise　　　　　　(4)　Nevertheless

(B)　(1)　concerning　　　　　(2)　encouraging

　　(3)　satisfying　　　　　(4)　tiring

(C)　(1)　opinions　　　　　　　(2)　questions

　　　(3)　results　　　　　　　　(4)　strategies

(D)　(1)　For instance　　　　　(2)　However

　　　(3)　Similarly　　　　　　　(4)　Therefore

(E)　(1)　As a consequence　　(2)　In fact

　　　(3)　Luckily　　　　　　　　(4)　On the other hand

(F)　(1)　are dependent upon　(2)　bring up

　　　(3)　care so much about　(4)　know so little about

(G)　(1)　far more abundant　(2)　given greater protection

　　　(3)　not as tame　　　　　(4)　underpriced

(H)　(1)　declines in　　　　　　(2)　movements of

　　　(3)　observations of　　　(4)　theories regarding

〔2〕下線部 ⓐ ～ ⓔ それぞれの意味または内容として，もっとも適当なものを
(1) ～ (4) から一つ選び，その番号を解答欄にマークしなさい。

ⓐ　it was a very different story

　(1)　Bino's team was unable to complete its research.

　(2)　The macroinvertebrates could no longer be eaten.

　(3)　Greater numbers of platypuses were captured each night.

　(4)　Platypuses were more badly affected than macroinvertebrates.

ⓑ　this

　(1)　the observation of the local area

　(2)　the hunting of platypuses by other animals

(3) the falling of water levels in the rivers and streams

(4) the effect of fire on the invasive species in the area

ⓤ this

(1) the last 300 years

(2) our historical interest in the platypus

(3) what we did not know about the platypus

(4) the importance of the platypus to Australian Aborigines

ⓔ To do this

(1) To examine historical records

(2) To raise concerns with other scientists

(3) To improve policies to protect the platypus

(4) To more fully understand trends in platypus populations

ⓞ this

(1) a plan to observe platypuses more closely

(2) an effort to relocate the platypus to other areas

(3) a decision to publish the team's findings in a scientific journal

(4) an attempt to have the platypus recognized as an endangered
     animal

Ⅲ

〔1〕次の会話の ⓐ ～ ⓔ それぞれの空所に入れるのにもっとも適当な表現を (1)～
⑽ から一つ選び，その番号を解答欄にマークしなさい。

On a bus

A : Excuse me, where are we now? Anywhere near Market Square?

B : (　ⓐ　) You've missed your stop, I'm afraid.

A : Oh, you're joking! Really?

B : Didn't you hear the announcement? A lot of people got out there.

A : I had my headphones on. I must have dozed off.

B : Not to worry. (　ⓘ　)

A : I know, but I wanted to get there early. The best bargains are always
gone before midday.

B : Well, it's only ten o'clock. There's plenty of time.

A : Yes, you're right. OK, I see where we are now. The next stop's the
university, right? (　ⓤ　)

B : You might as well wait until the station. There's a shuttle bus from
there that'll take you straight to the market.

A : Yeah, I know. (　ⓔ　) I'd rather walk, I think. I'll go through the
park.

B : Yes, it shouldn't take you long. Have fun at the market!

　⑴　I'll go there instead.

　⑵　But it's always so crowded.

　⑶　That's what I was thinking.

　⑷　I don't think anyone noticed.

　⑸　We passed it ten minutes ago.

　⑹　I'll get off there and walk back.

　⑺　I think you're on the wrong bus.

⑻　There's another market tomorrow.

⑼　I can show you the way if you like.

⑽　If you're heading to the market, it's on all day.

〔2〕次の会話の ㋕ 〜 ㋘ それぞれの空所に入れるのにもっとも適当な表現を (1)〜
⑽ から一つ選び，その番号を解答欄にマークしなさい。

In a shop

A：Hello. I'll take this jacket, please. Can I pay by credit card?

B：Yes, of course.

A：Also, I got this coupon last time I was here. It should give me a 10% discount.

B：It's no longer valid, unfortunately.（　㋕　）

A：Oh, I didn't realize. How annoying!

B：Perhaps I can interest you in our new customer card. If you sign up for one now, you'll get 15% off all your purchases today.

A：Sounds good. Will it take long?

B：（　㋖　）If you could just fill in this form with your details ….

A：Let me see …. Hmmm … date of birth? Is that *really* necessary?

B：（　㋗　）We do need your home address though, and a telephone number if possible.

A：I'm sorry. I'm not happy about sharing so much personal information.

B：I understand. Do you still want the jacket?

A：（　㋘　）Maybe I'll come back for one when you have your next sale.

⑴　I'm afraid so.

⑵　It's the best I can do.

⑶　Please take your time.

⑷　We've completely sold out.

⑸　I can issue it straight away.

⑹　Actually, I think I'll leave it.

⑺　I don't really have much choice.

⑻　That campaign finished last week.

⑼　You can skip that part if you like.

⑽　We're only accepting cash payments now.

Ⅳ　次の⑷〜⑻それぞれの文を完成させるのに，下線部の語法としてもっとも適当なものを⑴〜⑷から一つ選び，その番号を解答欄にマークしなさい。

(A)　He ate _____ bread each morning.

　　⑴　a　　　　　　　　　　　　⑵　a few

　　⑶　many　　　　　　　　　　⑷　some

(B)　They _____ a house with a white fence.

　　⑴　are bought recently　　　　⑵　bought recently are

　　⑶　have recently bought　　　⑷　recently bought is

(C)　Since I've been so critical of the academy, it wouldn't be right for _____ the prize.

　　⑴　I accept　　　　　　　　　⑵　I were to accept

　　⑶　me to accept　　　　　　　⑷　my accepting

(D)　I could not _____ if he was lying.

　　⑴　insist　　　　　　　　　　⑵　speak

　　⑶　talk　　　　　　　　　　　⑷　tell

(E)　This newspaper _____ published for about ten years in the early 20th century.

(1)　has been　　　　　　　(2)　having been

(3)　is being　　　　　　　(4)　was

(F)　Her wireless internet connection failed while she ＿＿＿＿＿ an online class.

(1)　has taken　　　　　　　(2)　is taken

(3)　takes　　　　　　　　(4)　was taking

(G)　Had you arrived on time, you ＿＿＿＿＿ the answer to that question.

(1)　knew　　　　　　　　(2)　know

(3)　will know　　　　　　(4)　would know

(H)　I quickly ＿＿＿＿＿ the car and drove off.

(1)　got at　　　　　　　　(2)　got in

(3)　got on　　　　　　　　(4)　got up

V

〔1〕次の (A) 〜 (E) それぞれの文を完成させるのに，下線部に入れる語としてもっとも適当なものを (1) 〜 (4) から一つ選び，その番号を解答欄にマークしなさい。

(A) Charles often asked his family and friends to ＿＿＿＿ him money.
- (1) flood
- (2) lend
- (3) rest
- (4) upset

(B) Some hairdressers enjoy working with ＿＿＿＿ hair.
- (1) civil
- (2) curly
- (3) intensive
- (4) lifelong

(C) Both sides must learn to ＿＿＿＿ to gain lasting peace.
- (1) compromise
- (2) fragment
- (3) leap
- (4) orbit

(D) The ＿＿＿＿ of the new medical treatment are encouraging.
- (1) concessions
- (2) flames
- (3) outcomes
- (4) ravages

(E) Rather than living in luxury, the president donates 80% of her salary to charity and tries to lead a ＿＿＿＿ life.
- (1) costly
- (2) frugal
- (3) literal
- (4) lucrative

〔2〕次の (A) 〜 (E) の文において，下線部の語にもっとも近い意味になる語を (1) 〜 (4) から一つ選び，その番号を解答欄にマークしなさい。

(A) I used to try not to rely on others for support.
- (1) check on
- (2) count on

　　(3)　focus on　　　　　　　　　(4)　spy on

(B)　Taylor had <u>an outstanding</u> match in the final.

　　(1)　a competitive　　　　　　　(2)　a favorable

　　(3)　an impressive　　　　　　　(4)　an unlucky

(C)　We should call the building's <u>landlord</u> about fixing the broken pipe.

　　(1)　committee　　　　　　　　　(2)　inhabitant

　　(3)　owner　　　　　　　　　　　(4)　tenant

(D)　In his speech, the prime minister spoke about the <u>crucial</u> role of
　　education.

　　(1)　changing　　　　　　　　　　(2)　contemporary

　　(3)　important　　　　　　　　　(4)　modern

(E)　We don't see ourselves as <u>opponents</u>, but some people do.

　　(1)　colleagues　　　　　　　　　(2)　innovators

　　(3)　liberals　　　　　　　　　　(4)　rivals

2 月 1 日実施分　　解　答

Ⅰ 解答
〔1〕　(A)—(2)　(B)—(2)　(C)—(3)　(D)—(3)

〔2〕　(1)— 2　(2)— 2　(3)— 3　(4)— 1　(5)— 1

〔3〕—(3)

◆全　訳◆

≪ハワイ語の復興≫

ハワイ語には「仮想現実」を表す言葉がない。少なくとも，スミソニアン・アジア・パシフィック・アメリカン・センターがハワイで初めてイベントを開催した，2017 年にはなかった。「アエ・カイ──集中に関する文化研究所」と題したホノルルでの祭りにやって来た観客は，ハワイの生地製造やサーフボード製作に関して学んだり，ハワイの映画や詩の朗読を観覧したりすることができた。実演者の大半はハワイや太平洋の島々のネイティブで，看板はハワイ語で書かれていた。しかし，主催者はある問題に直面した。展示を説明するのに必要な言葉の一部がまだ存在していなかったのである。

「そのプログラムに参加していた言語学者であるヒナ゠ニューブールと仕事をしたのですが」と，同センターでハワイと太平洋を担当する学芸員であるカレワ゠コレアは言う。「彼女は我々に，『仮想現実の核に当たる部分には何があるのか？　実際，それは何なのか？』といった質問をしていたのです。その概念をハワイの世界観の中でどのように説明すればよいのかを，本当になんとか見つけ出さなければならなかったのです」　彼らが考え出した言葉が，直訳的には「真の繋がり」，言い換えるとある経験に完全に浸り込む状態を表す ho‘opili ‘oia‘i‘ であった。このハワイ語の専門家は，新語を承認する公式の委員会へこの言葉を提言し，それは現代ハワイ語辞典に取り入れられることとなった。

こうした話は我々に，ハワイ語がもっと活発に話されていた時代を思い出させる。コレアは，1800 年代半ばにポルトガルからの移民である父方の祖先が島にやってきたときにその言語を学んだのだと回想する。中国，日本，アフリカ，そして世界中からやってきた移民もまたそうであった。

当時ハワイ諸島の人口の半分程度しか先住民ではなかったが，ハワイ語は王国の言語であり，店や農場や政府の議会で話されていた。

「ハワイ語は高度な多文化社会の言語だったのです」とコレアは言う。「当時のハワイがいかに洗練されていたかを認識している人はあまりいません。国民に普通選挙権がありました。女性の裁判官もいました。1880年代当時だと，カラカウア王とカピオラニ王妃は君主としては世界を一周した最初の人だったのです」　その外遊の途中，王夫妻はワシントンDCに立ち寄り，そこでユリシーズ=S=グラント大統領が彼らを合衆国初の公式晩餐会に招いた。王妃はスミソニアン博物館を訪れ，ハワイに帰国すると，お抱え船大工に特別なカヌーを作らせ，それを博物館に寄贈した。

カラカウア王が死去してわずか数年後の1896年，その妹であったリリウオカラニ女王が退位させられ，合衆国政府がハワイ諸島を合衆国の領土に併合した。この王制廃止の一部には，すべての学校でハワイ語を禁止することが含まれていた。1975年にコレアが生まれた頃までには，ハワイ語をいまだ流暢に話せるのは年寄りだけになっていた。

そのような状況は，コレアが大学へ進学する頃に変化した。ハワイ大学ヒロ校が始めた新しいプログラムによってハワイ語が復興し，ハワイの学童に対するイマージョン教育が開発された。今日，18,000以上の人が流暢にハワイ語を話し，その大多数が18歳未満である。コレアもまたハワイ語の復興に一役かっている。センターを通じて，彼は「私たちの物語」という名のプログラムを運営しているが，それはハワイや太平洋の島々のネイティブである映画製作者やマルチメディアアーティストが自身の物語や見解を共有することを手助けするものである。

「私たちの物語」プロジェクトのひとつは「一国家の言語」と題されている。それは，一流のハワイ史研究家と文化の専門家へのインタビューによって，1896年のハワイ語禁止令とそれがもたらした結果を探求する，ハワイのネイティブである映画製作者コンラッド=リヒリヒの手による4部作である。「言語はまさに思考を規定するものなのです」と，この4部作の冒頭で，ハワイ大学マウイ校で民族学研究をするカレイコア=カエオ教授は言う。「それは本当に，我々が世界をどう見るかの枠組みなのです」

自身の研究と物語の仕事をしているうちに，コレアは，1880年代にカピオラニ王妃がスミソニアン博物館に贈った船に興味を持つようになった。

コレアが文化に関するアドバイザーを務めていたとき，同僚で，国立自然史博物館でグローバリズム担当の学芸員をしているジョシュア=ベルが，ハワイのネイティブでカヌー作りの専門家 2 人をその王妃のカヌーを調べるために連れて来た。その 2 人のハワイ人は，寄贈された後のどこかのタイミングで，理由まではわからないが，そのカヌーは他の船の部分がいくつか組み合わせられ，改造されていると指摘した。コレアの談では，「『これはサモア流のマストなので，きっと他のものの一部だったに違いありません。それに，この底の部分に用いられている木材ですが，そもそもの設計に含まれるものではありません。それは木箱の中で船を真っ直ぐ支えるために用いられていた梱包材です』と彼らは言ったのです」。その専門家はまた，その船は単なる修理以上のものを必要としたとも主張した。「船に対するハワイ人の考え方は，音楽家がストラディヴァリウスのバイオリンをどう捉えるかにほとんど似たものなのです。つまり，実際に弾いてそれに命を吹き込まなければならないのです」とコレアは言う。

　ハワイ語自体についても同じことが言える。それに再び命を吹き込むには，語彙や文法を学ぶ以上のことが必要である。まったく新しい関わり方が必要なのである。「例えばワイメア湾のような地名を例にしますと」と，オアフ島の一部に言及しつつコレアは言う。「ワイメアは『赤茶色の水』を意味します。その名にワイメアを持つ場所を見かけたなら，その場所の水が，溶岩が溶け出した結果，赤茶色であると大昔の人が気づいていたという意味になるのです。言葉を理解すれば，身の回りの土地や，祖先がそれをどう捉えていたかに関する理解が大きく増します。そうした物語や見解はいまだに存在しています。ただそれを解読すればよいだけなのです」

■■■■■◀解　説▶■■■■■

〔1〕　(A)　「ホノルルで行われた祭りである『アエ・カイ——集中に関する文化研究所』の主催者にとって何が困難だったか？」

第 1 段最終文（But organizers faced …）の内容より，(2)「ハワイ語には観客に展示のすべてを説明できる言葉が存在しなかった」が正解。他の選択肢は，(1)「観客が参加できる活動が十分には見つからなかった」，(3)「ハワイの世界観を，祭りに参加する他の太平洋の島々の人々に説明することが困難だった」，(4)「公式の委員会が，現代ハワイ語辞典に載せる新語の創造を承認するのに時折苦労することがあった」という意味。

(B)「19世紀のハワイがいかに洗練されていたかを示す証拠としてあげられていないのは以下のどれか？」

(1)「王族が国際的な旅をした」は第4段第5文（King Kalākaua and …），(3)「当時のハワイには民主主義の一形態があった」は同段第3文（We had universal …），(4)「女性が法制度の中でより高い地位についていた」は同段第4文（We had women …）の内容と一致するが，(2)「ハワイは急激に産業化していた」に関する言及はないので，(2)が正解。

(C)「本文によると，現在のハワイ語を取り巻く状況はどのようなものか？」

第6段第3文（Today, more than …）の内容より，(3)「今までより多くの若者がそれを流暢に話すことができる」が正解。他の選択肢は，(1)「それは主に言語学者や文化の専門家によって話されている」，(2)「現在それは深刻な低迷状態にあり，生き残る可能性は低い」，(4)「ハワイ語は高校での必修科目になったばかりである」という意味。

(D)「カレワ=コレアによると，言語を復興させることはなぜそれほど重要なのか？」

最終段第7文（Once you know …）の内容より，(3)「それによって人々は自身の歴史や環境をより理解できるようになる」が正解。他の選択肢は，(1)「それによってより多くの人が年老いた親戚と意思疎通できるようになる」，(2)「それによって人々はその語彙と文法がより理解できるようになる」，(4)「それによってハワイ人はワイメア湾を訪れることをより楽しめるようになる」という意味。

〔2〕(1)「19世紀半ば，ハワイの人口の大多数は先住民であった」

第3段最終文（Only about half …）の内容に一致しない。

(2)「ワシントンDCに滞在中，カピオラニ王妃は合衆国大統領に特別にあつらえたカヌーをプレゼントした」

第4段最終文（The queen toured …）の内容に一致しない。

(3)「『私たちの物語』プログラムはアメリカ政府から資金の提供を受けていた」

第6段最終文（Through the center, …）の内容から，このプログラムがスミソニアン・アジア・パシフィック・アメリカン・センターが行う活動の一部であることは読み取れるが，その「センター」の運営資金がアメリ

カ政府から出ているのかどうかに関する言及はないので，判断できない。

(4)「『一国家の言語』プロジェクトは，学校でハワイ語を禁止したことの影響を探るものである」

第 5 段第 2 文（Part of the …）および第 7 段第 2 文（It's a four-part …）の内容に一致する。

(5)「ハワイのカヌーの専門家は，カピオラニ王妃が博物館に寄贈したカヌーには元の形から変更が加えられていることを発見した」

第 8 段第 2・3 文（He served as … of other boats.）の内容に一致する。

〔3〕　この本文は全体にわたって「ハワイ語とハワイ諸島の文化の再発見とその復興」について述べているので，(3)「絶滅に瀕した言語とそれに関連する文化を救う一例」が正解。他の選択肢は，(1)「ホノルルで行われた祭り――『アエ・カイ――集中に関する文化研究所』」，(2)「アメリカ合衆国とハワイの歴史的関係」，(4)「入植がどのようにハワイの言語や文化に影響を与えてきたか」，(5)「21 世紀に言語的多様性を維持することの重要性」という意味。

II　解答

〔1〕　(A)—(3)　(B)—(1)　(C)—(3)　(D)—(2)　(E)—(2)
　　　(F)—(4)　(G)—(1)　(H)—(1)

〔2〕　あ—(4)　い—(2)　う—(2)　え—(4)　お—(4)

◆全　訳◆

≪カモノハシの個体数の推移とその未来≫

　2020 年，ギラッド=ビノ博士に率いられた一団が，オーストラリアはニューサウスウェールズのミッド・ノース・コーストを流れるマニング川とヘイスティングズ川を囲む地域を訪れた。そのわずか 6 カ月前に，その地域は火事に襲われ，長引く干ばつですでに被害を受けていた生態系が破壊されていたのだが，淡水生態学者のビノは，こうした複数の災害がカモノハシの個体数に与える影響を見極めるためそこへ赴いた。2 週間にわたって，ビノ一団は網を用いてディンゴ川沿いのカモノハシを捕まえ，その数を数え，川へ戻す前にその捕らえたカモノハシを検査した。彼らはまた，カモノハシが主食として依存する大型無脊椎動物の個体数調査も行った。

　興味深いことに，ビノ一団の発見は，火事によって深刻な被害を受けた地域でさえ，大型無脊椎動物の個体数は比較的多いことを示唆した。しか

し，カモノハシに関しては，まったく異なっていた。同河川でも火事の影響を受けていない区域では，一団は 3 夜で 6 匹のカモノハシを捕獲できた。同様に，直接的には火事の影響は受けていないが，浸食や水質低下という形で間接的な影響を受けた地域でも，一団は 2 夜で数匹捕獲できた。しかしながら，直接火事の影響を受けた区域では，一団は 5 夜で，ある 1 箇所で 1 匹，別の箇所でもう 1 匹捕獲しただけだった。さらに気がかりなのは，彼らはいかなる場所でもカモノハシの子供を発見できなかったのだが，それは前年にうまく繁殖することができた個体が 1 匹もいなかったことを示唆していた。

　気がかりではあるが，ビノはこうした結果が驚くものではないと考えた。「直感的に言っても，火事や干ばつが，特にそれが重なったなら，淡水に住む種に相当な脅威を与えるということは理にかなっています」　しかし，彼の一団が発見したことには意味があった。「火事がカモノハシに与えた影響を探った以前の研究は，火事とカモノハシの個体数の間に強い相関関係を見出していませんでした。しかし，それらの研究の中では，河川の状態は，火事が襲い，しかも干ばつのピークであった 2019 年ほど悲惨なものではなかったのです」

　こうした状況がカモノハシの個体数にすでに圧力をかけていたことに，ほとんど疑問はないようだ。河川が干上がっていくにつれて，カモノハシは隠れ家となる深みを探して，乾燥した川底に沿って移動しなければならないと，ビノは考えている。これによって，キツネやネコといった外来種に襲われる危険にさらされる。川沿いに暮らす地元民の何人かが，食い散らかされたカモノハシの死体の入ったキツネの巣穴を見かけたことがあると言っているので，これらの地域ではこうしたことが起こっていたのだとビノは考えている。しかしさらに重要なのは，干ばつだけではカモノハシの個体数が減少したことを説明しきれないと，ビノの研究が示唆していることである。実際，それらの川に住むカモノハシの数は，川やそれを取り巻く地域もまた火事の影響を受けていたかどうかとつながっているようである。

　火事はカモノハシが依存する重要な植物に害を与えるため，彼らにさまざまな影響を直接与える。河岸の植物の上部は木陰を作り，カモノハシにとってはその幼虫が常食の重要な一部である昆虫の棲家を生み出すだけで

なく，水温を下げ，カモノハシを直射日光から守る。同時に，河岸に沿って生える低木や木の根は，その中でカモノハシが繁殖行動し，休息する巣穴を支えてくれる。火事はまた，これほど直接的ではない形でカモノハシに影響する。川への灰の流出，さらに水系の植生が失われたことで生じる浸食の増大によって，水質が下がり，毒素や有機化合物が蓄積し，酸素量が減ってしまうのである。

我々がカモノハシの健康に関してこれほど無知であるのは，多くの人には驚きかもしれない。結局のところ，多くのアボリジニ文化において重要なだけでなく，カモノハシは昔からずっと科学的にも一般的にも興味の的だったのだから。しかし 18・19 世紀において，このことの大部分は，カモノハシが哺乳類の特徴だけでなく鳥類と関連する特徴も示す，2 つの異なる生物種に属しているように思われた点を中心とするものであった。

この例外的な生き物の健康と生息地に関するデータは不足しているため，科学者や政策担当者に気づかれることなく，カモノハシの個体数が急速に減少，あるいは局所的に絶滅しかねない状況が生じている。この懸念によって，ターニール=ホーク博士は，時とともにカモノハシがどう分布し数が増減するのかをより理解しようと努めることとなった。これを行うために，ホークはカモノハシへの言及を新聞記事，自然史に関する文献，冒険家の日誌，博物館記録の中で探した。その結果は明らかであった。過去 20 年間で，カモノハシはすでに長く知られていた縄張りの 21.3％から姿を消しているようである。

ホークの研究はまた，カモノハシがはるかに豊富にいた時代の憂慮すべき片鱗も示している。19 世紀の記録では，1，2 時間で，しばしば昼間に 20 匹ものカモノハシを目撃した例がたびたび述べられている。同様に，シドニーやその他の場所にあった市場では何千ものカモノハシの毛皮が取引され，あるナウラの商人は第一次世界大戦前の数年で，29,000 もの毛皮を売ったとさえ言っていた。

カモノハシの個体数における最近の減少は，近い将来，より明らかになるだろう。その結果，ビノ，ホーク，そして生態系科学センターの同僚たちは，カモノハシを絶滅危惧種に指定してもらうよう先ごろ申し込みをした。これによってカモノハシの個体数をよりよく監視できるようになり，土地開発者や水の管理機関が与える脅威をより慎重に考慮できるようにな

ると，彼らは期待している。一団は追跡調査を行うため，再び現地に戻ることになっている。彼らが発見することは，気候が変動してしまった世界で暮らすこの特筆すべき動物の未来について重要な教訓を含むことになるだろう。

■━━━━━━━━◀解　説▶━━━━━━━━■

〔1〕　(A)　直前の文「6匹のカモノハシを捕獲できた」と直後「数匹捕獲できた」が類似する内容なので，空所に(3)「同様に」を入れると前後が自然につながる。他の選択肢は，(1)「結果として」，(2)「対照的に」，(4)「それにもかかわらず」という意味。

(B)　直前の文で「好ましくない」内容が述べられ，直後では「さらに好ましくない」内容が述べられているので，空所に(1)「気がかりな」を入れ，空所を含む部分を「さらにより気がかりなのは」とすれば前後が自然につながる。他の選択肢は，(2)「励みとなる」，(3)「満足のいく」，(4)「疲れさせる」という意味。

(C)　空所を含む文は「ビノはこれらの（　(C)　）を驚くものとは思っていなかった」という意味である。では，「ビノ」が「驚くこと」だとは思わなかった「これらの（　(C)　）」とは何かと考えて，前段落で述べられているカモノハシの捕獲数のことだとわかれば，(3)「結果」を選べる。他の選択肢もすべて複数形の名詞で，(1)「意見」，(2)「疑問」，(4)「戦略」という意味。

(D)　直前の文では「先行研究では火事とカモノハシの個体数との相関関係が明らかにはならなかった」と述べられ，直後の文では「その研究当時，河川の状態は2019年ほど悲惨ではなかった」と述べられている。この2文は，「確かに先行研究では明らかにならなかったが，その当時は河川の状態はそれほど悪くなかったのだから仕方がない」というつながりで捉えるのが論理的である。よって，(2)「しかしながら」が正解。他の選択肢は，(1)「例えば」，(3)「同様に」，(4)「それゆえ」という意味。

(E)　直前の文では「干ばつだけではカモノハシの個体数の減少を説明しきれない」と述べられ，直後の文では「カモノハシの数は火事の影響を受けたかどうかと関わりがある」と特定の減少要因が挙げられている。したがって，この2文は，前言を補足・強調する(2)「実際には」によってつながるのが論理的である。他の選択肢は，(1)「その結果」，(3)「幸運なことに」，

(4)「一方で」という意味。

(F)　空所を含む文全体は It comes as a shock to *A* that S V「S が〜するのは *A* にとってはショックである」という意味の形式主語を用いた表現なので，空所を含む that 節（that we（　(F)　）the health of the platypus）の内容が「多くの人にとっては驚きだろう」という意味になる。では，その「多くの人にとって驚き」となることは何かと考えると，直後の文に「カモノハシは昔からずっと興味の的だった」とあることから，「カモノハシ」は昔から注目され続けてきた⇒その「健康」について知られていても不思議ではない⇒しかし実際にはそうではなかった，ということだと推測できる。したがって，空所に(4)「〜についてそれほど無知である」を入れると文意が通じる。次の段落の冒頭（A lack of …）に「カモノハシの健康に関するデータが不足している」と述べられていることもヒントになる。他の選択肢は，(1)「〜に依存している」，(2)「〜を育てる」，(3)「〜のことをそれほどまで気にする」という意味。

(G)　空所を含む文全体は「ホークの研究はまた，カモノハシが（　(G)　）だった時代の憂慮すべき片鱗も示している」という意味だが，直後で述べられている内容から，空所には(1)「はるかに豊富な」が入ると判断できる。他の選択肢は，(2)「より保護されて」，(3)「それほど飼い慣らされていない」，(4)「安すぎる」という意味。

(H)　空所を含む部分（The recent（　(H)　）platypus populations）は「最近のカモノハシの個体数（　(H)　）」という意味だが，本文のここまでに「最近カモノハシの個体数が減っている」様子が述べられているので，空所には(1)「〜における低下」が入ると判断する。他の選択肢は，(2)「〜の動き」，(3)「〜の観察」，(4)「〜に関する理論」という意味。

〔2〕　あ　下線部を含む部分は，直訳すると「カモノハシに関しては，それはまったく異なる話であった」という意味だが，この it「それ」は漠然とした状況・事情を示す it で，下線部全体で「状況はまったく変わっていた」という意味の慣用表現である。では，何と比べてどのように「まったく変わっていた」のかと考えると，直前の文に「大型無脊椎動物の個体数は比較的多かった」とあることから，下線部を含む部分全体は「（大型無脊椎動物の個体数は比較的多かったが，）カモノハシの個体数は少なかった」という内容になると推測できる。よって，それに一番近い(4)「カモ

ノハシは大型無脊椎動物よりも悪影響を受けていた」が正解。第 2 段最終
2 文 （However, on sections … the previous year.）に火事の影響を受け
てカモノハシの個体数が減少しているという趣旨の内容が述べられている
こともヒントになる。他の選択肢は，(1)「ビノ一団は研究を完了させるこ
とができなかった」，(2)「大型無脊椎動物はもはや食べられることがなく
なっていた」，(3)「より多くの数のカモノハシが夜毎に捕獲された」とい
う意味。

ⓥ　下線部は指示語の this なので，その指示内容は直前の文で述べられ
ている「カモノハシがキツネやネコに襲われること」のはずである。よっ
て，(2)「他の動物がカモノハシを狩ること」が正解。他の選択肢は，(1)
「地元地域の観察」，(3)「河川の水位の低下」，(4)「火事がその地域の外来
種に与える影響」という意味。

ⓤ　下線部は指示語の this なので，その指示内容は直前の文で述べられ
ている「カモノハシが昔からずっと科学的にも一般的にも興味の的だった
こと」のはずである。よって，それに一番近いとみなせる(2)「我々が昔か
らカモノハシに興味を持っていること」が正解。なお，ここでの
historical は「歴史的な」というより「昔から変わらぬ」という意味であ
る。他の選択肢は，(1)「過去 300 年」，(3)「カモノハシについて我々が知
らなかったこと」，(4)「オーストラリアのアボリジニにとってのカモノハ
シの重要性」という意味。

ⓔ　下線部は「これを行うために」という意味だが，ここでの「これ」と
は直前の文で述べられている「カモノハシの個体数の推移をより理解する
こと」だと考えるのが自然。よって，(4)「カモノハシの個体数の傾向をも
っとよく理解するために」が正解。他の選択肢は，(1)「歴史的記録を調べ
るために」，(2)「他の科学者たちに懸念を提起するために」，(3)「カモノハ
シを守る政策を改善するために」という意味。

ⓞ　下線部は指示語の this なので，その指示内容は直前の文で述べられ
ている「カモノハシが絶滅危惧種に指定されるよう申請したこと」のはず
である。よって，(4)「カモノハシを絶滅危惧種と認識してもらう試み」が
正解。他の選択肢は，(1)「もっと詳しくカモノハシを観察する計画」，(2)
「カモノハシを別の地域へ移す努力」，(3)「一団の発見を科学雑誌で公に
する決断」という意味。

Ⅲ 解答

〔1〕　あ—(5)　い—(10)　う—(6)　え—(2)

〔2〕　か—(8)　き—(5)　く—(9)　け—(6)

━━━━━◆全　訳◆━━━━━━━━━━━━━━━━━━━

〔1〕 ≪バスの中で≫

A：すみません，今どこですか？　マーケット広場の近くのどこかですか？

B：そこは 10 分前に通り過ぎましたよ。お気の毒ですが，あなたは降りる停留所を乗り過ごしたのです。

A：えー，嘘でしょ！　本当ですか？

B：アナウンスを聞かなかったのですか？　多くの人がそこで降りましたよ。

A：ヘッドホンをしていたんです。きっと居眠りしていたんですね。

B：心配はいりませんよ。マーケットに向かっているのなら，一日中やっていますから。

A：それは知っているのですが，早めにそこに到着したかったのです。最高の掘り出し物はいつも昼前には売れてしまうので。

B：まあ，まだ 10 時ですから。時間はたっぷりありますよ。

A：そうですね。あなたの言う通りですね。うん，今どこにいるかわかりました。次の停留所は大学ですよね？　私はそこで降りて，歩いて戻ります。

B：駅まで待った方がよいですよ。そこからマーケットまで直通のシャトルバスがありますから。

A：ええ，知っています。でも，あのバスはいつもとても混んでいるんです。やっぱり，歩いた方がいいと思います。公園を通り抜けて行きます。

B：そうですね，それなら長い時間はかからないでしょう。ではマーケットを楽しんできてください！

〔2〕 ≪お店で≫

A：こんにちは。このジャケットをいただくわ。クレジットカードでの支払いは可能かしら？

B：はい，もちろん可能です。

A：それと，前回ここに来たときにいただいたこのクーポンを持っている

わ。10％割引になるはずよね。

B：残念ながら，それは有効期限切れです。そのキャンペーンは先週で終
了しました。

A：あら，気がつかなかったわ。なんて腹立たしいのかしら！

B：もしかすると，うちの新しい顧客カードにご興味をお持ちいただける
かもしれません。今すぐご登録いただければ，今日の買い物すべてが
15％引きになります。

A：良さそうね。それには時間がかかるのかしら？

B：今すぐ発行可能です。この用紙に必要事項をご記入してさえいただけ
れば……。

A：ちょっと見せてもらえる……。うーん……誕生日？　それって本当に
必要なのかしら？

B：何ならその部分は飛ばしていただいても構いません。ご住所は必ずご
記入いただきますが，それとできればお電話番号も。

A：ごめんなさいね。私，そんなにたくさんの個人情報を教えたくないわ。

B：わかりました。ジャケットはやはりお求めですか？

A：まあ，それはいただかないことにするわ。たぶん次のセールのときに，
ジャケットを買いに戻ってきます。

━━━━━━━━ ◀解　説▶ ━━━━━━━━

〔１〕　ⓐ　「自分はマーケット広場の近くにいるか？」と問うＡに対して，
空所の直後でＢは「あなたは停留所を乗り過ごした」と言っているので，
空所には(5)「そこ（＝マーケット広場）は 10 分前に通り過ぎた」が最適。

ⓘ　「心配はいらない」と言うＢに対して，空所の直後でＡは「それは知
っているが，早く到着したかった」と言っているので，空所には(10)「あな
たがマーケットに向かっているのなら，それは一日中やっている（から心
配いらない）」が最適。

ⓒ　空所の直後でＢは「駅まで乗って行った方が良い」と言っているので，
空所でＡが(6)「そこ（＝次のバス停）で降りて歩いて戻る」と言えば，直
後のＢの発言が「そんなことをするより駅まで乗っていた方がいい」とい
う適切な助言になる。

ⓓ　「駅からシャトルバスに乗れる」と言うＢに対して，空所の直前でＡ
は「知っている」と言っているので，空所でＡが(2)「（シャトルバスがあ

るのは知っている）けれど，それはいつもとても混んでいる」と言うのが最適。

他の選択肢は，(1)「私が代わりにそこへ行きます」，(3)「それは私が考えていたことです」，(4)「誰も気づかなかったと私は思います」，(7)「あなたは間違ったバスに乗っていると私は思います」，(8)「明日も別のマーケットがあります」，(9)「もしよろしければ，私が道をお教えします」という意味。

〔2〕 ⓚ 「それ（＝クーポン）は期限切れである」と言うBに対して，空所の直後でAは「（それは）知らなかった」と言っているので，空所でBが(8)「そのキャンペーンは先週で終了した」と言うのが最適。

ⓚ 空所の直前でAが「それには時間がかかるか？」と問うているので，空所でBが(5)「それは今すぐ発行できる」と言うのが最適。

ⓒ 空所の直前でAが「それ（＝誕生日）は必要なのか？」と問うているので，空所でBが(9)「望むなら，その部分は省いてもよい」と言うのが最適。

ⓚ 個人情報に関してやや険悪な雰囲気になった後，空所の直前でBが「まだジャケットを買うつもりか？」と問うているので，空所でAが(6)「実は，それを（買わずに）置いていこうと思う」と言うのが最適。

他の選択肢は，(1)「残念ながらそうです」，(2)「それが私のできる最高のことです」，(3)「ゆっくり時間をお取りください」，(4)「我々（の店）は完全に売り切れです」，(7)「実際，私にはあまり選択肢は多くありません」，(10)「我々（の店）は，今は現金払いのみの受付です」という意味。

Ⅳ 解答 (A)—(4)　(B)—(3)　(C)—(3)　(D)—(4)　(E)—(4)　(F)—(4)　(G)—(4)　(H)—(2)

◀解　説▶

(A) 「彼は毎朝いくらかのパンを食べた」

bread は不可算名詞なので，選択肢の中では(4)でしかそれを修飾できない。

(B) 「彼らは白いフェンスのある家を最近購入した」

recently は「最近」という意味の副詞で，通例，過去形か現在完了形とともに用いられる。(1)・(2)・(4)では非文となるので，(3)が正解。

(C) 「私はずっと学会のことをとても批判してきたので，その私がこの賞

「を受け取るのは正しくないでしょう」

It is C for *A* to *do* で「*A* が～するのは C である」という意味の形式主語構文だが，ここでは is が仮定法の would be になっている。

(D)　「彼が嘘をついているのかどうかは，私には判断できなかった」

tell if〔whether〕S V で「～かどうか判断する」という意味。

(E)　「この新聞は 20 世紀初頭に 10 年間ほど刊行されていた」

確かに for about ten years と期間を表す表現はあるが，あくまで in the early 20th century という過去の一時期のことなので，単純な過去形である(4)が正解。

(F)　「オンライン授業を受講中に，彼女の無線インターネット接続が途切れてしまった」

述語動詞（ここでは failed）が過去形であり，空所を含む副詞節は主節と同時であることを示す while によって導かれているので，空所には過去の瞬間的動作を表す(4)が入る。

(G)　「時間通りに到着していれば，あなたにはその質問に対する答えがわかるだろうに」

If S had *done* ～, S' would *do* … で，If 節は過去の事実に反する事柄，主節は現在の事実に反する事柄を表す仮定法の文となるが，ここではその If を省略し，Had S *done* ～ となっている。

(H)　「私は素早く車に乗り込み，走り去った」

get in *A* で「*A*（自家用車など）に乗り込む」という意味。他の選択肢は，(1)「*A* を手に入れた」，(3)「*A*（バスなどの大型の乗り物）に乗り込んだ」，(4)「*A*（人）を起こした」という意味。

V 　解答

〔1〕　(A)—(2)　(B)—(2)　(C)—(1)　(D)—(3)　(E)—(2)
〔2〕　(A)—(2)　(B)—(3)　(C)—(3)　(D)—(3)　(E)—(4)

◀解　説▶

〔1〕　(A)　「チャールズはよく家族や友人に金を貸してくれるよう頼んでいた」

lend O₁（人）O₂（物）で「（人）に（物）を（無料で）貸す」という意味の他動詞。他の選択肢も他動詞だと，(1)「～を水浸しにする」，(3)「～を休ませる」，(4)「～の気を動転させる」という意味。

⒝ 「一部の美容師は巻き髪を扱うことを楽しむ」

curly は「〈髪が〉巻き毛の」という意味の形容詞。他の選択肢も形容詞だと，⑴「市民の」，⑶「集中的な」，⑷「一生の」という意味。

⒞ 「永続的な和平を得るには，両者が妥協することを学ばなければならない」

compromise は「妥協する」という意味の自動詞。他の選択肢も自動詞だと，⑵「砕ける」，⑶「跳ぶ」，⑷「軌道を回る」という意味。

⒟ 「その新しい治療法の結果は励みとなる（＝好ましい）ものである」

outcome（ここでは複数形）は「結果」という意味の名詞。他の選択肢も複数形名詞だと，⑴「譲歩」，⑵「炎」，⑷「損壊」という意味。

⒠ 「その社長は，贅沢な暮らしをするよりも，給料の 80 ％をチャリティに寄付し，質素な暮らしをしようと努めている」

frugal は「質素な」という意味の形容詞。他の選択肢も形容詞だと，⑴「高価な」，⑶「文字通りの」，⑷「儲かる」という意味。

〔2〕 ⒜ 「私は，以前は他人の援助をあてにしないように努めていた」

rely on *A*（for *B*）は「（*B* のことで）*A* を頼る」という意味なので，⑵「～をあてにする」が正解。他の選択肢は，⑴「～を調べる」，⑶「～に集中する」，⑷「～をひそかに探る」という意味。

⒝ 「テイラーは決勝戦で見事な試合をした」

outstanding は「突出した，特に優れた」という意味の形容詞なので，⑶「印象的な」が最も近い。他の選択肢は，⑴「競争力の高い」，⑵「好ましい」，⑷「不運な」という意味。

⒞ 「私たちは，壊れたパイプの修理について建物の大家に電話するべきである」

landlord は「大家，地主」という意味の名詞なので，⑶「所有者」が正解。他の選択肢は，⑴「委員会」，⑵「住民」，⑷「店子」という意味。

⒟ 「演説の中で，首相は教育が持つ極めて重要な役割について語った」

crucial は「極めて重要な」という意味の形容詞なので，⑶「重要な」が正解。他の選択肢は，⑴「変化している」，⑵「同時代の，現代の」，⑷「現代の」という意味。

⒠ 「我々は自分たちが敵同士とは思っていないが，そう考えている人もいる」

opponent（ここでは複数形）は「敵，ライバル」という意味の名詞なので，⑷「ライバル」が正解。他の選択肢は，⑴「同僚」，⑵「革新者」，⑶「自由主義者」という意味。

❖講　評

　2022 年度の出題も例年と同じ形式で，長文読解問題 2 題，会話文問題 1 題，文法・語彙問題 2 題の計 5 題であった。

　Ⅰの読解問題は，「ハワイ語の復興」に関するもので，文章自体は比較的読みやすいが，設問の中にはやや解答が選びにくいものが含まれていた。というのも，〔2〕の内容真偽は，本文の内容と「一致する」「一致しない」「どちらとも判断しかねる」の 3 択なので，そもそも解答が選びにくい傾向があった上に，2021 年度以降，その難度（正誤の見極め）がさらに上昇している。

　Ⅱは「カモノハシの個体数の推移とその未来」に関するもので，例年通り，文章も読みやすく，設問も（それほど）無理のない良問ではあったが，空所の⒟・⒠・⒡あたりは比較的難度が高く，手こずった受験生もいただろう。このことも，2021 年度以降，全体的に難度が上昇しているように感じられる理由である。

　Ⅲの会話文問題は 2 つの小問に分かれ，それぞれ 4 カ所の空所に 10 個の選択肢の中から適切なものを選んで入れるという，従来の形であった。場面設定までついているので，話の流れはつかみやすいと思われるが，「10 個の選択肢から 4 つの正解を選ぶ（つまり，正解ではないものの方が多い）」という設問形式は厄介と言えば厄介だろう。だが，できればこのⅢは全問正解して，点を稼ぎたい部分である。

　Ⅳの文法・語彙問題（8 問）は例年同様標準レベルと言えるものである。ただし，文法・語彙の学習がおろそかになっていると「標準」とは感じられないだろう。日頃の学習の成果が問われている。

　Ⅴの語彙問題は 2 つの小問に分かれ，それぞれ 5 問の計 10 問。形式は異なるが，語彙問題であることには変わりなく，広い意味での「単語テスト」である。年度によっては「やや難」なものも出題されているが，少なくとも 2022 年度に関しては標準レベルと言っていいだろう。

　全体的には，ここ 10 年ほど形式的には安定しているうえに，いずれ

の日程・学部・学科のパターンで受験しようと形式が同一であるという
点において，「受験生フレンドリー」な問題であると言える。

2月3日実施分　　問　題

（80分）

Ⅰ　次の文を読んで，問いに答えなさい。

　Our cities are dominated by glass-faced towers that overheat like greenhouses then consume energy to cool down. Instead, we could have buildings that are intimately connected to the living systems that have evolved with us, that celebrate the human-nature connection that is central to our well-being. In Australia, many people now live in growing urban areas, so bringing nature into the cities is a key part of establishing and rebuilding that connection. We know that people are healthier when they are connected to nature. Research also shows that crime rates decrease in areas with street trees and that property values increase.

　All this can be achieved through a process of "rewilding" our cities. Rewilding is about adding nature everywhere by using nature-based solutions or green infrastructure at the edges of our streets, in unused spaces and on and within our buildings. In this way, cities can be completely transformed to connect both people and nature.

　Nature knows how to manage flooding and other weather events and is more adaptable than many of our engineered systems, yet we refuse to learn from it. As Australians face the challenge of changing the way that they live due to climate change, they have an opportunity to learn from both the natural systems and Indigenous[1] cultures that have mastered managing and supporting the environmental diversity of Australia for thousands of years.

The "Greener Places" framework, released recently by the New South Wales government, outlines the many benefits of green infrastructure: from increased social interaction and inclusion to reduced flood risk and improved property values. Yet despite all this knowledge about the benefits of nature in cities, there are still construction projects that have little or no nature and if they do, there is very limited thought given to the creation of habitats that can increase biodiversity[2]. Australians need an approach that creates opportunities for people and nature to thrive[3] together.

Australian cities could be rewilded and become habitats for native species, even in the densest[4] of city-centre environments, while also creating engaging community spaces for people. As cities become denser, the benefits of connecting to nature increase. Yet, people often tell themselves that it is not possible to bring nature into the city, that it requires too much space or is best left to the creation of parks where it can stay separate from our built spaces.

Biodiversity exists everywhere: even the smallest urban green spaces provide essential habitats for the most minute[5] of species. If people manage to link those small spaces together, then the potential to create such habitats increases. Fortunately, projects are emerging in cities around the world that demonstrate the possibilities.

Cities in Australia are teeming with[6] unused spaces such as abandoned industrial sites. All too often, the busiest roads are hostile[7] environments with little to no nature and our cities' rooftops and plazas are hard surfaces that contribute to increased heat and polluted water overflow. The nature that people add does not need to be just trees — there is the opportunity to grow food in cities while simultaneously increasing community interaction and engagement. Green walls and roofs — where plants are grown on the tops and sides of buildings — can play a part in bringing nature into the city, for example. Australians lack the widespread integration[8] of these ideas into the actual planning and engineering of their cities as well as the will to hand over some space to nature.

People are typically shortsighted[9] and unable to see the benefits that nature provides them in the long term. Too often they do not conduct an economic benefit analysis of the increased property values, reduction of pollutants in waterways, and cleaner air that results from considering nature in their designs. However, a movement that demonstrates an enthusiasm for rewilding is showing signs of emergence.

The foundations are there for the rewilding of cities to become a reality. Government frameworks, commitments and priorities acknowledge the benefits, and people have built examples that can act as inspiring models for others. Time is becoming critical both in regard to climate change and biodiversity loss, issues that polls[10] consistently show are of high importance to Australians. Let's hope that more species becoming extinct, devastating bushfires, catastrophic floods and chaotic demonstrations of changing weather patterns do not need to happen for the public to take action.

A decade ago a UN convention set targets for biodiversity — alarmingly, none of them have been achieved. In the next decade, Australians must embrace their responsibility to support nature to thrive. The survival of all other species on which they depend lies in their hands. Over the last 200 years, the country has lost 75% of its rainforests and has the world's worst record of mammal extinctions. While Australians continue to see nature as something that they can take and destroy and as something that is separate from them, it is unlikely that anything will change. In Australia, even the threat of koala extinction after recent bushfires has not resulted in sufficient action.

Fundamentally, people's relationship to nature is key to this change. People need to embrace nature in their everyday lives and act with the knowledge that whatever they do to nature, they do to themselves.

(Adapted from a work by Amanda Sturgeon)

（注）

1．Indigenous 　　先住民の

2．biodiversity 　生物多様性

3．thrive 　　　　栄える

4．dense 　　　　密集した

5．minute 　　　ごく小さい

6．teeming with〜　〜でいっぱいである

7．hostile 　　　敵対的な

8．integration 　統合

9．shortsighted 　近視眼的な

10．poll 　　　　世論調査

〔1〕本文の意味，内容にかかわる問い(A)〜(D)それぞれの答えとして，本文にしたがってもっとも適当なものを(1)〜(4)から一つ選び，その番号を解答欄にマークしなさい。

(A) Which of the following reasons for rewilding cities is NOT mentioned in the text?

　(1) Doing so makes us safer.

　(2) Doing so improves residents' general well-being.

　(3) Doing so raises what land and buildings are worth.

　(4) Doing so allows for more people to live comfortably in the limited space available.

(B) What reason is given for why so much unused space has not been "rewilded" in Australian cities?

　(1) Most unused spaces are located in places that are too noisy.

　(2) Local laws on the use of unused space are often too strict and

inflexible.

(3) Unused spaces are usually polluted and therefore unsuitable for rewilding.

(4) Ideas about how to use the unused spaces are not adequately included in city planning.

(C) According to the author, what is one reason why citizens have been slow to identify the lasting advantages of rewilding?

(1) The concept has only just been proposed.

(2) People are too focused on the dangers of rewilding.

(3) The financial rewards of rewilding are often not properly considered.

(4) The government has limited the public's access to information about rewilding processes.

(D) What is the author's opinion about people's relationship with nature in Australia?

(1) They have been successful at protecting rare, endangered species.

(2) They do not feel sufficiently connected to the natural environment.

(3) They have applied the Indigenous Australians' teachings about nature.

(4) They are committed to achieving internationally set targets on conservation and environmental protection.

〔2〕次の(1)～(5)の文の中で，本文の内容と一致するものには1の番号を，一致しないものには2の番号を，また本文の内容からだけではどちらとも判断しかねるものには3の番号を解答欄にマークしなさい。

(1) The "Greener Places" framework was written, in part, by Indigenous Australians.

(2) The author believes that Australia has the potential to increase its rewilding efforts.

(3) The more crowded a city, the greater the benefits of rewilding it.

(4) The rewilding movement is now well established and successful in Australia.

(5) For two centuries, Australia has lost fewer species of mammals than any other country in the Asia Pacific region.

〔3〕本文の内容をもっともよく表しているものを(1)〜(5)から一つ選び，その番号を解答欄にマークしなさい。

(1) Cleaning up our cities

(2) The effects of urbanization on endangered animals

(3) The challenge of designing cities that are carbon neutral

(4) Creating cities in which people and nature are connected

(5) Why many conservation efforts in Australia have been unsuccessful

Ⅱ　次の文を読んで，問いに答えなさい。

Teaching trends come and go, but one theory has persisted for decades, having earned a foothold[1] in our culture: the concept of learning styles. The idea is that people learn material better when it is taught in a way that suits their individual strengths. While there is no agreed-upon definition of learning styles, there are generally some similarities across the different models. VARK is the most widely known.

VARK stands for visual, aural, reading/writing, and kinesthetic[2] — the primary sensory[3] modes of learning information. According to this perspective, some people learn best by reading material, while others are more visually-oriented and must see something to understand. Others might fall into the auditory[4] learning category, meaning they tend to comprehend material by listening to instruction. There are also kinesthetic learners, or those who ⎡ (A) ⎤ hands-on[5] activities.

Learning style theories were especially popular in the 1990s, when Beth Rogowsky was just starting as a middle school teacher. "If my students didn't understand the material, if they couldn't read it, they would listen to it; whatever they would prefer, they would do," says Rogowsky, who is now an associate professor of teaching and learning at Bloomsburg University in Pennsylvania.

But there's a problem with preferred learning styles: They don't always seem to help children retain information or understand concepts any better than ⎡ (B) ⎤ . Rogowsky says the idea of using learning styles emerged in the 1980s as different researchers voiced their support, but few actually tested their concepts in experimental settings. In the 2000s, when researchers started to do just that, they found little evidence that matching students to their supposed learning style helps them retain information better.

In her recent studies of the field, Rogowsky herself has confirmed that learning styles don't hold up[6]. In one study published in *Frontiers of Psychology* this year, Rogowsky and her colleagues tested fifth-graders with preferred (C) learning styles. Students were given standardized reading tests, in both written and audio formats. According to the learning styles hypothesis[7] the team used, the visual learners would have higher reading comprehension scores. What the team uncovered (D) this, as the visual learners did in fact score higher overall on the comprehension tests than the auditory learners. But the team didn't uncover a relationship between their preferred learning styles and academic performance, Rogowsky says.

The team's study noted that a preference to learn material using a certain method could hide skill deficits. Thus, someone who prefers to learn by listening instead of more visual approaches might just (E) . Letting students learn in their preferred manner doesn't push them to improve weaker skill sets, Rogowsky says. "If you need to improve your skills, you don't just keep doing what's easy to you. If you aren't able to do a good job reading and comprehending, you don't avoid reading to comprehend, you need to actually work on being able to read."

Despite having little evidence to support it, the concept of learning styles is still very popular. Shaylene Nancekivell, an assistant developmental psychology professor at the University of North Carolina at Greensboro, has surveyed how people think about learning styles. This is complicated because there isn't a set definition of the term. "When people say the words 'learning styles,' they can mean many different things," Nancekivell says.

Those who believe in learning styles usually fall into two groups. One half believes that using the right learning style could help outcomes in the classroom, but that they don't represent an essential part of how someone's brain functions. (F) , the other half "strongly believes in the myth" of learning styles, Nancekivell says. They might think that learning styles are evidence of different brain wiring[8], and that a person's learning style has an impact on their life and what jobs they may be suited for. This is sometimes called psychological essentialism, or seeing the way your brain functions as determining your future.

More research is needed on the detrimental[9] effects of belief in learning styles. Nevertheless, Nancekivell says this way of thinking could limit people. (G) , people who think they are hands-on learners might not think they have the ability to handle certain careers or be suited for higher education. "The problem with putting people in these really strict categories is that then you start to think these categories are maybe predictive of[10] certain kinds of educational or life outcomes that you can't necessarily control," says Nancekivell. At the end of the day, the concept of teaching material in different ways might promote learning, but it doesn't say anything about the (H) . "People have had to learn in the way that's best for that particular material," says Nancekivell. "Getting information in more than one way tends to be best."

(Adapted from a work by Leah Shaffer)

（注）

1．foothold　　　（成功・前進のための）よりどころ

2．kinesthetic　　運動感覚の

3．sensory　　　感覚に関連する

4．auditory　　　聴覚の

5．hands-on　　　体験的な

6．hold up　　　今も通用する

7．hypothesis　　仮説

8．brain wiring　　脳の神経経路

9．detrimental　　有害な

10．predictive of　　〜を予測可能な

〔１〕本文の　(A)　〜　(H)　それぞれに入れるのにもっとも適当なものを(1)〜

(4)から一つ選び，その番号を解答欄にマークしなさい。

(A)　(1)　learn best through　　　　　(2)　need help with

　　　(3)　seem more familiar with　　(4)　take longer to do

(B)　(1)　hands-on activities　　　　(2)　non-preferred methods

　　　(3)　older children　　　　　　(4)　the VARK approach

(C)　(1)　auditory and kinesthetic　(2)　auditory and visual

　　　(3)　kinesthetic and verbal　　(4)　kinesthetic and visual

(D)　(1)　cast doubt on　　　　　　　(2)　complicated

　　　(3)　confirmed　　　　　　　　　(4)　corrected

(E)　(1)　be a bad listener

　　　(2)　have underdeveloped reading skills

　　　(3)　lack confidence

　　　(4)　need a more experienced teacher

(F)　(1)　Additionally　　　　　　　 (2)　In contrast

　　　(3)　Nevertheless　　　　　　　 (4)　On the contrary

(G)　(1)　For instance　　　　　　　　(2)　In the same way

　　　(3)　Meanwhile　　　　　　　　　(4)　On the other hand

(H)　(1)　future of education

　　　(2)　individual's capabilities

　　　(3)　possibility of employment

　　　(4)　quality of teaching

〔2〕下線部 ⓐ ～ ⓔ それぞれの意味または内容として，もっとも適当なものを
(1) ～ (4) から一つ選び，その番号を解答欄にマークしなさい。

ⓐ　this perspective

(1)　the VARK model

(2)　the view that teaching trends come and go

(3)　the agreed-upon definition of learning styles

(4)　the idea that humans learn through their senses

ⓘ　whatever they would prefer, they would do

(1)　students chose a text to read

(2)　students chose what to listen to

(3)　students chose how they would study

(4)　students chose when to learn the material

ⓤ　do just that

(1)　study the work done by researchers in the 1980s

(2)　voice support for teaching based on learning styles

(3)　express doubts about the validity of the learning styles concept

(4)　conduct experiments to check whether the theories were accurate

ⓔ　This

(1)　Researching ideas about learning styles

(2)　Explaining the popularity of learning styles

(3)　Looking for evidence to support learning styles

(4)　Coming to an agreed definition of learning styles

ⓞ　this way of thinking

(1)　the idea that learning styles are a myth

(2)　the idea that a person's brain function can be measured accurately

⑶　the idea that a person's brain wiring can be significantly modified over time

⑷　the idea that each person has a particular learning style that suits them best

Ⅲ

〔１〕次の会話の ⓐ 〜 ⓔ それぞれの空所に入れるのにもっとも適当な表現を ⑴〜 ⑽ から一つ選び，その番号を解答欄にマークしなさい。

At the beach

A： Sorry I'm late. I couldn't find a place to park.

B： That's fine. I only just got here myself. It's so much more crowded than usual.

A： (　ⓐ　) After all this rain we've had, everyone is happy to be outside in the sunshine for a change.

B： Are you happy sitting here, or would you prefer our usual spot?

A： Right here is as good a place as any I suppose. (　ⓘ　)

B： That's what I was thinking. And it's nice to sit somewhere different for a change. Do you know if Nicole is coming?

A： (　ⓤ　) She's still not finished her assignment, but said she was looking forward to seeing us at the barbecue tonight.

B： Sure. Study takes priority, I suppose.

A： Could I have some of your sunscreen? I left mine in the car by mistake.

B： (　ⓔ　)

A： No problem. I'll go back and get mine.

⑴　How strange!

(2)　Help yourself.

(3)　Here she is now.

(4)　I'm not surprised.

(5)　Don't you want to?

(6)　I haven't heard from her.

(7)　I didn't bring any, I'm afraid.

(8)　We could give it a try over there.

(9)　We may risk losing it if we move.

(10)　She just called me while I was in the car.

〔2〕 次の会話の ㋕ ～ ㋙ それぞれの空所に入れるのにもっとも適当な表現を (1) ～
(10) から一つ選び，その番号を解答欄にマークしなさい。

At a school reunion

A：Marcus Jones? Is that really you?

B：Of course it is!（　㋕　）

A：You sure have! No more long hair, and your earring's gone too. You look so responsible now!

B：Not much choice, I'm afraid, Amanda. They're quite strict about such things in the police force.

A：What? You're a police officer? I'd never have imagined that!

B：I know.（　㋖　）But I've managed to turn things around since high school, and I love what I'm doing now. Anyway, what are you up to these days?

A：I've just accepted an exciting position at the United Nations, as an economic analyst. I'm moving to New York next month.

B：New York? How wonderful! For how long?

A：Initially, it's a two year contract, with a possibility to extend if I want.（　㋗　）

B： Fantastic! Oh look! Here comes Mrs. Badley. Remember her?

A： Our old geography teacher? How could I forget? She was the most demanding teacher in the whole school.

B： True. （　㋙　） I'm sure she has fond memories of teaching us. Let's go and see.

　⑴　So I have no choice.

　⑵　You look much the same.

　⑶　You never took geography.

　⑷　So I could be there a while.

　⑸　But it was for our own good.

　⑹　But I don't really want to go.

　⑺　I wasn't exactly a model student.

　⑻　My grades were always good enough.

　⑼　I haven't changed that much, have I?

　⑽　I never had the feeling that she enjoyed her job.

Ⅳ 次の (A) ～ (H) それぞれの文を完成させるのに，下線部の語法としてもっとも適当なものを (1) ～ (4) から一つ選び，その番号を解答欄にマークしなさい。

(A) Oak Avenue Station is ＿＿＿＿ the subway's Green Line.

   (1) at   (2) in

   (3) on   (4) to

(B) They had wanted ＿＿＿＿ the show so much.

   (1) see   (2) seeing

   (3) to be seen   (4) to see

(C) Competing in the Olympics ＿＿＿＿ my dream until I got injured in high school.

   (1) has been   (2) have been

   (3) was   (4) were

(D) She went on a tour of Europe, ＿＿＿＿ was something she had always wanted to do.

   (1) that   (2) where

   (3) which   (4) who

(E) " ＿＿＿＿ asked to work on Sunday," said the principal.

   (1) Any teacher will not be   (2) Any teachers will be

   (3) No teacher will be   (4) Whichever teacher won't be

(F) Who ＿＿＿＿ to vote for?

   (1) are plans   (2) do they plan

   (3) does plan   (4) planned

(G) Barely ＿＿＿＿ home when it started pouring.

(1)　had I arrived　　　　　　(2)　have I been arriving

(3)　I arrived　　　　　　　　(4)　I was arriving

(H)　There is ＿＿＿＿ what he will do.

　　(1)　no telling　　　　　　　(2)　no to tell

　　(3)　not telling　　　　　　　(4)　not to tell

V

〔 1 〕次の(A)〜(E)それぞれの文を完成させるのに，下線部に入れる語としてもっ
　　とも適当なものを(1)〜(4)から一つ選び，その番号を解答欄にマークしなさい。

(A)　Passion is one of the important ＿＿＿＿ for success.

　　(1)　chins　　　　　　　　　(2)　folds

　　(3)　ingredients　　　　　　(4)　liters

(B)　Because of a lack of preparation, failure seems ＿＿＿＿.

　　(1)　conservative　　　　　　(2)　inevitable

　　(3)　reliable　　　　　　　　(4)　unclear

(C)　The Center makes sure that all students ＿＿＿＿ an annual health
　　checkup.

　　(1)　forecast　　　　　　　　(2)　resemble

　　(3)　uncover　　　　　　　　(4)　undergo

(D)　The most important part of the traditional ＿＿＿＿ will be held after
　　sunset.

　　(1)　cemetery　　　　　　　　(2)　forestry

　　(3)　optimism　　　　　　　　(4)　ritual

⒠　The grass was very ＿＿＿＿＿ and green.

　　⑴　clumsy　　　　　　　　　⑵　faulty

　　⑶　lush　　　　　　　　　　⑷　unforeseen

〔2〕次の(A)〜(E)の文において，下線部の語にもっとも近い意味になる語を⑴〜
　　⑷から一つ選び，その番号を解答欄にマークしなさい。

⒜　The <u>fee</u> to get a driver's license has increased.

　　⑴　cost　　　　　　　　　　⑵　freedom

　　⑶　opportunity　　　　　　　⑷　wait

⒝　The police are worried about a rise in <u>criminal</u> activity.

　　⑴　dangerous　　　　　　　　⑵　illegal

　　⑶　military　　　　　　　　　⑷　overnight

⒞　Over the past few months, they have become very <u>lean</u>.

　　⑴　intense　　　　　　　　　⑵　lively

　　⑶　responsible　　　　　　　⑷　thin

⒟　The fire was so <u>fierce</u> that nobody could stop it.

　　⑴　intense　　　　　　　　　⑵　rapid

　　⑶　sudden　　　　　　　　　⑷　unsafe

⒠　Sometimes, <u>restrictions</u> can lead to anger among the citizens.

　　⑴　legislation　　　　　　　⑵　limitations

　　⑶　modifications　　　　　　⑷　revelations

２月３日実施分　解　答

I　**解答**　〔1〕　(A)—(4)　(B)—(4)　(C)—(3)　(D)—(2)
〔2〕　(1)— 3　(2)— 1　(3)— 1　(4)— 2　(5)— 2
〔3〕—(4)

◆全　訳◆

≪オーストラリアにおける都市の再野生化≫

　我々の都市は，温室のように過熱し，冷ますのにエネルギーを消費するガラスで覆われた高層ビルに支配されている。そうではなく，我々と共に進化した生態系と密接につながった，我々の幸福の中心にある人と自然とのつながりを称賛する建物を持つこともできるだろう。オーストラリアでは，多くの人が今ではますます拡大している都市部で暮らしているので，自然を都市に持ち込むことが，そうしたつながりを確立し，またそれを再建する上でカギとなる部分である。人は自然とつながっているときの方がより健康的であることを，我々は知っている。研究もまた，街路樹のある地域では犯罪率が下がり，資産価値が上昇することを示している。

　こうしたことのすべては，我々が住む都市を「再野生化する」という過程を通じて達成することができる。再野生化とはつまるところ，通りの端や，使用していない空間や，建物の側面と内部に自然に基づいた解決策や自然に優しいインフラを用いることで，いたるところに自然を付け加えるといったことである。こうすれば，都市は完全に変貌し，人と自然の両方とつながることができるようになる。

　自然は洪水やその他の気象に起因する事象にどう対処すればよいかを知っているし，我々が工学的に作り上げた体系の多くよりも適応力が高いが，我々はそれから学ぶことを拒んでいる。オーストラリア人は気候変動のせいで生活様式を変えなければならないという課題に直面している一方で，彼らには，自然の体系や，数千年間オーストラリアの環境面での多様性をうまく扱い，それを支えることに精通してきた先住民の文化の両者から学ぶ機会がある。

　最近ニューサウスウェールズ州政府が公表した「グリーナー・プレイシ

ズ」という枠組みは，社会的交流や包摂が増すことから，洪水のリスクが
減り資産価値が上がることまで，環境に優しいインフラが持つ多くの利点
を概説している。しかし，都市に自然を配する恩恵についてのこうしたこ
とすべての知識がありながら，自然をほとんど，あるいはまったく含まな
い建設計画がいまだに存在し，含んでいたとしても，生物多様性を高める
ことができる生息地の創造については非常に限定的にしか考慮されていな
い。オーストラリア人には，人と自然が共に栄える機会を生み出す取り組
み方が必要である。

　都市中心部の環境の最も密集したところでさえも，オーストラリアの都
市は人にとって魅力的なコミュニティースペースを創造しつつ，再野生化
し固有種の生息地になることができるだろう。都市が高密度化するにつれ
て，自然とつながることの恩恵が増す。しかし，自然を都市に持ち込むこ
とは不可能であり，また自然にはあまりにも大きな空間が必要となる，あ
るいは自然は，我々が建設した空間と切り離された状態でいられる公園の
創造に任せるのが最も良いと，人はたびたび自分に言い聞かせている。

　生物多様性はいたるところに存在している。都会にある極小の緑地でさ
えも，種の中でも最も小さいものにとって必須の生息地を提供する。もし
人がこうした小さな空間をつなぎ合わせることができれば，そうした生息
地を作り上げる可能性が増す。幸いなことに，その可能性を具体的に実践
する計画が世界中の都市で生まれつつある。

　オーストラリアの都市は，放棄された工業用地といった未使用の空間で
いっぱいである。たいてい，最も往来の激しい通りは，自然がほとんどな
いか，まったくない敵対的な環境であり，都市の建物の屋根や広場は加熱
と汚染水の逆流を引き起こす原因となる固い表面で覆われている。人が付
け加える自然は単に樹木である必要はなく，都市で食べ物を育てつつ，同
時にコミュニティー内のやりとりやかかわりを増やす機会がある。例えば，
植物を建物の屋上や側面に植える緑の壁や屋根は，自然を都市に持ち込む
上で一定の役割を果たしうる。オーストラリア人には，一部の空間を自然
に明け渡す意志だけでなく，こうした考えを統合して実際の都市計画や工
事に広く取り入れる姿勢が欠けている。

　人はとかく近視眼的であり，長い目で見れば自然が自分に与えてくれる
恩恵に気づくことができない。めったなことには，人は資産価値の上昇，

水路の汚染物質の減少，都市計画において自然を考慮することから生じる今以上にきれいな空気がもたらす恩恵を経済的に分析することをしない。しかしながら，再野生化に対する熱意を示す動きが，現れつつある兆しを示している。

　都市の再野生化が現実のものとなるための基礎はすでに存在している。政府の枠組み，方針や優先順位付けは，それがもたらす恩恵を認めており，人は他者を鼓舞する手本となりうる事例を作り出している。オーストラリア人にとって高い重要性を持つと世論調査が絶えず示している問題である，気候変動と生物多様性の喪失という両面において，一刻を争う事態になりつつある。大衆が行動を起こすのに，これ以上の種の絶滅，破壊的な山火事，破滅的な洪水や目まぐるしく変わる気候パターンが見せつける混沌が生じる必要がないことを願おう。

　10 年前，ある国連の集会で生物多様性に対する目標が掲げられたが，憂慮すべきことに，そのどれもがいまだ達成されていない。次の 10 年で，オーストラリア人は自然が栄えるのを支える責任を担わなければならない。自分たちが依存している他のすべての種の生存は，彼らの手の中にある。過去 200 年で，オーストラリアは多雨林の 75 ％を失い，哺乳動物の絶滅においても世界最悪の記録を保持している。オーストラリア人は自然を搾取し，破壊してもよいもの，自分たちとは切り離されたものとみなし続けており，何か変化があるとは思えない。オーストラリアでは，近年の山火事の後コアラが絶滅の危機に瀕していても，十分な行動は取られていない。

　根本的に，人と自然との関係がこの変化のカギである。人は日常生活の中に自然を受け入れ，自分が自然に対して行っていることは何であろうとも自分自身に行っているのと同じであると知った上で，行動する必要があるのである。

━━━━━━◀解　説▶━━━━━━

〔1〕　(A)「都市を再野生化する以下の理由のうちどれが本文で述べられていないか？」

(1)「そうすることで我々はより安全になる」は第 1 段最終文（Research also shows …），(2)「そうすることで住人の全般的な幸福が高まる」は同段第 2 文（Instead, we could …），(3)「そうすることで土地や建物の価値が上がる」は同段最終文でそれぞれ触れられているが，(4)「そうすること

でより多くの人が利用できる限られた空間で快適に暮らせるようになる」
に直接言及する部分は本文中にないので，(4)が正解。

(B)「オーストラリアの都市でそれほどまでに多くの未使用の空間が『再
野生化されて』いないことに対して，どの理由が挙げられているか？」
第 7 段最終文（Australians lack the …）の内容より，(4)「未使用の空間
をどのように使用するべきかに関する考えが，都市計画の中に十分には含
まれてはいない」が正解。他の選択肢は，(1)「たいていの未使用の空間は
あまりにも騒音が大きな場所に位置している」，(2)「未使用の空間の使用
に対する地元の法律が厳しすぎたり，融通が利かなさすぎたりすることが
多い」，(3)「未使用の空間は通常は汚染されており，それゆえ再野生化に
適していない」という意味。

(C)「筆者によると，市民が再野生化の永続的な利点を認識するのが遅い
理由のひとつは何か？」
第 8 段第 2 文（Too often they …）の内容より，(3)「再野生化の金銭的
見返りは適切に考慮されないことが多い」が正解。他の選択肢は，(1)「そ
の考え方はまさに提案されたばかりである」，(2)「人々は再野生化の危険
性に集中し過ぎている」，(4)「大衆が再野生化の過程に関する情報を得る
ことを，政府が制限している」という意味。

(D)「オーストラリアにおける人と自然の関係に関しての筆者の意見はど
のようなものか？」
第 10 段第 5 文（While Australians continue …）の内容より，(2)「彼ら
は自然環境と十分につながっているとは感じていない」が正解。他の選択
肢は，(1)「彼らは稀少な絶滅危惧種を守ることに成功している」，(3)「彼
らは自然に関するオーストラリア先住民の教えを利用している」，(4)「彼
らは自然保護と環境保護に対して国際的に設けられた目標を達成すること
に専心している」という意味。

〔2〕(1)「『グリーナー・プレイシズ』という枠組みは，部分的にはオー
ストラリア先住民によって書かれた」
第 4 段第 1 文（The "Greener Places" …）の内容から，この枠組みが
「ニューサウスウェールズ州政府」によって「公表された」ことは読み取
れるが，それを「書いた」のが誰であるのかに関する言及はないので，3
が正解。

(2)「オーストラリアには再野生化の努力を強化させる可能性があると，筆者は信じている」

第 3 段第 2 文（As Australians face …）の内容に一致する。

(3)「都市は過密になればなるほど，それを再野生化する恩恵が大きくなる」

第 5 段第 2 文（As cities become …）の内容に一致する。

(4)「オーストラリアでは，再野生化の動きが今やきちんと確立されており，うまくいっている」

第 8 段最終文（However, a movement …）の内容に一致しない。

(5)「200 年にわたって，オーストラリアが失った哺乳動物の種はアジア太平洋地域の他のどの国より少ない」

第 10 段第 4 文（Over the last …）の内容に一致しない。

〔3〕　この本文は全体にわたって「都市の再野生化によって人と自然のつながりを蘇らせること」について述べているので，(4)「人と自然が結びついた都市を作ること」が正解。他の選択肢は，(1)「我々の都市を掃除すること」，(2)「都市化が絶滅危惧動物に対して与える影響」，(3)「カーボンニュートラルな都市を設計するという課題」，(5)「オーストラリアでの多くの自然保護の努力がなぜうまくいっていないのか」という意味。

Ⅱ　解答

〔1〕　(A)—(1)　(B)—(2)　(C)—(2)　(D)—(3)　(E)—(2)　(F)—(2)　(G)—(1)　(H)—(2)

〔2〕　あ—(1)　い—(3)　う—(4)　え—(1)　お—(4)

◆全　訳◆

≪学習様式に関する考察≫

　教育の流行というものは生まれては消えていくものであるが，ひとつの理論が数十年間存続し，我々の文化の中でよりどころを築いている。学習様式という概念である。その考えでは，人はその人の個人的な長所に合った方法で教えられたときの方が，教材をよりよく学ぶとされている。皆が同意する学習様式の定義は存在しないが，一般的に言って，さまざまな型の間でいくつかの類似点がある。その中で VARK は最も広く知られるものである。

　VARK は，情報の学習における主要な感覚様式である visual（視覚の），

aural（聴覚の），reading / writing（読み書きの），kinesthetic（運動感覚
の）の略である。この観点によると，教材を読むことによって最もよく学
ぶ人もいれば，より視覚重視で，何かを理解するには目で見なければなら
ない人もいる。他に聴覚学習という区分にあてはまる人もいるだろう。つ
まり，彼らは指示に耳を傾けることで教材を理解する傾向にあるというこ
とである。また，運動感覚学習者，すなわち体験的な活動を通じて最もよ
く学ぶ人もいる。

　学習様式理論は，ベス=ロゴスキーがちょうど中学教師として教壇に立
ち始めていた1990年代に特に人気を博していた。「生徒たちが教材を理解
できない際に，もしそれが読めないならば，それに耳を傾けました。彼ら
が好むことなら何でも，彼らは行っていたのです」と，今やペンシルベニ
ア州のブルームズバーグ大学で教育と学習の准教授であるロゴスキーは言
う。

　しかし，好みで選ばれた学習様式には問題がある。それらは，好みで選
ばれていない方法と比べ，子供が情報を保持したり，概念を理解したりす
る上で，いくぶんでもよりよい助けになるとは限らないようなのである。
学習様式を用いるという考えは，さまざまな研究者が支持を表明するにつ
れ，1980年代に現れたが，自身の概念を実験的な場面で実際に検証した
者はほとんどいなかったとロゴスキーは言う。2000年代になって，研究
者がまさにそうしたことを行い始めると，想定される学習様式に生徒を合
わせることで情報をよりよく保持する助けになるという証拠はほとんど見
つけられなかった。

　この分野に関する最近の研究において，ロゴスキー自身が，学習様式と
いうものは今では通用しないことを確認している。今年，『フロンティ
ア・オブ・サイコロジー』に発表されたひとつの研究の中で，ロゴスキー
と共同研究者たちは，好みで選ばれた聴覚と視覚の学習様式を用いて5年
生を対象に検証を行った。生徒たちは，文字で書かれた形式と音声を聞く
形式の両方で，標準化された読解テストを与えられた。このチームが用い
た学習様式の仮説に基づくと，視覚重視の学習者の方がより高い読解の得
点を得るはずだった。チームが発見したことは，これを立証した。という
のも，視覚重視の学習者の方が聴覚重視の学習者より読解テストにおいて
全般的により高い点数を実際に取ったからである。しかし，このチームは，

好みで選ばれた学習様式と学業における能力との間に関係性を発見しなか
ったと，ロゴスキーは言う。

　このチームの研究は，ある方法を用いて教材を学ぶという好みによって
技能の不足が隠されてしまいかねないと指摘した。したがって，より視覚
に頼った取り組みではなく聴くことによって学ぶことを好む者は，単に読
み取り能力が未発達である可能性があることになる。生徒に自分が好むや
り方で学ばせてやることでは，不十分な技能一式の方を伸ばしてやること
にはならないと，ロゴスキーは言う。「もし技能を伸ばす必要があるなら，
自分にとって楽なことをし続ければよいというものではない。もし読解が
うまくできないのなら，理解するための読みを避けるのではなく，読める
ようになる努力を実際にする必要があるのです」

　裏付けとなる証拠はほとんどないにもかかわらず，学習様式という考え
はいまだに非常にもてはやされている。グリーンズボロのノースカロライ
ナ大学で発達心理学の助教授を務めるシェイリーン=ナンセキベルは，
人々が学習様式についてどのように考えているのかを調査している。その
言葉の決まった定義が存在しないので，これは複雑である。「人が『学習
様式』という言葉を口にするとき，多種多様なことを意味する可能性があ
るのです」とナンセキベルは言う。

　学習様式の正当性を信じる人は通常，2 つのグループに分けられる。一
方は，適切な学習様式を用いることで教育現場において成果を出す助けに
はなりうるが，そうした成果は人の脳がどのように機能するのかというこ
との必須の一部を表すわけではないと信じている。対照的に，もう一方の
グループの人は，学習様式という「神話の正当性を強く信じている」とナ
ンセキベルは言う。そうした人は，学習様式とは異なる脳の神経経路の証
拠であり，ある人物の学習様式はその人の人生やどのような仕事に向いて
いるのかに影響を与えると考えているのかもしれない。これは心理的本質
主義と呼ばれることがあるもので，言い換えれば脳のはたらき方を，将来
を決定するものとみなすことである。

　学習様式に対する信念が与える有害な影響についてはさらに研究が必要
である。それにもかかわらず，このような考え方は人を縛るものになりか
ねないと，ナンセキベルは言う。例えば，自分が体験に基づく学習者であ
ると思っている人は，自分にある種の仕事をうまくこなしたり，高等教育

を受けることに向いているような能力があったりするとは考えないかもしれない。「人をこうした本当に厳格な区分に分けていくことの問題は，こうした区分が，必ずしも自分で制御できるわけではない，ある種の教育上の成果や人生の成果を予測可能にするものだろうと考え始めるということなのです」とナンセキベルは言う。結局のところ，異なるやり方で教材を教えるという考えは学習を促進する可能性はあるが，それは個人の資質としての能力については何も教えてはくれない。「人は昔も今も，その特定の教材にとって最良である方法で学ぶしかないのです」とナンセキベルは言う。「複数の方法で情報を得ることが最高の結果となるのです」

━━━━━━━━◀解　説▶━━━━━━━━

〔1〕　(A)　空所の前に or「あるいは，言い換えると」があることから，空所を含む部分（those who 以降）は or の前にある kinesthetic learners「運動感覚学習者」の言い換えだとわかる。よって空所に(1)「～を通じて最もよく学ぶ」を入れ，空所を含む部分を「体験的な活動を通じて最もよく学ぶ人」とすれば「運動感覚学習者」の言い換えとなる。他の選択肢は，(2)「～に助けが必要である」，(3)「～によりなじみがあるように思える」，(4)「～するのにより長い時間がかかる」という意味。

(B)　直前の文で「生徒自身が好む学習様式には問題がある」と述べられ，空所を含む文は「それらは，（　(B)　）と比べよりよい助けになるとは限らない」という意味なので，空所に(2)「（生徒自身が）好んでいない方法」を入れると「問題」と言える内容になる。他の選択肢は，(1)「体験的な活動」，(3)「年長の子供」，(4)「VARK の取り組み」という意味。

(C)　空所を含む文の直後で「生徒たちは文字で書かれた形式と音声を聞く形式の両方でテストを与えられた」と述べられているので，空所に(2)を入れ，空所を含む文を「ロゴスキーたちは好みで選ばれた（聴覚と視覚の）学習様式を用いて5年生を対象に検証を行った」とすればよい。他の選択肢は(1)「聴覚と運動感覚の」，(3)「運動感覚と言語の」，(4)「運動感覚と視覚の」という意味。

(D)　空所を含む文の直前で「ロゴスキーの仮説に基づく推論（視覚重視の生徒が高い点数を取るはず）」が提示されている。空所を含む節は「チームが発見したことはこれ（　(D)　）」という意味だが，ここでの「これ」とは直前の「推論」だと考えられる。また，空所を含む節の直後では「と

いうのも，視覚重視の生徒の方がより高い点数を実際に取った」とその「推論」と一致する内容が述べられている。よって，(3)「〜を立証した」が正解。他の選択肢は，(1)「〜に疑問を投げかけた」，(2)「〜を複雑化した」，(4)「〜を修正した」という意味。

(E)　空所を含む文の文頭に Thus「したがって」が用いられていることから，この部分は直前の文の内容（自分好みの学習様式で学ぶと，好まない他の技能の不足が隠れてしまう）から導き出される結論であると考えられる。よって空所に(2)を入れ，空所を含む文を「視覚ではなく聴覚によって学ぶことを好む者は，単に（読み取り能力が未発達である）可能性がある」とすれば論理的な結論となる。他の選択肢は(1)「聴くのが苦手である」，(3)「自信がない」，(4)「より経験豊かな教師を必要とする」という意味。

(F)　空所を含む段落の冒頭で，学習様式に関して特定の考えを持つ人々を「2 つのグループ」に分類している。空所を含む文の直前で「一方のグループ」が，直後で「もう一方のグループ」が定義されているが，その 2 つの定義が対照的であると判断し，空所に(2)「対照的に」を入れる。他の選択肢は(1)「さらに」，(3)「それにもかかわらず」，(4)「それどころか」という意味。

(G)　空所の直前の文では「学習様式に対する考え方は人を縛るものになりかねない」と述べられ，直後の文では「自分が体験型学習者だと思っている人は，自分にはある種の仕事をうまくこなしたり，高等教育を受けたりすることができないと考えるかもしれない」と，「人の可能性が制限される」様子が具体的に描写されているので，空所には(1)「例えば」を入れる。他の選択肢は，(2)「同様に」，(3)「その間に」，(4)「一方で」という意味。

(H)　空所を含む文全体は等位接続詞の but によって 2 つの節が逆接的に接続されたものである。前半の節では「（一人ひとりの特性に合った）異なるやり方で教材を教えると学習が促進される可能性がある」と学習様式がもたらすプラス面について述べられている。よって空所に(2)を入れ，空所を含む節を「それは（個人の資質としての能力）については何も教えてはくれない」とすれば前後が逆接と言える関係となり，本文全体の主旨にも合致した内容となる。他の選択肢は(1)「教育の将来」，(3)「雇用の可能性」，(4)「教育の質」という意味。

〔2〕　あ　下線部は指示語の this を含み，その指示内容は直前の文で述べられている「VARK」と呼ばれる「学習の型」である。よって，(1)「VARK 型」が正解。他の選択肢は，(2)「教育の流行が生まれては消えていくという見解」，(3)「皆が同意する学習様式の定義」，(4)「人間は五感を通じて学ぶという考え」という意味。

い　下線部は，直訳的には「自分が好むことなら何でも，彼らは行った」という意味だが，ここでの「好むこと」とは直前の節で述べられている「もし生徒たちが教材を読んでも理解できないなら，彼らは（読むかわりに）耳で聞いて理解した」という内容を受けていると考えるのが自然。よって，下線部のここでの意味は(3)「生徒たちはどのような形で学ぶかを（自分で）選んだ」に一番近い。他の選択肢は，(1)「生徒たちは読むべきテキストを（自分で）選んだ」，(2)「生徒たちは何に耳を傾けるかを（自分で）選んだ」，(4)「生徒たちはいつ教材を学ぶかを（自分で）選んだ」という意味。

う　下線部は「まさにそれをする」という意味だが，ここでの「それ」とは直前の文で述べられている「自身が提唱する学習様式を実験の場で実証すること」だと考えるのが自然。よって，(4)「その説が正しいかどうか調べるため，実験を行う」が正解。他の選択肢は，(1)「1980 年代に研究者が行った研究を調べる」，(2)「学習様式に基づいた教育に対する支持を表明する」，(3)「学習様式という考えの妥当性に対する疑いを表明する」という意味。

え　下線部は指示語の This なので，その指示内容は直前の文で述べられている「人々が学習様式をどう考えているのかを調査すること」のはずである。よって，それに一番近い(1)「学習様式についての考えを研究すること」が正解。他の選択肢は，(2)「学習様式の人気を説明すること」，(3)「学習様式を支持する証拠を探すこと」，(4)「学習様式の誰もが同意する定義に到達すること」という意味。

お　下線部は指示語の this を含み「この考え方」という意味だが，その指示内容は直前の文で述べられている「学習様式の正当性を信じること」のはずである。よって，それに一番近い(4)「それぞれの人には，その人に一番合った特定の学習様式があるという考え」が正解。他の選択肢は，(1)「学習様式は神話であるという考え」，(2)「人の脳の機能は正確に測定で

きるという考え」，(3)「人の脳の神経回路は時が経つにつれ大きく修正されうるという考え」という意味。

Ⅲ　解答

〔1〕　あ―(4)　い―(9)　う―(10)　え―(7)
〔2〕　か―(9)　き―(7)　く―(4)　け―(5)

◆全　訳◆

〔1〕　《浜辺で》

A：ごめんね，遅れちゃって。駐車場が見つからなくて。

B：大丈夫よ。私もここに到着したばかりだから。いつもよりずっと人が多いわね。

A：驚きはしないけどね。だって，ここのところずっと雨だったから，みんな気分転換に屋外でお日さまの光を浴びてうれしいのよ。

B：ここに座ったままでいいの？　それとも，いつもの場所の方がいい？

A：ここも他のどの場所にも劣らず良い場所だと思うわ。もし移動したら，この場所を失ってしまうかもしれないわよ。

B：それを私は考えていたの。それに，気分転換にいつもとは違う場所に座るのも素敵だしね。ニコルが来るのかどうか知ってる？

A：私が車内にいるうちに，ちょうど電話してきたわ。まだ課題が終わっていないんだって。でも，今夜のバーベキューでは私たちに会えるのを楽しみにしてるって言ってたわ。

B：そりゃ，そうよね。勉強が第一だものね。

A：あなたの日焼け止めをいくらかもらってもいいかしら？　自分のをうっかり車に置き忘れちゃったの。

B：ごめん，私は持って来てないわ。

A：いいのよ。車まで戻って，自分のを取ってくるから。

〔2〕　《学校の同窓会で》

A：マーカス=ジョーンズ？　本当にあなたなの？

B：もちろん僕さ！　僕はそれほど変わってないだろ？

A：しっかり変わってるわよ！　もう長髪じゃないし，ピアスもしてないし。今はとても責任感のあるふうに見えるわよ！

B：残念ながら，選択の余地があまりないんだよ，アマンダ。警察ではそういったことに結構厳しいんだよね。

A：えっ？　あなた警察官なの？　まったく想像していなかったわ！

B：わかるよ。僕はまさしく模範生ってわけじゃなかったからね。でも，高校に入って以来，状況を好転させることができて，今じゃ，自分のやっていることが大好きなんだ。ところで，最近君の方はどうなんだい？

A：私はちょうど国連で，経済分析官としてはたらくっていうワクワクするような仕事を受けたばかりなの。来月ニューヨークへ引っ越すことになっているわ。

B：ニューヨーク？　なんて素晴らしい！　どのくらいの期間なんだい？

A：最初は 2 年契約だけど，私が望むなら，延長の可能性もあるのよ。なので，しばらくは向こうにいることになるでしょうね。

B：すごいね！　あっ，見てよ！　バドリー先生が来たよ。覚えているかい？

A：地理を教えてくれた先生？　忘れられるわけないでしょ？　彼女は学校全体で最も私たちに努力を求める先生だったんだから。

B：その通りだね。でも，あれは僕たち自身のためだったんだよ。きっと彼女は，僕たちを教えた良い思い出を持っているはずだよ。行って確かめてみようよ。

■━━━━━━◀解　説▶━━━━━━■

〔1〕　ⓐ　「浜辺にいつもより人が多い」と言うBに対して，空所の直後でAは「ずっと雨だったから，みんな屋外に出たがっている」と言っているので，空所は(4)「（浜辺にいつもより人が多いことに）私は驚いていない」が最適。

ⓑ　「場所を移るか？」と問うBに対して，空所の直前でAは「ここも良い場所だ」と言っている。さらに空所の直後でBが「私もそれを考えていた」と言っているので，空所ではAが(9)「もし場所を移ったら，この場所を失う危険性があるかもしれない」と言うのが最適。

ⓒ　「ニコルは来るのか？」と問うBに対して，空所の直後でAは「彼女はまだ課題が終わっていない（ので来ない）」と答えているので，空所は(10)「私が車に乗っている間に，彼女はちょうど電話してきた（から彼女がどうするのか知っている）」が最適。

ⓓ　空所の前でAはBに「日焼け止めを貸してほしい」と頼んでいるが，

空所の直後ではそのAが「問題ない」と言っているので，空所ではBが(7)「申し訳ないが，私は（日焼け止めを）持って来ていない」と答えるのが最適。

他の選択肢は，(1)「なんて奇妙なのでしょう！」，(2)「ご自由にどうぞ」，(3)「今，彼女が来ましたよ」，(5)「あなたはしたくないのですか？」，(6)「私には彼女からの連絡はありません」，(8)「私たちは向こうで試してみることもできる」という意味。

〔2〕　か　空所の直後でAが You sure have! と助動詞 have を用いて答えているので，空所にはこの助動詞 have を用いた文が入るとわかる。よって，(9)「私はそれほど変わっていませんよね？」が正解。

き　Bが警察官になっていることに驚くAに対し，空所の直前でBは「（その驚きは）わかる」と言っている。さらに空所の直後でBは But「しかし」を用いて「状況を好転させることができた」とも言っているので，空所は(7)「（当時の）私はまさしく模範的な生徒ではなかった」が最適。

く　「どのくらいの期間ニューヨークへ行くのか？」と問うBに対し，空所の直前でAは「2 年契約だが，望めば延長の可能性もある」と答えているので，空所は(4)「なので，（望みが叶えば）しばらくの間，あちらにいることになるだろう」が最適。

け　「バドリー先生は一番厳しかった」と言うAに対し，空所の直前でBは「その通り」とAの主張を認めているので，空所は(5)「しかし，それは私たち自身のためだった」が最適。

他の選択肢は，(1)「なので，私には選択肢がない」，(2)「あなたはほとんど変わっていないように見える」，(3)「あなたは一度も地理を受講しなかった」，(6)「しかし，私は本当は行きたくない」，(8)「私の成績はいつも十分に良かった」，(10)「彼女が自分の仕事を楽しんでいるという印象を，私は一度も持ったことがなかった」という意味。

IV　解答

(A)—(3)　(B)—(4)　(C)—(3)　(D)—(3)　(E)—(3)　(F)—(2)
(G)—(1)　(H)—(1)

◀解　説▶

(A)　「オーク通り駅は地下鉄の緑線にある駅である」

「(ある駅がある路線上) にある」は, 前置詞 on で表す。

(B) 「彼らはその番組をとても見たいと思っていた」

ここでは過去完了形となっているが, want to *do* で「〜したいと思う」という意味。

(C) 「オリンピックで競技することが, 高校でケガをするまでは私の夢であった」

until 節内で過去形 (got) が用いられている。また until は「〜まで」という意味である。よって空所には「過去」までの「継続」を表す過去完了形が望ましいが, 選択肢の中にはそれがないので, ここでは過去形で代用する。なお, ここでの主語は動名詞句なので単数扱い。

(D) 「彼女はヨーロッパ旅行へ出かけたが, それは彼女がずっとしてみたいと思っていたことであった」

文構造 (S V 〜, (　　) + 不完全な文) より, 空所にはコンマ以前の「内容」を先行詞とする, 非制限用法の関係代名詞 which が入ると判断する。

(E) 「『日曜に働くことを求められる教師はいないだろう』と校長は言った」

S be asked to *do* で「S は〜することが求められる」という意味。Any 〜 not の語順は認められないので(1)は不可。肯定文で用いられる any「いかなる〜でも」には単数形の名詞が続くので(2)は不可。(4)では非文となる。

(F) 「彼らは誰に投票するつもりか?」

文構造的に, (2)しか英文が成立しない。なお, plan to *do* で「〜するつもりだ」という意味。また, ここでの Who は前置詞 for の目的語となる疑問代名詞。

(G) 「帰宅したとたんに, 土砂降りになった」

Barely〔Hardly / Scarcely〕had S *done* 〜 when〔before〕S' *did* … で「S が〜したらすぐに, S' が…した」という意味の構文。

(H)「彼が何をするかはわからない」

There is no *doing* で「〜することはできない」という意味の構文。

Ⅴ　解答

〔1〕　(A)—(3)　(B)—(2)　(C)—(4)　(D)—(4)　(E)—(3)

〔2〕　(A)—(1)　(B)—(2)　(C)—(4)　(D)—(1)　(E)—(2)

◀解　説▶

〔1〕　(A)　「情熱は成功するための重要な要素のひとつである」

ingredient（ここでは複数形である）は「材料」ではなく「（何かを構成する）要素」という意味。他の選択肢も複数形の名詞で，(1)「あご」，(2)「折り目」，(4)「リットル」という意味。

(B)　「準備不足のせいで，失敗は避けられないようだ」

inevitable は「避けられない」という意味の形容詞。他の選択肢も形容詞で，(1)「保守的な」，(3)「頼れる」，(4)「不明瞭な」という意味。

(C)　「そのセンターは，必ず全生徒が毎年健康診断を受けるようにしている」

undergo は「（試験など）を受ける」という意味の他動詞。他の選択肢もここでは他動詞で，(1)「～を予測する」，(2)「～に似ている」，(3)「～を暴露する」という意味。

(D)　「その伝統的儀式の最重要部分が日没後に執り行われる」

ritual は「儀式」という意味の名詞。他の選択肢も名詞で，(1)「墓場」，(2)「林業」，(3)「楽観主義」という意味。

(E)　「その芝生はとても青々と茂っていた」

lush は「（青々と）茂った」という意味の形容詞。他の選択肢も形容詞で，(1)「不器用な」，(2)「欠陥のある」，(4)「予想していなかった」という意味。

〔2〕　(A)　「運転免許を取得するための料金が上がってしまった」

fee は「料金」という意味の名詞なので，(1)「費用」が一番近い。他の選択肢もここでは名詞で，(2)「自由」，(3)「機会」，(4)「待機」という意味。

(B)　「警察は犯罪行為の増加を懸念している」

criminal は「犯罪の」という意味の形容詞なので，(2)「違法な」が一番近い。他の選択肢もここでは形容詞で，(1)「危険な」，(3)「（陸）軍の」，(4)「夜通しの」という意味。

(C)　「過去数カ月で，彼らはとても痩せてしまった」

lean は「痩せている，ほっそりした」という意味の形容詞なので，(4)「細い，薄い」が正解。他の選択肢も形容詞で，(1)「激しい」，(2)「生き生きとした」，(3)「責任のある」という意味。

(D) 「その火事は非常に激しく，誰にも止められなかった」

fierce は「激しい」という意味の形容詞なので，(1)「激しい」が正解。他の選択肢も形容詞で，(2)「急激な」，(3)「突然の」，(4)「安全ではない」という意味。

(E) 「時に，制限は市民の怒りにつながりかねない」

restriction（ここでは複数形である）は「制限」という意味の名詞なので，(2)「制限」が正解。他の選択肢もここでは(1)以外は複数形の名詞で，(1)「立法」，(3)「修正」，(4)「（意外な）新発見」という意味。

◆講　評

　2022年度の出題も例年と同じ形式で，長文読解問題2題，会話文問題1題，文法・語彙問題2題の計5題であった。

　Ⅰの読解問題は，「オーストラリアにおける都市の再野生化」に関するもので，文章自体が読みにくいわけではないが，それぞれの設問の「解答該当箇所」がやや散らばっており，どこか1カ所に限定しにくい。その結果，設問としてはかなり難度が高いものとなった。逆に，例年なら解答しにくい〔2〕の内容真偽（本文に一致しているかどうか判断できないを含むもの）は比較的解答しやすく，大問全体のバランスは取れていたと思われる。

　Ⅱは「学習様式に関する考察」に関するものだが，その文章は決して読みやすくはなく，解答しにくい設問もいくつかあるなど，全体的な難度の上昇をうかがわせる大問であった。

　Ⅲの会話文問題は2つの小問に分かれ，それぞれ4カ所の空所に10個の選択肢の中から適切なものを選んで入れるという，従来の形であった。場面設定までついているので，本来なら話の流れはつかみやすいはずだが，〔2〕は決してそうとは言えないものだった。できればこのⅢは全問正解して得点を稼ぎたい部分だが，この〔2〕の展開把握の困難さにそれを阻まれた受験生も多かったと思われる。

　Ⅳの文法・語彙問題（8問）は例年同様標準レベルと言えるものである。ただし，文法・語彙の学習がおろそかになっていると「標準」とは感じられないだろう。日頃の学習の成果が問われている。

　Ⅴの語彙問題は2つの小問に分かれ，それぞれ5問の計10問。形式

は異なるが，語彙問題であることには変わりなく，広い意味での「単語
テスト」である。年度によっては「やや難」なものも出題されているが，
少なくとも 2022 年度に関しては標準レベルと言っていいものであった。

　全体的には，ここ 10 年ほど形式的には安定しているうえに，いずれ
の日程・学部・学科のパターンで受験しようと形式が同一であるという
点において，若干，全体的難度の上昇が見られるとはいえ，「受験生フ
レンドリー」な問題であると言える。

2 月 4 日実施分　　　問　題

(80 分)

Ⅰ　次の文を読んで，問いに答えなさい。

　　AI has brought about a new frontier of language generation, as many of us are aware. As I write this article, text suggestions appear on my computer screen, like a spouse[1] completing my sentences. Often they are right, which is annoying. This function, first developed in the 1990s, is now standard, everyday word processing. But in recent years, some scholars have been taking it further, actively using language-generating AI to create literature. In 2016, a team of Berkeley graduate students created a sonnet[2]-generating algorithm (really just a set of rules for a computer to follow) and won second place in a university competition in which poems are judged by how "human" they seem. On that occasion, poet Matthew Zapruder questioned the idea that a machine could write great poetry. He said, "You can teach a computer to be a bad poet, doing things you expect to be done. A good poet, on the other hand, breaks the rules and makes comparisons you didn't know could be made."

　　But Allison Parrish, a professor who uses AI to create poetry, told me that computer-generated poetry is a new frontier in literature, allowing for marvelous connections beyond anything human brains can create. Her idea was fascinating, but what happens to art, I wondered, when our muses[3] become mechanical? In other words, can we get inspiration from a digital source instead of a divine one?

　　Parrish has been programming roughly since she was in kindergarten. When she was in the third grade of elementary school, her father gave her the book *The Hobbit*, by J.R.R. Tolkien. Tolkien was a scholar who invented a series of imaginary languages, which were constructed to be beautiful rather than just functional. Parrish's love of language blossomed under the influence of Tolkien's novel. Now she creates poetry using a database of public domain[4] texts called Project Gutenberg and machine learning software that pairs lines of poetry that have similar sounds. In using computers to create poems, the idea, Parrish said, is to create combinations that no one would expect. She continued, "We are limited when we're thinking about writing in a purely intentional way. We're limited in the kinds of ideas that we produce." Therefore, Parrish's software makes random connections between words to create "lines of poetry that do something that we would be incapable of doing on our own." Parrish emphasized that her software lets us experience new kinds of joy in our use of language.

According to Professor John DeNero, the way AI writes, by finding patterns and connections between texts, is not fundamentally different from how we do it, but computers are quicker and can draw from a vast universe of digital information. "A single human can't read the whole web, but a computer can," said DeNero. We humans go through the same steps, just on a smaller scale. DeNero pointed out that GPT-3, a language-learning program, is designed to memorize all of the text available online. In this way, he said, GPT-3 could be considered deeply human. It is using countless human voices to produce language.

Algorithms have a long history in creative writing. Parrish mentions as an example the *I Ching*, an ancient Chinese divination[5] text that describes tossing coins and interpreting the meaning of those coins. Or take Tristan Tzara's instructions for making a Dada[6] poem, in which he advised cutting an article into individual words, throwing the words into a bag, and drawing them out at random. Even in more formal, less strictly experimental writing, writers have often relied on somewhat random rules as a means to create, from sonnets' use of iambic pentameter[7] to haiku with their 5-7-5 syllable structure. As any writer who has found themselves frozen before a blank page knows, the creative process contains a contradiction[8]: While total freedom can be paralyzing, structure can be freeing and strict rules can result in fresh new work. I left my conversation with Parrish feeling old-fashioned and unimaginative, but also eager to try writing some more experimental poetry.

Writing hasn't experienced any major evolutionary steps since the time when word processing sped up the transfer of thoughts from brain to page, or when the internet widened our access to information. What if writers could use beautiful machines to push their art beyond its current boundaries, go beyond the idea of authorship, even solve the mysteries of the creative process? That could be the next big step. Actually, we've long accepted the idea that stories come from a "force" outside of us. For instance, John Milton, the 17th-century English poet, said that he wasn't the author of *Paradise Lost*. Milton claimed that a heavenly muse recited the poem to him while he slept. He would wake up in the morning with the fully formed epic poem[9] ready to be announced to the closest person with a pen to write down his words. When he tried to write while awake, without his muse, nothing came. The feeling of words and ideas flowing through you is one of the most satisfying experiences a writer can have. Who's to say a muse couldn't be mechanical?

(Adapted from a work by Laura Smith)

（注）

1.	spouse	配偶者
2.	sonnet	ソネット（詩の型式の一種）
3.	muse	インスピレーション，またはそれを与えてくれる女神
4.	public domain	著作権が消滅した
5.	divination	占術
6.	Dada	ダダイズム（20世紀初頭に西洋で流行した文芸運動）

出典追記：Will AI write the next Great American Novel?, California Magazine Spring 2021 by Laura Smith

7．iambic pentameter　弱強五歩格（英語による詩の代表的な韻律）

8．contradiction　　　　矛盾

9．epic poem　　　　　　叙事詩

〔1〕本文の意味，内容にかかわる問い(A)～(D)それぞれの答えとして，本文にし
たがってもっとも適当なものを(1)～(4)から一つ選び，その番号を解答欄に
マークしなさい。

(A)　What was Matthew Zapruder's reaction to the poetry contest?

　(1)　Negative about the quality of computer-generated poems

　(2)　Disappointed that the Berkeley team did not win first place

　(3)　Uncertain about the relative value of human and machine poetry

　(4)　Impressed that computers can follow the rules of traditional poetry

(B)　What does Allison Parrish's machine-learning software do?

　(1)　It combines words in ways that individual people cannot.

　(2)　It updates famous poems by changing a few key words within
them.

　(3)　It brings together lines of poetry that have closely related
meanings.

　(4)　It uses an online library to promote the familiar pleasures of
literature.

(C)　What does John DeNero think about computers that create language?

　(1)　They are able to follow a process similar to the one people use.

　(2)　They can work more quickly than people, but the results are low
quality.

　(3)　They produce language by a unique method that people cannot
understand.

　(4)　They cannot yet access enough information to express anything
meaningful.

(D) How does the article relate AI writing tools to John Milton's creative process?

(1) It emphasizes a likeness between the two.

(2) It recognizes that computers cannot match Milton's writing skill.

(3) It shows how much technology has changed the way we create beautiful words.

(4) It explains why Milton's writing could have been better with the assistance of computers.

〔2〕次の(1)〜(5)の文の中で，本文の内容と一致するものには1の番号を，一致しないものには2の番号を，また本文の内容からだけではどちらとも判断しかねるものには3の番号を解答欄にマークしなさい。

(1) The author wrote the text using word processing software with an unusually advanced word-suggestion feature.

(2) Parrish started programming before she read *The Hobbit*.

(3) Tristan Tzara was influenced by the *I Ching*.

(4) The author herself is interested in writing creatively.

(5) The process of writing has not made any significant advances in the last century.

〔3〕本文の内容をもっともよく表しているものを(1)〜(5)から一つ選び，その番号を解答欄にマークしなさい。

(1) How AI can create art and stimulate human creativity

(2) Ways in which AI has taken over the field of creative writing

(3) The impact of AI on our understanding of how language works

(4) Reasons why some scholars cannot accept AI-generated literature

(5) AI that is capable of analyzing sonnets and other traditional forms of poetry

Ⅱ　次の文を読んで，問いに答えなさい。

I am a lifelong scorekeeper. I can go back decades and find lists of goals I set for myself to measure "success" by certain milestone[1] birthdays. (A) , in my 20s, I had a to-do list for the decade. It included quitting smoking, going to the dentist, mastering my piano scales, and finishing college. I reached them all, although the last one mere days before my 30th birthday.

There is nothing unusual about this tendency to keep score. Search online for "30 things to do before you turn 30" and you will get more than 15,000 results. Researchers writing in the journal *Psychological Science* a few years ago observed that people are naturally motivated toward performance goals related to round numbers[2], and such goals can often act as milestones to motivate self-improvement. We therefore seek (B) sources of evidence of our progress and effectiveness — and, thus, our happiness.

Making a "30 by 30" list, however, is a poor approach to happiness. It would be difficult to blame anyone in our materialistic[3] and achievement-focused society for thinking <u>otherwise</u>, of course. Every cultural message あ we get is that happiness can be read off a scorecard of money, education, experiences, relationships, and reputation. Want the happiest life? Check the boxes[4] of success and adventure, and do it as early as possible! Then move on to the next set of boxes. Whoever ends up with the most checked boxes wins, right?

(C) I don't mean that accomplishment[5] and ambition are bad, but that they are simply not the source of our happiness. By the time many people realize <u>this</u>, they have spent a lifetime checking things off lists, yet い are unhappy and don't know why. The economist Joseph Schumpeter once wrote that business owners love to earn fortunes "as a measure of success and as a symptom of victory." That is, every million or billion is another box checked to provide them with a feeling of self-worth and success. Given our finances, most of us don't have this exact problem. However, we ③do the same thing in our own way, whether it's taking a certain job for what it says about us to others, or selecting friends for the social advantage they'll bring us.

We have every evolutionary reason to want to keep score in life — passing on genes is competitive after all — but there is no evidence that Mother Nature cares whether we are happy or not. And, in fact, this kind of scorekeeping is a happiness error for two reasons: It makes us (D) the impact of external rewards, and it sets us up for dissatisfaction.

You can be motivated to do something intrinsically^6 (what you do gives you satisfaction and enjoyment) or extrinsically^7 (you are given something, such as money or recognition). Most people know that intrinsic rewards are more meaningful. ⓐThat is basically what speakers at graduation ceremonies mean when they say, "Find a job you love, and you will never work a day in your life."

 (E) Psychologists have found that extrinsic rewards can actually cancel out intrinsic rewards, leading us to enjoy our activities less. In a classic 1973 study, researchers at both Stanford University and the University of Michigan showed this in an experiment with preschoolers. The researchers allowed a group of kids to choose their preferred play activities — for example, drawing with colored pencils — which they happily did. The kids were later rewarded for that activity with a gold sticker and a ribbon. The researchers found that after they had been given the reward, the children (F) when they weren't offered one. Over the following decades, many studies have shown the same pattern for a wide variety of activities, across many demographic groups^8.

The scorecard approach to life also leads to ⓑa known human tendency that pushes us away from happiness: People often have trouble finding lasting satisfaction from material rewards, because as soon as we acquire something, our desire resets and we are looking for the next reward. Check one box, and another one immediately appears. And, of course, it's always ┃ (G) ┃. No one regards life's boxes in terms of downward movement: "By 40, I aim to make less money and no longer own my home!" Our goals are always aspirational⁹. We will have more, perform better, get richer.

Again, there's nothing wrong with aspiration. But if your happiness depends on an expanding list of achievements, you might soon find that your fear of failure outweighs your ambition. Instead of checking items off a list, some philosophies suggest we should find satisfaction in our greatest virtues¹⁰. In other words, happiness comes from displaying your greatest qualities, and in that way helping others, while at the same time discovering your true purpose. This timeless wisdom is a near-perfect ┃ (H) ┃ what the research says will bring us true well-being as we make our way through life.

(Adapted from a work by Arthur C. Brooks)

（注）

1．milestone　　　　節目
2．round number　　きりのいい数字
3．materialistic　　実利主義の
4．check the boxes　項目に印をつける
5．accomplishment　達成
6．intrinsically　　内発的に
7．extrinsically　　外発的に
8．demographic group　一定の特性を持つ人口集団
9．aspirational　　上昇志向の
10．virtue　　　　　美徳

〔1〕本文の ┃ (A) ┃ ～ ┃ (H) ┃ それぞれに入れるのにもっとも適当なものを(1)～(4)から一つ選び，その番号を解答欄にマークしなさい。

出典追記：Stop Keeping Score, The Atlantic on January 21, 2021 by Arthur C. Brooks

(A) (1) For example   (2) However

     (3) Recently   (4) Similarly

(B) (1) abstract   (2) health-related

     (3) outside   (4) spiritual

(C) (1) But what actually makes us unhappy?

     (2) Exactly.

     (3) We have to accept this.

     (4) Wrong.

(D) (1) give up on   (2) misunderstand

     (3) reject   (4) want to delay

(E) (1) And they are right.

     (2) But it's more complicated than that.

     (3) So you decide not to work.

     (4) So you get a job you love.

(F) (1) became only half as likely to draw

     (2) didn't ask for a reward

     (3) wanted to be paid

     (4) were much more likely to draw

(G) (1) a bigger box   (2) an intrinsic reward

     (3) easy to get   (4) more time-consuming

(H) (1) criticism of   (2) motivation for

     (3) reward for   (4) summary of

〔2〕下線部 ⓐ～ⓔ それぞれの意味または内容として，もっとも適当なものを
(1)～(4)から一つ選び，その番号を解答欄にマークしなさい。

ⓐ　otherwise

(1)　that our consumer society is damaged

(2)　that list making is to blame for poor thinking

(3)　that making lists is not the way to become happy

(4)　that keeping score of our achievements brings us happiness

ⓘ　this

(1)　that ambition alone is not exciting

(2)　that we can never really be truly content

(3)　that happiness does not depend on being successful

(4)　that checking things off lists is what leads to dissatisfaction

ⓤ　do the same thing

(1)　want to make a fortune

(2)　try to start our own business

(3)　try not to have financial problems

(4)　measure our self-importance based on material considerations

ⓔ　That

(1)　The idea that a good job will bring you lots of money

(2)　The idea that if you are motivated you will never have to go to
work

(3)　The idea that if you graduate from university you will easily find
employment

(4)　The idea that having fun and being content are preferable to
wealth and fame

　お　a known human tendency

　　⑴　always wanting more

　　⑵　putting duty before happiness

　　⑶　keeping scorecards to record our achievements

　　⑷　risking getting into trouble in order to obtain material rewards

Ⅲ

〔1〕次の会話の ⓐ 〜 ⓔ それぞれの空所に入れるのにもっとも適当な表現を(1)〜

　　⑽ から一つ選び，その番号を解答欄にマークしなさい。

At a fast-food restaurant

A：I'm so happy it's lunch time. I'm really hungry.

B：(　ⓐ　)

A：Oh, I think I'll have my usual. Double cheeseburger, french fries, large

　　soda, and maybe a chocolate ice-cream for dessert. How about you?

B：Well, I'm going to try the new Plant Burger, with a garden salad and

　　some apple slices for dessert.

A：(　ⓘ　)

B：Not exactly, but I'm just trying to cut down on all the salt, fats, and

　　sugars in the usual items. I also read that the meatless burger is

　　delicious and selling out in many places.

A：Well, what exactly is in this Plant Burger?

B：All kinds of things like mushrooms, carrots, peppers, rice, onions and

　　egg white. Pretty healthy, fewer calories, and less salt.

A：(　ⓤ　) I think I'll join you next time, but today I'll have my good

　　old regular cheeseburger.

B：(　ⓔ　)

A：Sure, let's do that.

⑴　Where shall we have lunch today?

⑵　So, what are you going to order today?

⑶　What? Are you on a diet or something?

⑷　Yeah, me too. I wish they weren't closed.

⑸　Actually, I don't think you'll really like either.

⑹　But don't you want to try something more healthy?

⑺　Hmm, now you've told me that, it has made me even hungrier.

⑻　Wonderful! But remember that the last time you didn't really like them.

⑼　Yuck, that sounds terrible! I really don't like to eat all those vegetables.

⑽　Great! Then we can compare your regular one with mine and see which is better!

〔2〕次の会話の ㋕ ～ ㋙ それぞれの空所に入れるのにもっとも適当な表現を(1)～(10)から一つ選び，その番号を解答欄にマークしなさい。

At the Office

A：Oh, no, we're wearing the exact same sweater today.

B：I know. I noticed when I came in this morning. （　㋕　）

A：Well, I'd certainly agree! That company's logo is so cool, isn't it? But everyone's going to think that we planned to dress alike. It's kind of embarrassing.

B：Totally. And we'll be in two meetings together this afternoon....

A：Let's sit as far apart as possible for today. But we're going to have to find a way to avoid doing this in the future. Why don't you send me a text whenever you decide to wear it?

B：That's such a bother. （　㋛　）Why don't I get to wear it on Mondays, Wednesdays, and Fridays, and you can have the other days?

A： That's not fair. I only get two days that way.

B： Fine. I'll take Tuesdays and Thursdays.

A： (　◇　)

B： True. I'm so glad that things are warming up out there. Have you had a chance to enjoy the weather?

A： (　⑦　)

B： Oh, yes, I forgot about your allergies.

(1)　I guess we both have great taste!

(2)　Could I ask you to text me instead?

(3)　No, I sneeze all the time if I go out.

(4)　Yes, I always take my lunch outside.

(5)　I was the first one in the office today.

(6)　At least our new product is a hot seller.

(7)　OK, I'll wear mine on the other three days.

(8)　Would you be willing to return yours to the store?

(9)　Plus, I never decide what to wear until I'm almost out the door.

(10)　Either way, we probably won't have to worry about this again until next fall.

Ⅳ　次の (A) ～ (H) それぞれの文を完成させるのに，下線部の語法としてもっとも適当なものを (1) ～ (4) から一つ選び，その番号を解答欄にマークしなさい。

(A)　To promote sales, we should send an email to ＿＿＿＿ who bought our products.

　　(1)　them

　　(2)　these

　　(3)　they

　　(4)　those

(B)　I can't remember ＿＿＿＿ the person at the party because there were so many people there.

　　(1)　meet

　　(2)　meeting

　　(3)　to have met

　　(4)　to meet

(C)　They gave me ＿＿＿＿ on job seeking.

　　(1)　a piece of advice

　　(2)　advices

　　(3)　an advice

　　(4)　many advice

(D)　I can't find my wallet; I ＿＿＿＿ it when I was out.

　　(1)　might drop

　　(2)　must have dropped

　　(3)　should have dropped

　　(4)　would drop

(E)　I found a nice present for my parents, and I had it ＿＿＿＿ to them.

　　(1)　deliver

　　(2)　delivered

　　(3)　delivering

　　(4)　to be delivered

(F)　What ＿＿＿＿ you saw at the theater?

　　(1)　else

　　(2)　kind of movie

　　(3)　on earth did

　　(4)　was it that

(G)　What was found in this experiment is ＿＿＿＿ great importance to researchers.

(1) by   (2) for

(3) in   (4) of

(H) At no time _____ care of the cooking.

    (1) do they take   (2) they do take

    (3) they don't take   (4) they take

V

〔1〕次の(A)〜(E)それぞれの文を完成させるのに，下線部に入れる語としてもっ
とも適当なものを(1)〜(4)から一つ選び，その番号を解答欄にマークしなさい。

(A) When we jump, the Earth's _____ pulls us back down.

    (1) ash   (2) gravity

    (3) malaria   (4) memorization

(B) The _____ teaches meditation at the temple.

    (1) daisy   (2) gall

    (3) monk   (4) mule

(C) The rules are meant to _____ cheating.

    (1) acquire   (2) dazzle

    (3) deposit   (4) discourage

(D) The car _____ up the hill.

    (1) descended   (2) drooped

    (3) trod   (4) zoomed

(E) A feeling of peace _____ the painting.

(1) aroused

(2) dueled

(3) mortgaged

(4) permeated

〔2〕次の (A) ～ (E) の文において，下線部の語にもっとも近い意味になる語を (1) ～ (4) から一つ選び，その番号を解答欄にマークしなさい。

(A) We have to change our <u>attitude</u> regarding the environment.

(1) debate

(2) model

(3) motto

(4) perspective

(B) The city's <u>administration</u> was effective.

(1) analysis

(2) defense

(3) management

(4) preparation

(C) They will try to <u>tempt</u> me with an attractive offer.

(1) aid

(2) mislead

(3) persuade

(4) transfer

(D) They <u>adorned</u> the room skillfully.

(1) altered

(2) decorated

(3) publicized

(4) traversed

(E) The <u>tyrant</u> appeared before the press.

(1) archeologist

(2) dictator

(3) juror

(4) pastor

2月4日実施分　解　答

I　解答

〔1〕　(A)—(1)　(B)—(1)　(C)—(1)　(D)—(1)
〔2〕　(1)—2　(2)—1　(3)—3　(4)—1　(5)—2
〔3〕—(1)

◆全　訳◆

≪AIによる文章創作の可能性≫

　すでに私たちの多くが気づいているように，AIは言語生成の新たな領域をもたらしている。私がこの文章を書く間にも，まるで私の文章を完成させる配偶者のように，文章提案がスクリーン上に現れる。それらは正しいことが多いのだが，それがむしろ厄介である。1990年代に初めて開発されたこの機能は，今では標準的で日常的な文章処理である。しかし近年，一部の学者はこれをさらに押し進め，文学作品を創作するのに言語生成AIを積極的に用いている。2016年，バークレーの大学院生チームが，ソネット生成アルゴリズム（実際のところはコンピューターが従う一連の決まりに過ぎないもの）を創造し，いかに「人間的」であるように見えるかを基準に詩を評価する大学の大会で2位になった。その時に，詩人マシュー=ザプルーダーは，機械にも素晴らしい詩が書けるという考えを疑問視した。「コンピューターを指導して，人間がしてほしいことをする，下手な詩人にすることはできる。一方で，良い詩人とは，決まりを破って，人ができると思っていなかった対比を行うのです」と彼は言った。

　しかし，詩を創作するのにAIを用いている大学教授アリソン=パリッシュは，コンピューター生成の詩は文学における新しい領域であり，人間の脳に創造できるいかなるものをも超える驚くべきつながりを可能にすると私に言った。彼女の考えは魅力的だが，ミューズが機械仕掛けになってしまったら芸術に何が起こるであろうと，私は考えた。言い換えると，神聖なものでなく，デジタルな源泉からインスピレーションを得ることはできるのであろうか？

　パリッシュは，大まかに言って幼稚園時代からずっとプログラミングをしている。小学校3年生のとき，父親が彼女にJ.R.R.トールキンの書籍

『ホビットの冒険』を与えた。トールキンは，単に機能的というよりも美しくなるよう構築された一連の架空言語を発明した学者であった。パリッシュが持っていた言語への愛情は，トールキンの小説が与える影響で花開いた。今では彼女は，プロジェクト・グーテンベルクと呼ばれる著作権の切れた文書のデータベースと，似た音を持つ詩行を組み合わせる機械学習ソフトを用いて詩を創作している。コンピューターを用いて詩を創作する際の狙いとは，誰も予想しないであろう組み合わせを創造することであると，パリッシュは言った。「純粋に意図的な形で書くことを考えているとき，私たちは制限されてしまいます。生み出す考えの種類において制限されてしまうのです」と，パリッシュは続けて言った。それゆえ，パリッシュの用いるソフトは，「私たちが自力ではできないであろうことを行う詩行」を創造するため，言葉と言葉の間に無作為なつながりを作る。彼女のソフトは我々に，言葉遣いという点において新しい種類の喜びを経験させてくれると，パリッシュは強調した。

　ジョン＝デネロ教授によると，文章間にパターンとつながりを見つけ出して書くという AI のやり方は，我々がそれを行うやり方と根本的には変わらないが，コンピューターの方が速く，かつ巨大なデジタル情報の宇宙から情報を引き出すことができる。「ひとりの人間にはウェブのすべてを読み通すことはできないが，コンピューターにはできるのです」とデネロは言った。我々人間は同じ手順を踏むのだが，ただ規模が小さいのである。言語学習プログラムである GPT-3 は，オンラインで入手できる文章のすべてを記憶するよう設計されているとデネロは指摘した。この点で，GPT-3 は非常に人間的であると考えることができると彼は言った。それは言語を生み出すのに，数え切れない人間の声を利用しているからである。

　アルゴリズムは，文芸創作において長い歴史を持っている。硬貨を投げ，その意味を解釈することを説明する古代中国占術の書物である『易経』を，パリッシュは具体例として挙げている。あるいは，ダダイズムの詩を作るためトリスタン＝ツァラが指示したことでもよい。その中で彼は，記事を個々の単語に切り分け，それらの単語を袋の中に入れ，無作為にそれらを取り出すよう勧めた。より形式的で，厳密にはそれほど実験的でない作品においてさえ，作家たちはしばしば創作手段として，弱強五歩格を用いるソネットから，5・7・5の音節構造を持つ俳句に至るまで，いくぶん無

作為な規則に頼ってきた。気がつくと空白のページを前にして固まっていたことのある作家なら誰でも知っているように，創作過程には矛盾が含まれている。完全なる自由は人を麻痺させかねない一方で，構造は人を自由にし，厳しい規則は新鮮で新しい作品へとつながる可能性がある，ということである。私はパリッシュとの会話を，自分が古臭くて想像力のない人間であるという気持ちで一旦終了したが，何かもっと実験的な詩をしきりに試しに書いてみたい気持ちでもあった。

　ワープロによって思考が脳からページへ移される速度が上がったとき，あるいはインターネットによって情報へのアクセスの幅が広がったとき以来，文章創作は何ら大きな革命的一歩を経験していない。もし作家が素晴らしい機械を用い，現在の境界線を超えるところまで自身の芸術を押し進め，著者という概念を超え，さらには創作過程の謎を解明できるとしたらどうであろうか？　それは次の大きな一歩となりうるであろう。事実，我々は，物語というものが我々の外側にある「力」から生じるという考えを長らく受け入れている。例えば，17世紀のイギリスの詩人ジョン=ミルトンは，自分は『失楽園』の著者ではないと言った。ミルトンは，寝ている間に天のミューズがその詩を自分に朗読したと主張していた。朝目覚めると，完全に仕上がった叙事詩が頭の中にあり，自分の言葉を書き起こすべくペンを持った一番近くにいる人物にそれを伝えるだけだったのである。目が覚めているときにミューズなしで書こうとすると，何も浮かんでこなかったのだった。言葉やアイデアが身体を流れていく感覚は，作家が味わうことのできる最も満足いく経験のひとつなのである。ミューズは機械仕掛けではありえないと，誰が言えるのであろうか？

━━━━━━━━ ◀解　説▶ ━━━━━━━━

〔1〕 (A) 「詩のコンテストに対するマシュー=ザプルーダーの反応はどのようなものだったか？」

第1段第7文 (On that occasion …) の内容より，(1)「コンピューター生成された詩の質に関して否定的」が正解。また，同段最終2文 (He said, "You … could be made.") にある氏の発言は，要は「コンピューターの書く詩は下手である」ということである。他の選択肢は，(2)「バークレーのチームが1位にならなくて落胆」，(3)「人間の詩と機械の詩の相対的価値に懐疑的」，(4)「コンピューターが伝統的な詩の規則に従うことができ

ることに感銘」という意味。

(B) 「アリソン=パリッシュが用いる機械学習ソフトは何をするか？」

第 3 段第 9 文（Therefore, Parrish's software …）の内容より，(1)「個人ではできない方法で言葉を組み合わせる」が正解。他の選択肢は，(2)「中に含まれるいくつかのカギとなる言葉を変えることで有名な詩をアップデートする」，(3)「密接に関連する意味を持つ詩行を組み合わせる」，(4)「オンライン図書館を用いて，文学が与える慣れ親しんだ喜びを促進する」という意味。

(C) 「言語を創造するコンピューターについて，ジョン=デネロはどう考えているか？」

第 4 段第 1 文（According to Professor …）および第 3 文（We humans go …）の内容より，(1)「それらは，人が用いるものと似た過程に従うことができる」が正解。他の選択肢は，(2)「それらは人より素早く機能できるが，その結果は低品質である」，(3)「それらは人には理解できない特有の方法で言語を生み出す」，(4)「それらは何か意味あることを表現するのに十分な情報にアクセスすることがまだできない」という意味。

(D) 「本文は，AI 文章作成ツールとジョン=ミルトンの創作過程をどのように関連させているか？」

最終段第 4 文（Actually, we've long …）以降の内容（「ミルトンは『ミューズ』からインスピレーションを受けていたようだが，それと同様に『AI』からインスピレーションを受けても構わないのでは？」という筆者の見解）より，(1)「その 2 つの間の類似性を強調している」が正解。他の選択肢は，(2)「コンピューターはミルトンの文章創作力に匹敵することはできないと認めている」，(3)「テクノロジーによって我々が美しい言葉を創造する方法がどれほど変化したかを示している」，(4)「なぜミルトンの作品がコンピューターの助けを借りていればもっと良いものになっていたかを説明している」という意味。

〔2〕 (1) 「筆者は本文を，非常に進歩した単語推奨機能を備えたワープロソフトを用いて書いた」

第 1 段第 4 文（This function, first …）の内容に一致しない。「筆者が本文をワープロソフトを用いて書いた」ことは同段第 2 文（As I write …）に一致するが，直接の該当箇所である第 4 文で「この機能は標準的なも

の」と書かれている。

⑵ 「パリッシュは『ホビットの冒険』を読む前にプログラミングを始めていた」

第 3 段第 1・2 文（Parrish has been … by J. R. R. Tolkien.）の内容に一致する。

⑶ 「トリスタン=ツァラは『易経』に影響されていた」

第 5 段第 2 文（Parrish mentions as …）で『易経』について，続く第 3 文（Or take Tristan …）で「トリスタン=ツァラ」についての言及はあるが，その「トリスタン=ツァラ」が『易経』に「影響されていた」かどうかに関する言及はない。

⑷ 「筆者自身は創造的に書くことに興味を持っている」

第 5 段最終文（I left my …）の内容に一致する。ここでの experimental poetry は，writing creatively と読み換えられる。

⑸ 「文章を書くという過程は，過去 100 年の中で何ら重要な進歩を遂げていない」

最終段第 1 文（Writing hasn't experienced …）の内容に一致しない。そこでは「ワープロによって思考が脳からページへ移される速度が上がったとき，あるいはインターネットによって情報へのアクセスの幅が広がったとき以来，文章を書くということは何ら大きな革命的一歩を経験していない」とは述べられているが，それは逆に言うと「ワープロによって思考が脳からページへ移される速度が上がったとき」と「インターネットによって情報へのアクセスの幅が広がったとき」には「重要な進歩を遂げた」ということである。

〔3〕 この本文は全体にわたって「AI による文章創作の可能性」について述べているので，⑴「どのようにして AI が芸術を創造し，人間の創造力を刺激できるか」が正解。⑵「AI が文芸創作の分野を引き継いだ過程」は「（人間から）引き継いだ」の部分が過言なので不可。他の選択肢は，⑶「どのように言語が機能するかについての我々の理解に対して AI が与えた影響」，⑷「一部の学者が AI 生成された文学を受け入れられない理由」，⑸「ソネットやその他の伝統的な詩の形式を分析できる AI」という意味。

II 解答

〔1〕　(A)—(1)　(B)—(3)　(C)—(4)　(D)—(2)　(E)—(2)
　　　(F)—(1)　(G)—(1)　(H)—(4)

〔2〕　あ—(4)　い—(3)　う—(4)　え—(4)　お—(1)

◆全　訳◆

≪得点記録をやめて，もっと幸福になろう≫

　私は生涯を通じて得点記録魔である。数十年さかのぼっても，いくつかの節目となる誕生日によって「成功」を評価するため，自分で設定した目標リストを見つけることができる。例えば 20 代のとき，その 10 年間でやるべきことのリストを作っていた。その中には，タバコをやめること，歯医者に行くこと，自分のピアノの音階をマスターすること，そして大学を卒業することが含まれていた。私はそれらすべてを達成した。もっとも，最後のひとつは 30 歳の誕生日のほんの数日前ではあったが。

　得点記録をつけるというこの傾向には何ら変わったところはない。「30 歳になる前にすべき 30 のこと」をネットで検索すれば，15,000 件以上の結果がヒットするだろう。専門誌『サイコロジカル・サイエンス』に寄稿する研究者たちは数年前，人はきりのいい数字に関連する達成目標に対して自然とモチベーションが上がること，さらにそうした目標はしばしば自己研鑽を動機づける節目となりうることに気づいた。それゆえ，我々は自分が進歩している，そして役に立っている，したがって幸福であることを証明する，自分の外側にある根拠を探し求める。

　しかしながら，「30 歳までに 30 個」のリストを作ることは，幸福への取り組みとしては下手である。もちろん，我々の暮らす実利主義で達成に重きを置いた社会では，そうではないという考えを持つからといって人を責めるのは難しいだろう。我々が得る文化的メッセージはすべて，幸福とは金，教育，経験，人間関係，評判からなる得点表によって読み取れるというものである。最も幸福な人生をお望みですか？　成功と冒険の項目に印をつけてください，しかも，できるだけ早いうちに！　それから，次の一連の項目へと移行してください。最終的に最も多くの項目に印がついている人の勝ちです，正しいですね？

　間違っている。私は，達成や野心が悪いと言っているわけではなく，それらは単に幸福の源ではないということである。多くの人が，これに気づくときまでには，リストの物事に済み印をつけることに人生を費やしたが

不幸せで，その理由がわからなくなっている。経済学者ヨーゼフ゠シュンペーターはかつて，事業主は「成功の基準として，また勝利の印として」財産を得るのが好きであると書いた。つまりは，100 万，あるいは 10 億ごとにまたひとつの項目に印がつき，彼らに自尊心と成功感を与えるということである。我々の経済状況を鑑みると，大半はまさしくこの問題は抱えていない。しかしながら，それが他人に自分についてどんな印象を与えるかを考えて何らかの仕事を引き受ける形であろうが，もたらしてくれる社会的利点を考えて友人を選ぶ形であろうが，我々は自分なりの形で同じことをしているのである。

　我々には，人生において得点記録をつけたくなるもっともな進化上の理由がある。結局のところ，遺伝子を受け継いでいくことは競争である。しかし，我々が幸福かどうかを母なる自然が気にかけてくれている証拠はない。さらに，実は，この種の得点記録づけは 2 つの理由で幸福に関する勘違いである。すなわち，それは我々に外部からの報酬が与える影響を誤解させ，またそれは我々を不満へと方向づけるからである。

　人は内発的に（することが満足や楽しみを与える）何かを行うよう動機づけられることもあれば，外発的に（金や承認といったものを与えられる）そうなることもある。内発的報酬の方がより意義深いと，大半の人は知っている。それこそがつまり，卒業式のスピーチで「愛せる仕事を見つけなさい。そうすれば，人生において一日たりとて労働することはないでしょう」と言う人の意味するところである。

　しかし，実情はそれ以上に複雑である。外発的報酬は実際のところ内発的報酬を無効化し，我々に自分がしていることを楽しめなくさせかねないと，心理学者は発見している。1973 年の古典的研究で，スタンフォード大学とミシガン大学両校の研究者たちは，これを幼稚園児が参加した実験で示した。子供の集団に，例えば色鉛筆で絵を描くといった彼らが喜んで行う，自分が好む遊びの活動を，この研究者たちは選ばせてやった。子供たちは，その活動を行ったことで，金色のシールとリボンのご褒美を後ほど与えられた。その子供たちは，褒美を与えられてしまった後は，褒美を与えられていないと，絵を描く可能性が半分だけになってしまうことを，研究者は発見した。その後の数十年にわたって多くの研究が，幅広い活動を行う，多くの人口統計上の集団においても同じパターンを示している。

　人生に対する得点表をつける取り組みはまた，我々を幸福から遠ざけるという，よく知られた人間の傾向へとつながる。人はしばしば物質的な報酬から永続的満足感を見つけることに苦労するが，それは，何かを手に入れるとすぐに，欲望がリセットされ，次の報酬を求めるからである。ひとつの項目に印をつけると，別の項目がすぐに現れる。そしてもちろん，それはいつでもより大きな項目である。誰も人生の目的となる項目を下向きの動きだとはみなしていない。「40 歳になるまでには，今より少ないお金を稼ぐこと，もはや家を所有していないことを目指します！」　我々の目標はいつでも上昇志向である。より多くを所有し，より上手に立ち回り，より豊かになろうとするのだ。

　そしてまた，上昇志向に何ら悪いところはない。しかし，もしあなたの幸福がますます拡大していく達成リストに依拠しているならば，失敗する恐怖の方が野心にまさってしまうことにすぐに気づくだろう。リストの項目に印をつける代わりに，我々が持つ最大の美徳に満足を見出すように勧めている哲学もある。言い換えると，幸福は，あなたが持つ最も素晴らしい資質を示すこと，またそうすることで他者を助け，同時にあなたの真の目的を発見することから生じる。この永遠の叡智は，我々が人生を生きていく中で我々に真の幸福をもたらすと研究が示すものを表す完璧に近い概要なのである。

━━━━━━━━ ◀解　説▶ ━━━━━━━━

〔1〕(A)　直前の文で「いくつか」の節目となる誕生日について語っている。また直後で「20 代」という特定の 10 年について言及しているので，空所に(1)「例えば」を入れると前後が「抽象→具体」という関係になる。他の選択肢は，(2)「しかしながら」，(3)「最近」，(4)「同様に」という意味。

(B)　直前の文で「人はきりのいい数字に関連する目標を好む」と述べられている。また，「人は進歩を示す（　(B)　）な証拠を求める」を意味する空所を含む文には，「それゆえ」という結論を示す語が含まれている。「きりのいい数字に関連する目標を好む人」が必然的に求めるのはどのような「証拠」かを考え，空所には(3)「（自分の）外側にある」が入ると判断する。他の選択肢は，(1)「抽象的な」，(2)「健康に関連した」，(4)「精神的な」という意味。

(C)　直前の第 3 段第 4 ～最終文（Want the happiest … boxes wins,

right?）で幸福な人生とはできるだけ多くの「成功と冒険の項目に印をつける」ことではないかと問いかけている。空所の直後の文には「達成や野心は幸福の源ではない」と反対の主張が続いているので，空所に(4)「間違っている」を入れれば，筆者が自問自答したことになり，文意が通じる。他の選択肢は，(1)「しかし，実際のところ何が我々を不幸せにするのか？」，(2)「その通り」，(3)「我々はこれを受け入れなければならない」という意味。

(D)　空所を含む文と直前の文（得点記録づけは 2 つの理由で勘違いである）はコロンで結ばれているので，「抽象→具体」の関係であると判断できる。よって，空所を含む文は「得点記録づけが勘違いである理由の 1 つ目」にあたる内容，つまりマイナス的な内容になるとわかるが，選択肢の中でマイナスとなるのは(2)「～を誤解する」だけなので，これが正解。他の選択肢は，(1)「～を見限る」，(3)「～を拒絶する」，(4)「～を遅らせたくなる」という意味。

(E)　直前の段落で「内発的報酬の方がより意義深いと，大半の人はわかってはいる」と述べられ，空所の直後の文で「外発的報酬は内発的報酬を無効化しかねない」と述べられている。この 2 文を自然につなぐことができるのは，選択肢の中では(2)「しかし，実情はそれ以上に複雑である」だけである。他の選択肢は，(1)「そして，彼らは正しい」，(3)「よって，あなたは働かないことに決める」，(4)「よって，あなたは自分が大好きな仕事を得る」という意味。

(F)　空所の前で「外発的報酬は我々に自分がしていることを楽しめなくさせる」ということを立証する古典的な実験の様子・結果が述べられている。空所は，その実験の中で，子供が自分が楽しんでしていることに報酬を与えられると「どうなるか」を示す結果の部分なので，(1)「（楽しんでやっていたことなのに，）絵を描く可能性が半分だけになってしまった（＝自分がしていることを楽しめなくなった）」が正解。他の選択肢は，(2)「報酬を求めなかった」，(3)「支払いを受けたがった」，(4)「絵を描く可能性がはるかに高かった」という意味。

(G)　空所の前で「人の欲望は果てのないものである」ということが述べられ，空所の直後で「人生の目標を下向きに設定する者はいない」とも述べられているので，空所に(1)を入れ，空所を含む文全体を「そしてもちろん，

それはいつでもより大きな項目である」とすれば，前後と論理的につなが
る。他の選択肢は，⑵「内発的報酬」，⑶「簡単に得ることができる」，⑷
「より時間がかかる」という意味。

㈹　直前の文で「幸福の本当の源がどこにあるのか」が提示されている。
空所を含む文の主語 This timeless wisdom とはこの「幸福の本当の源」
のことだが，それは本文で紹介されるさまざまな研究が示すものに「限り
なく近いもの」だと判断できる。よって，⑷「〜の概要」が正解。他の選
択肢は，⑴「〜への批判」，⑵「〜への動機づけ」，⑶「〜への報酬」とい
う意味。

〔2〕　㋐　下線部は「別のやり方で，そうではなく」という意味の副詞で
ある。ここでの「そうではない」の「そう」とは直前の文で述べられてい
る「『30 歳までに 30 個』のリストを作ることは，幸福への取り組みとし
ては下手である（＝リストを作っても幸福にはなれない）」ことだと考え
るのが自然なので，「そうではない」とはその逆の内容である，⑷「達成
の得点記録をつけることは我々に幸福をもたらすこと」である。他の選択
肢は，⑴「我々の消費社会は害されていること」，⑵「リストを作ること
は貧弱な思考に対し責任があること」，⑶「リストを作ることは幸福にな
る方法ではないこと」という意味。

㋑　下線部は指示語の this なので，その指示内容は直前の文で述べられ
ている「達成や野心は幸福の源ではないということ」のはずである。よっ
て，⑶「幸福は成功していることには依拠しないということ」が正解。他
の選択肢は，⑴「野心だけではワクワクしないということ」，⑵「我々は，
本当の意味で真に満足することは決してないということ」，⑷「リストの
物事に済み印をつけることは不満につながるということ」という意味。

㋒　下線部は「同じことをする」という意味である。ここでの「同じ」は
直前で述べられていることと「同じ」と考えるのが自然なので，直前の内
容（100 万，10 億稼ぐごとに自尊心と成功感を得る）と「同じ」と言える
⑷「物質的報酬を基に，自尊心を測る」が正解。他の選択肢は，⑴「ひと
財産稼ぎたいと思っている」，⑵「起業しようとする」，⑶「経済的問題を
持たないようにする」という意味。

㋓　下線部は指示語の That なので，その指示内容は直前の文で述べられ
ている「内発的報酬の方が意義深い」のはずである。よって，⑷「楽しむ

ことと満足することの方が富や名声より好ましいという考え」が正解。他
の選択肢は，(1)「よい仕事はたくさんのお金をもたらすという考え」，(2)
「もし動機づけられれば，決して仕事に行く必要はないという考え」，(3)
「大学を卒業すれば，簡単に仕事が見つかるという考え」という意味。

㊙　下線部は「よく知られた人間の傾向」という意味だが，その具体的内
容は直後の文以降で述べられる「人間の欲には終わりがないということ」
だと考えるのが自然。よって，(1)「いつも，より多くを求めること」が正
解。他の選択肢は，(2)「幸福より義務を優先すること」，(3)「我々の達成
を記録するため得点表をつけること」，(4)「物質的報酬を得るために面倒
に巻き込まれる危険を冒すこと」という意味。

III　解答

〔1〕　あ―(2)　い―(3)　う―(7)　え―(10)
〔2〕　か―(1)　き―(9)　く―(10)　け―(3)

◆全　訳◆

〔1〕　≪ファストフード店で≫

A：昼食時間になって，とてもうれしいです。私は本当にお腹が空いてい
ます。

B：それで，あなたは今日は何を注文するつもりですか？

A：あぁ，私はいつものやつにします。ダブルチーズバーガーとフライド
ポテトとソーダのLサイズ，それにもしかするとデザートにチョコレ
ートアイスクリームも。あなたはどうするのですか？

B：ええと，私は新しいプラントバーガーを食べてみようと思います。そ
れにガーデンサラダと，デザートのアップルスライスにします。

A：何ですって？　あなたはダイエットか何かをしているのですか？

B：そういうわけではないのですが，普段食べるものの塩分，脂肪分，糖
分のすべてを減らそうとしているだけです。それに，肉なしバーガー
はとても美味しくて，多くの場所で売り切れになっていると読みまし
た。

A：それで，正確にはこのプラントバーガーには何が入っているのです
か？

B：マッシュルーム，ニンジン，コショウ，米，タマネギや卵白といった
あらゆる種類のものです。かなり健康的で，カロリーも塩分も少なめ

です。

A：むむむ，あなたにそう言われてしまったら，さらにお腹が減ってしまいました。次はあなたと同じものを食べようと思いますが，今日はいつもの美味しいチーズバーガーを食べます。

B：素晴らしいです！　では，あなたの普通のバーガーと私のを比べてみて，どちらがより美味しいか確かめてみましょう！

A：もちろんです。そうしましょう。

〔2〕 ≪会社で≫

A：あらまあ。今日，私たちはまったく同じセーターを着ています。

B：わかってます。あなたが今朝出社したときに，気づきました。私たちは 2 人とも素晴らしいセンスの持ち主のようですね！

A：そう，まさにその通りです！　あの会社のロゴはとても良いですよね？　でも，私たちが同じ服を着るよう計画したと，皆に思われてしまいます。それはちょっと恥ずかしいです。

B：まったくその通りです。それに，私たちは今日の午後一緒に 2 つの会議に出席します……。

A：今日はできるだけ離れて座りましょう。しかし，この先このようなことがないようにするために，何か方法を見つけなければなりません。あなたがこれを着ると決めたときには，メールしてくれませんか？

B：それは結構面倒です。それに，私は玄関を出る直前まで，何を着るか決して決めません。私が月・水・金曜日にこれを着て，あなたがそれ以外の日に着るのはどうですか？

A：それはフェアではありません。そうすると，私は 2 日しか着られません。

B：いいですよ。私が火曜と木曜にします。

A：いずれにせよ，私たちは来年の秋までこのことについて再び心配する必要はおそらくないでしょう。

B：その通りです。だんだん外が暖かくなってきていてとてもうれしいです。この天候を楽しむ機会はありましたか？

A：ないです。外に出ると，ずっとくしゃみが出てしまいますので。

B：ああ，そうでした。あなたのアレルギーのことを失念していました。

■◀解　説▶■

〔1〕　⑧　空所の直後でAは「私はいつものを食べます」と答えているので，空所でBが⑵「それで，あなたは今日は何を注文しますか？」と問えば自然な対話となる。

ⓘ　空所の直後でBは「（それは）正確ではないが，塩分などは控えようとしている」と答えているので，空所でAが⑶「何だって？　あなたはダイエットか何かをしているのか？」と問えば自然な対話となる。

ⓤ　「プラントバーガーの利点」について語るBに対して，空所の直後でAは「次は自分もそれを食べてみるが，今日はいつものチーズバーガーを食べる」と言っているので，空所には⑺「むむむ，そう言われてしまったら，さらにお腹が減ってしまいました」が最適。

ⓔ　空所の直後でAは「ぜひそうしよう」と応えているので，空所でBが⑽「素晴らしい！　では，あなたの普通のバーガーと私の（プラントバーガー）を比べて，どちらがより美味しいか確かめよう！」と誘えば自然な対話となる。

他の選択肢は，⑴「今日はどこで昼食をとりましょうか？」，⑷「ええ，私もです。それらが閉まっていなければなあ」，⑸「実は，あなたが本当に気に入るとは私も思っていない」，⑹「しかし，あなたはもっと健康的なものを試したいのでは？」，⑻「素晴らしい！　しかし，前回あなたはそれらがまったく気に入らなかったことを思い出しなさい」，⑼「うげっ，それはひどい！　本当のところ，私はそれらの野菜のすべてを食べたいわけではない」という意味。

〔2〕　ⓚ　空所の前で同じセーターを着ていることに2人が気づく。空所の直後でAは「まさしく同意します！」と答えているので，空所でBが⑴「きっと私たちは2人とも（服の）センスが素晴らしいのでしょう！」と言えば自然な対話となる。

ⓖ　「そのセーターを着るときにはメールしてくれないか？」と頼むAに対して，空所の直前でBは「それは面倒だ」と言っているので，続く空所でBが⑼「それに，玄関を出る直前まで何を着るか決して決めない（ので，その依頼には応えられない）」と付け加えれば自然な対話となる。

ⓛ　空所の直後でBは「その通りだ。暖かくなってうれしい」と言っているので，空所でAが⑽「いずれにせよ，（暖かくなってきているので）私

たちは来年の秋までこのことについて再び心配する必要はおそらくない」
と言えば自然な対話となる。また，ここでの「いずれにせよ（＝私が月・
水・金であなたが火・木であろうと，その逆であろうと）」も解答のヒン
トとなる。

㈣　空所の直前でBが「もうこの（暖かくなった）天候を楽しんだか？」
とAに尋ねている。さらに空所の直後でBは「ああ，そうだった。あなた
のアレルギーのことを失念していた」と言っているので，空所でAが(3)
「いいえ，私は（アレルギー体質なので）屋外に出ると，くしゃみをして
ばかりになる（ので，屋外で天候を楽しんではいない）」と答えれば自然
な対話となる。

他の選択肢は，(2)「代わりに私にメールするようにあなたに頼んでもよい
か？」，(4)「はい，私はいつも昼食を屋外でとる」，(5)「今日は私が一番早
く出勤した」，(6)「少なくとも，我々の新製品はよく売れている」，(7)「い
いですよ，私は自分のをそれ以外の 3 曜日に着ます」，(8)「あなたのをお
店に返品してくれませんか？」という意味。

Ⅳ　解答　(A)—(4)　(B)—(2)　(C)—(1)　(D)—(2)　(E)—(2)　(F)—(4)
(G)—(4)　(H)—(1)

◀解　説▶

(A)　「売り上げを伸ばすため，我々の製品を購入した人々にメールを送る
べきである」
those who ～ で「～な人々」という意味。

(B)　「そのパーティーには非常に多くの人がいたので，そこでその人に会
ったことを思い出せない」
remember *doing* で「～したことを覚えている」という意味。

(C)　「彼らは職探しについて私に助言してくれた」
advice は不可算名詞であり，それを正しく用いているのは(1)のみ。

(D)　「財布が見つからない。外出中に落としたに違いない」
must have *done* で「～したに違いない」という意味。

(E)　「両親への素敵な贈り物が見つかったので，それを彼らの元へ配送し
てもらった」
have O *done* で「Oを～してもらう〔される〕」という意味。

(F)　「あなたが劇場で観たのは何だったのですか？」
What is〔was〕it that＋名詞要素の欠けた不完全文で，What を強調する
強調構文。

(G)　「この実験でわかったことは，研究者にとって非常に重要である」
of＋抽象名詞は形容詞として用いることができる。ここでは great
importance がその抽象名詞にあたり，of great importance＝greatly
〔very〕important と理解すればよい。

(H)　「決して彼らは料理の担当をしない」
at no time は「決して～ない」という意味の否定語句であり，それが文頭
に置かれると，その後ろには倒置形（疑問文の語順）が続く。

Ⅴ　解答

〔1〕　(A)—(2)　(B)—(3)　(C)—(4)　(D)—(4)　(E)—(4)
〔2〕　(A)—(4)　(B)—(3)　(C)—(3)　(D)—(2)　(E)—(2)

◀解　説▶

〔1〕　(A)　「ジャンプすると，地球の重力が我々を（地面に）引き落とす」
gravity は「重力」という意味の名詞。他の選択肢は，(1)「灰」，(3)「マ
ラリア」，(4)「記憶すること」という意味。

(B)　「その僧侶はお寺で瞑想を教えている」
monk は「修道士，僧侶」という意味の名詞。他の選択肢は，(1)「ヒナギ
ク」，(2)「すり傷」，(4)「ラバ」という意味。

(C)　「それらの決まりはカンニングをさせないようにするために作られて
いる」
discourage は「～する気を削ぐ」という意味の他動詞。他の選択肢も他
動詞だと，(1)「～を習得する」，(2)「～（の目）をくらませる」，(3)「～を
預金する」という意味。

(D)　「その車は丘を猛スピードで登って行った」
zoom は「猛スピードで進む」という意味の自動詞。他の選択肢も自動詞
だと，(1)「下る」，(2)「うなだれる」，(3)は「踏む，歩く」という意味。

(E)　「その絵には安寧感が漂っていた」
permeate は「〈感情などが〉～に広がる」という意味の他動詞。他の選
択肢も他動詞だと，(1)「〈感情など〉を引き起こす」，(2)「～と決闘する」，
(3)「～を抵当に入れる」という意味。

〔2〕 (A)「我々は環境についての考え方を変えなければならない」

attitude は「態度，（物の）考え方」という意味の名詞なので，(4)「（物の）捉え方」が正解。他の選択肢は，(1)「討論」，(2)「手本」，(3)「モットー」という意味。

(B)「その都市の行政は効果的であった」

administration は「行政」という意味の名詞なので，(3)「経営，運営」が最も近いと思われる。他の選択肢は，(1)「分析」，(2)「防衛」，(4)「準備」という意味。

(C)「彼らは魅力的な申し出で，私をその気にさせようとするだろう」

tempt は「～をその気にさせる」という意味の他動詞なので，(3)「～を説得する」が最も近いと思われる。他の選択肢は，(1)「～を助ける」，(2)「～を欺く」，(4)「～を転勤させる」という意味。

(D)「彼らはその部屋を上手に飾りつけた」

adorn は「～を飾る」という意味の他動詞なので，(2)「～を飾る」が正解。他の選択肢は，(1)「～を変える」，(3)「～を公表する」，(4)「～を横切る」という意味。

(E)「その独裁者が報道陣の前に現れた」

tyrant は「暴君，独裁者」という意味の名詞なので，(2)「独裁者」が正解。他の選択肢は，(1)「考古学者」，(3)「陪審員」，(4)「牧師」という意味。

❖講　評

　2022 年度の出題も例年と同じ形式で，長文読解問題 2 題，会話文問題 1 題，文法・語彙問題 2 題の計 5 題であった。

　Ⅰの読解問題は，「AI による文章創作の可能性」に関するもので，文章自体も読みやすいとは言いにくく，〔1〕の(A)・(D)は純粋に難度の高い設問であったと思われる。また，〔2〕の(5)の内容真偽はかなりの英語力と論理力を必要とするものであった。結果として，ここ数年の中では，最高難度に近い大問であったと言えるだろう。

　Ⅱは「得点記録をやめて，もっと幸福になろう」と提案するエッセイであったが，論理展開をたどるのが難しい文章であった。そのため，特に空所補充問題の(D)・(E)は解答を導き出すのに苦労した受験生も多かったと思われる。また，otherwise の内容説明を求める問いは入試問題で

は広く見られるが，〔2〕の設問の場合，良問ではあるが論理展開のうえで非常に高難度な問いになっている。

　Ⅲの会話文問題は 2 つの小問に分かれ，それぞれ 4 カ所の空所に 10 個の選択肢の中から適切なものを選んで入れるという，従来の形であった。できればこの Ⅲ は全問正解して，点を稼ぎたい部分ではあるが，〔2〕の㋕・㋖は決して「正解して当たり前」とは言えないものだった。「会社で」という場面設定が，ヒントとしてあまり機能しなかったといえるだろう。

　Ⅳの文法・語彙問題（8 問）は例年同様標準レベルと言えるものである。ただし，文法・語彙の学習がおろそかになっていると「標準」とは感じられないだろう。日頃の学習の成果が問われている。

　Ⅴの語彙問題は 2 つの小問に分かれ，それぞれ 5 問の計 10 問。例年は標準レベルと言っていいものばかりだったが，2022 年度のこの日程では，〔1〕の(B)・(D)あたりで「標準」を超えると思われるものが出題された。

　全体的には，ここ 10 年ほど形式的には安定しており，「受験生フレンドリー」な問題であるとは言える。しかし，明らかに意図的な難度の上昇を感じさせるものとなっている。

/////////////// · **memo** · ///////////////

全国の書店で取り扱っています。店頭にない場合は，お取り寄せができます。

1　北海道大学(文系−前期日程)
2　北海道大学(理系−前期日程)　医
3　北海道大学(後期日程)
4　旭川医科大学(医学部〈医学科〉)　医
5　小樽商科大学
6　帯広畜産大学
7　北海道教育大学
8　室蘭工業大学／北見工業大学
9　釧路公立大学
10　公立千歳科学技術大学
11　公立はこだて未来大学　総推
12　札幌医科大学(医学部)　医
13　弘前大学　医
14　岩手大学
15　岩手県立大学・盛岡短期大学部・宮古短期大学部
16　東北大学(文系−前期日程)
17　東北大学(理系−前期日程)　医
18　東北大学(後期日程)
19　宮城教育大学
20　宮城大学
21　秋田大学　医
22　秋田県立大学
23　国際教養大学　総推
24　山形大学　医
25　福島大学
26　会津大学
27　福島県立医科大学(医・保健科学部)　医
28　茨城大学(文系)
29　茨城大学(理系)
30　筑波大学(推薦入試)　医 総推
31　筑波大学(文系−前期日程)
32　筑波大学(理系−前期日程)　医
33　筑波大学(後期日程)
34　宇都宮大学
35　群馬大学　医
36　群馬県立女子大学
37　高崎経済大学
38　前橋工科大学
39　埼玉大学(文系)
40　埼玉大学(理系)
41　千葉大学(文系−前期日程)
42　千葉大学(理系−前期日程)　医
43　千葉大学(後期日程)　医
44　東京大学(文科)　DL
45　東京大学(理科)　DL　医
46　お茶の水女子大学
47　電気通信大学
48　東京外国語大学　DL
49　東京海洋大学
50　東京科学大学(旧 東京工業大学)
51　東京科学大学(旧 東京医科歯科大学)　医
52　東京学芸大学
53　東京藝術大学
54　東京農工大学
55　一橋大学(前期日程)
56　一橋大学(後期日程)
57　東京都立大学(文系)
58　東京都立大学(理系)
59　横浜国立大学(文系)
60　横浜国立大学(理系)
61　横浜市立大学(国際教養・国際商・理・データサイエンス・医〈看護〉学部)

62　横浜市立大学(医学部〈医学科〉)　医
63　新潟大学(人文・教育〈文系〉・法・経済科・医〈看護〉・創生学部)
64　新潟大学(教育〈理系〉・理・医〈看護を除く〉・歯・工・農学部)　医
65　新潟県立大学
66　富山大学(文系)
67　富山大学(理系)　医
68　富山県立大学
69　金沢大学(文系)
70　金沢大学(理系)　医
71　福井大学(教育・医〈看護〉・工・国際地域学部)
72　福井大学(医学部〈医学科〉)　医
73　福井県立大学
74　山梨大学(教育・医〈看護〉・工・生命環境学部)
75　山梨大学(医学部〈医学科〉)　医
76　都留文科大学
77　信州大学(文系−前期日程)
78　信州大学(理系−前期日程)　医
79　信州大学(後期日程)
80　公立諏訪東京理科大学　総推
81　岐阜大学(前期日程)　医
82　岐阜大学(後期日程)
83　岐阜薬科大学
84　静岡大学(前期日程)
85　静岡大学(後期日程)
86　浜松医科大学(医学部〈医学科〉)　医
87　静岡県立大学
88　静岡文化芸術大学
89　名古屋大学(文系)
90　名古屋大学(理系)　医
91　愛知教育大学
92　名古屋工業大学
93　愛知県立大学
94　名古屋市立大学(経済・人文社会・芸術工・看護・総合生命理・データサイエンス学部)
95　名古屋市立大学(医学部〈医学科〉)　医
96　名古屋市立大学(薬学部)
97　三重大学(人文・教育・医〈看護〉学部)
98　三重大学(医〈医〉・工・生物資源学部)　医
99　滋賀大学
100　滋賀医科大学(医学部〈医学科〉)　医
101　滋賀県立大学
102　京都大学(文系)
103　京都大学(理系)　医
104　京都教育大学
105　京都工芸繊維大学
106　京都府立大学
107　京都府立医科大学(医学部〈医学科〉)　医
108　大阪大学(文系)　DL
109　大阪大学(理系)　医
110　大阪教育大学
111　大阪公立大学(現代システム科学域〈文系〉・文・法・経済・商・看護・生活科〈居住環境・人間福祉〉学部−前期日程)
112　大阪公立大学(現代システム科学域〈理系〉・理・工・農・獣医・医・生活科〈食栄養〉学部−前期日程)　医
113　大阪公立大学(中期日程)
114　大阪公立大学(後期日程)
115　神戸大学(文系−前期日程)
116　神戸大学(理系−前期日程)　医

117　神戸大学(後期日程)
118　神戸市外国語大学　DL
119　兵庫県立大学(国際経済・社会情報科・看護学部)
120　兵庫県立大学(工・理・環境人間学部)
121　奈良教育大学／奈良県立大学
122　奈良女子大学
123　奈良県立医科大学(医学部〈医学科〉)　医
124　和歌山大学
125　和歌山県立医科大学(医・薬学部)　医
126　鳥取大学　医
127　公立鳥取環境大学
128　島根大学　医
129　岡山大学(文系)
130　岡山大学(理系)　医
131　岡山県立大学
132　広島大学(文系−前期日程)
133　広島大学(理系−前期日程)　医
134　広島大学(後期日程)
135　尾道市立大学　総推
136　県立広島大学
137　広島市立大学
138　福山市立大学　総推
139　山口大学(人文・教育〈文系〉・経済・医〈看護〉・国際総合科学部)
140　山口大学(教育〈理系〉・理・医〈看護を除く〉・工・農・共同獣医学部)　医
141　山陽小野田市立山口東京理科大学　総推
142　下関市立大学／山口県立大学
143　周南公立大学　新 総推
144　徳島大学　医
145　香川大学　医
146　愛媛大学　医
147　高知大学　医
148　高知工科大学
149　九州大学(文系−前期日程)
150　九州大学(理系−前期日程)　医
151　九州大学(後期日程)
152　九州工業大学
153　福岡教育大学
154　北九州市立大学
155　九州歯科大学
156　福岡県立大学／福岡女子大学
157　佐賀大学　医
158　長崎大学(多文化社会・教育〈文系〉・経済・医〈保健〉・環境科〈文系〉学部)
159　長崎大学(教育〈理系〉・医〈医〉・歯・薬・情報データ科・工・環境科〈理系〉・水産学部)　医
160　長崎県立大学
161　熊本大学(文・教育・法・医〈看護〉学部・情報融合学環〈文系型〉)
162　熊本大学(理・医〈看護を除く〉・薬・工学部・情報融合学環〈理系型〉)　医
163　熊本県立大学
164　大分大学(教育・経済・医〈看護〉・理工・福祉健康科学部)
165　大分大学(医学部〈医・先進医療科学科〉)　医
166　宮崎大学(教育・医〈看護〉・工・農・地域資源創成学部)
167　宮崎大学(医学部〈医学科〉)　医
168　鹿児島大学(文系)
169　鹿児島大学(理系)　医
170　琉球大学　医

私立大学①

2025年版　大学赤本シリーズ

私立大学③

[医] 医学部医学科を含む
[総推] 総合型選抜または学校推薦型選抜を含む
[DL] リスニング音声配信　[新] 2024年 新刊・復刊

掲載している入試の種類や試験科目、収載年数などはそれぞれ異なります。詳細については、それぞれの本の目次や赤本ウェブサイトでご確認ください。

akahon.net

赤本　｜　検索

難関校過去問シリーズ

出題形式別・分野別に収録した
「入試問題事典」
20大学73点
定価2,310〜2,640円(本体2,100〜2,400円)

先輩合格者はこう使った!
「難関校過去問シリーズの使い方」

61年、全部載せ!
要約演習で、総合力を鍛える

東大の英語
要約問題 UNLIMITED

[DL] リスニング音声配信
[新] 2024年 新刊
[改] 2024年 改訂

いつも受験生のそばに — 赤本

大学入試シリーズ＋α
入試対策も共通テスト対策も赤本で

入試対策
赤本プラス

赤本プラスとは、**過去問演習の効果を最大に**するためのシリーズです。「赤本」であぶり出された弱点を、赤本プラスで克服しましょう。

大学入試 すぐわかる英文法 🔲
大学入試 ひと目でわかる英文読解
大学入試 絶対できる英語リスニング 🔲
大学入試 すぐ書ける自由英作文
大学入試 ぐんぐん読める
　英語長文[BASIC] 🔲
大学入試 ぐんぐん読める
　英語長文[STANDARD] 🔲
大学入試 ぐんぐん読める
　英語長文[ADVANCED] 🔲
大学入試 正しく書ける英作文
大学入試 最短でマスターする
　数学Ⅰ・Ⅱ・Ⅲ・A・B・C
大学入試 突破力を鍛える最難関の数学
大学入試 知らなきゃ解けない
　古文常識・和歌
大学入試 ちゃんと身につく物理
大学入試 もっと身につく
　物理問題集(①力学・波動)
大学入試 もっと身につく
　物理問題集(②熱力学・電磁気・原子)

入試対策
英検®赤本シリーズ

英検®(実用英語技能検定)の対策書。
過去問と参考書で万全の対策ができます。

▶過去問集(**2024年度版**)
英検®準1級過去問集 🔲
英検®2級過去問集 🔲
英検®準2級過去問集 🔲
英検®3級過去問集 🔲

▶参考書
竹岡の英検®準1級マスター 🔲
竹岡の英検®2級マスター 🔘🔲
竹岡の英検®準2級マスター 🔘🔲
竹岡の英検®3級マスター 🔘🔲

◎ リスニングCDつき　🔲 音声無料配信
🆕 2024年新刊・改訂

入試対策
赤本プレミアム

赤本の教学社だからこそ作れた、
過去問ベストセレクション

東大数学プレミアム
東大現代文プレミアム
京大数学プレミアム[改訂版]
京大古典プレミアム

入試対策
赤本メディカルシリーズ

過去問を徹底的に研究し、独自の出題傾向をもつメディカル系の入試に役立つ内容を精選した実戦的なシリーズ。

[国公立大]医学部の英語[3訂版]
私立医大の英語(長文読解編)[3訂版]
私立医大の英語(文法・語法編)[改訂版]
医学部の実戦小論文[3訂版]
医歯薬系の英単語[4訂版]
医系小論文 最頻出論点20[4訂版]
医学部の面接[4訂版]

入試対策
体系シリーズ

国公立大二次・難関私大突破へ、自学自習に適したハイレベル問題集。

体系英語長文　体系世界史
体系英作文　　体系物理[第7版]
体系現代文

入試対策
単行本

▶英語
Q&A即決英語勉強法
TEAP攻略問題集 🔘
東大の英単語[新装版]
早慶上智の英単語[改訂版]

▶国語・小論文
著者に注目! 現代文問題集
ブレない小論文の書き方 樋口式ワークノート

▶レシピ集
奥薗壽子の赤本合格レシピ

入試対策　共通テスト対策
赤本手帳

赤本手帳(2025年度受験用) プラムレッド
赤本手帳(2025年度受験用) インディゴブルー
赤本手帳(2025年度受験用) ナチュラルホワイト

入試対策
風呂で覚えるシリーズ

水をはじく特殊な紙を使用。いつでもどこでも読めるから、ちょっとした時間を有効に使える!

風呂で覚える英単語[4訂新装版]
風呂で覚える英熟語[改訂新装版]
風呂で覚える古文単語[改訂新装版]
風呂で覚える古文文法[改訂新装版]
風呂で覚える漢文[改訂新装版]
風呂で覚える日本史[年代][改訂新装版]
風呂で覚える世界史[年代][改訂新装版]
風呂で覚える倫理[改訂版]
風呂で覚える百人一首[改訂版]

共通テスト対策
満点のコツシリーズ

共通テストで満点を狙うための実戦的参考書。重要度の増したリスニング対策は「カリスマ講師」竹岡広信が一回読みにも対応できるコツを伝授!

共通テスト英語[リスニング]
　満点のコツ[改訂版] 🆕🔲
共通テスト古文 満点のコツ[改訂版] 🆕
共通テスト漢文 満点のコツ[改訂版] 🆕

入試対策　共通テスト対策
赤本ポケットシリーズ

▶共通テスト対策
共通テスト日本史[文化史]

▶系統別進路ガイド
デザイン系学科をめざすあなたへ

大学赤本シリーズ

赤本 ウェブサイト

過去問の代名詞として、70年以上の伝統と実績。

新刊案内・特集ページも充実！
受験生の「知りたい」に答える

akahon.net でチェック！

志望大学の赤本の刊行状況を確認できる！

「赤本取扱い書店検索」で赤本を置いている書店を見つけられる！

赤本チャンネル & 赤本ブログ

YouTubeや TikTokで受験対策！

▶ 赤本チャンネル

人気講師の大学別講座や共通テスト対策など、**受験に役立つ動画** を公開中！

YouTube

TikTok

✏ 赤本ブログ

受験のメンタルケア、合格者の声など、**受験に役立つ記事** が充実。

詳しくはこちら

2025 年版　大学赤本シリーズ　No. 548

立命館大学（英語〈全学統一方式 3 日程 × 3 カ年〉）

2024 年 6 月 10 日　第 1 刷発行
ISBN978-4-325-26606-8
定価は裏表紙に表示しています

編　集　教学社編集部
発行者　上原　寿明
発行所　教学社
　　　　〒606-0031
　　　　京都市左京区岩倉南桑原町56
電　話　075-721-6500
振　替　01020-1-15695
印　刷　太洋社